Hans Martin Bury, geboren 1966, studierte Betriebswirtschaft in Stuttgart und Mosbach, war von 1988 bis 1990 Vorstandsassistent einer Genossenschaftsbank und ist seit Dezember 1990 Mitglied des Deutschen Bundestages. Hans Martin Bury ist Mitglied in den Bundestagsausschüssen für Wirtschaft und Finanzen (stv.) mit den Schwerpunkten Wettbewerbs- und Finanzmarktpolitik und initiierte Gesetzentwürfe zur Beschränkung der Bankenmacht. Von 1992 bis 1994 war er Sprecher der Gruppe junger Abgeordneter der SPD-Bundestagsfraktion (»Youngsters«), seit 1994 ist er Sprecher der SPD-Bundestagsfraktion für Post und Telekommunikation.

Thomas Schmidt, geboren 1962, studierte Politische Wissenschaft, Soziologie, Neuere Geschichte und Volkswirtschaft in Bonn. Nach dem Examen arbeitete er in der Bundesgeschäftsstelle des Bundes für Umwelt und Naturschutz Deutschland e. V. (BUND) und beim Ostexperten Professor Wolfgang Leonhard in Manderscheid. Seit April 1993 ist er wissenschaftlicher Mitarbeiter bei Hans Martin Bury in Bonn.

W0194181

Dieses Buch wurde auf chlor- und säurefreiem Papier gedruckt.

Originalausgabe Dezember 1996
Copyright © 1996 Droemersche Verlagsanstalt Th. Knaur Nachf., München
Das Werk einschließlich aller seiner Teile ist urheberrechtlich geschützt.
Jede Verwertung außerhalb der engen Grenzen des Urheberrechts-
gesetzes ist ohne Zustimmung des Verlages unzulässig und strafbar.
Das gilt insbesondere für Vervielfältigungen, Übersetzungen,
Mikroverfilmungen und die Einspeicherung und Verarbeitung
in elektronischen Systemen.
Umschlaggestaltung Agentur ZERO, München
Umschlagfoto G+S Fotoservice, Hamburg
Satz MPM, Wasserburg
Druck und Bindung Ebner Ulm
Printed in Germany
ISBN 3-426-80082-9

2 4 5 3 1

Hans Martin Bury
Thomas Schmidt

Das Bankenkartell

Die Verflechtung von Geld,
Macht und Politik

Für Stück + Morder

Productel, L

Flö, 7. 1. 98

Inhalt

Vorwort 7

I Einleitung
   Reden wir darüber 9

II Die Macht der Banken
    Schöne heile Bankenwelt 14
    Die Macht der Banken 18
    Nessie taucht auf 21
    Peanuts vor die Haie 25
    Es muß etwas geschehen, aber es darf nichts passieren . . 28

III Die Deutschland AG
     Das Kartell 32
     Die Deutschland AG 42
     Das Zentrum der Macht 47
     Eine Allianz fürs Leben 55
     Der Beginn einer wunderbaren Freundschaft 60
     Briefkastenfreundschaften 64
     Investment nichts Neues 66

IV Old boys
    Die Herren der Ringe 74
    Wir gehören zur Familie 78
    Weder Rat noch Tat 86
    Alles für die Bank 98
    Mitdenken und Mitbestimmen 100
    Die Herren bitten zum Testat 105

V Enteignete Eigentümer
   Kleine Würstchen 109
   Sternstunden 116
   Kleinaktionäre und Scheinaktionäre 125

VI Vertrauen ist der Anfang von allem
   Rien ne va plus 134
   Die Bier-Connection 141
   Die Zeche zahlen die Kleinen 144
   Wie geschmiert 149
   Die Bank gewinnt immer 158

VII Die Freunde der Freunde
   Banken und Regierungsbänke 164
   Regierungswechsel 166
   Lobbying in Bonn 177
   Die Freunde der Freunde 181
   Auf diese Freunde können sie bauen 193

VIII Folgen für den Standort
   Ideen haben in Deutschland keinen Kredit 197
   Vom Griff ins Portemonnaie zum Gang an die Börse . . 201
   *Innovative Wachstumsunternehmen
   drängen ins Ausland* 206
   Stillstand am Standort 208
   Die Sonnyboys mögen keine Solartechnik 210
   Ausländer rein 213
   Closed Shop 218

IX Demokratie contra Oligarchie
   Die Alternative 224
   Wenn's um mehr als Geld und Zinsen geht 226
   *Ein Mann bringt die Deutsche-Bank-Türme
   zum Wackeln* 230
   Stakeholder Value statt Shareholder Value 235
   Transparenz und Wettbewerb schaffen 242
   Risikokapital mobilisieren – Arbeitnehmer beteiligen . . 243
   Wer wär' nicht gerne Aktionär? 246
   Es geht um die Macht 249

Worterklärungen 259
Register 265

Vorwort

Dieses Buch ist all den Erfindern, Unternehmern, Arbeitnehmern und Wissenschaftlern gewidmet, deren Vermögen mehr in Köpfen, Händen und Herzen liegt als auf Konten und Depots. Aber auch den Bankern, die sich bemühen, diese Menschen zu fördern.

Wir bedanken uns bei allen, die zu diesem Buch beigetragen haben.

Unsere Arbeit am vorliegenden Buch wurde im Sommer 1996 abgeschlossen. Manche Zahl mag sich seither verändert haben. Nicht zuletzt der öffentliche Druck auf die Herren der Deutschland AG trägt dazu bei, daß diese sich bemühen, die Höhe der direkt gehaltenen Kapitalbeteiligungen abzubauen und die Zahl der unmittelbar wahrgenommenen Aufsichtsratsmandate zu reduzieren.

Ein Schritt in die richtige Richtung. Entscheidend ist jedoch, daß es nicht bei vordergründigen Veränderungen bleibt, sondern zu Reformen kommt, die uns wegführen von der Diskussion um den »Standort« Deutschland zu einer dynamischen Entwicklung unseres Landes.

Bonn/Bietigheim-Bissingen, im September 1996
Hans Martin Bury und Thomas Schmidt

I

Einleitung

Reden wir darüber

Mittwoch, 29. März 1995, Bilanzpressekonferenz: Der Branchenprimus Deutsche Bank gerät in eine bedrohliche Schieflage, Sekunden später stürzt er ab – der Schriftzug hinter dem Vorstandstisch. Der symbolische Sturz paßt zu den fallenden Gewinnen, die Deutsch-Bankier Hilmar Kopper vermeldet. Einmal mehr bestätigt sich das Phänomen, daß die Bankengewinne in Zeiten guter Konjunktur schrumpfen, Krisenjahre jedoch gute Bankenjahre sind. So hat die deutsche Kreditwirtschaft im tiefsten Rezessionsjahr der Nachkriegsgeschichte Rekordgewinne erzielt. Und angesichts mauer Konjunkturdaten erwartet die Deutsche Bank für 1996 erneut Rekordzuwächse. Die Bankkunden werden unruhig, denn sie ahnen inzwischen, wer die Bilanzen der Kreditinstitute vergoldet.

Kleine und mittlere Unternehmen, vor allem technologieorientierte, innovative Existenzgründer beklagen, daß ihre Ideen bei den Banken keinen Kredit haben. Ganz anders dagegen verhielt sich der Herrenclub, solange der Immobilienkönig Jürgen Schneider Mieten im Nadelstreifen fingierte. Weil sie ihn für einen der ihren hielten, finanzierten die Banken bereitwillig seine Luftschlösser. Jürgen Schneider wurde schließlich in Boxershorts verhaftet, die Mittelständler müssen schon vor der Kreditentscheidung die Hosen runterlassen. Die Großbanken werfen Peanuts vor die Haie und lassen die kleinen Kunden verhungern.

In einer Marktwirtschaft müßte der Wettbewerb als Korrektiv wirken und zu einer Beschränkung des dominanten Bankeneinflusses führen. Daß dies nicht geschieht, hat seine Ursache in einer systematischen Beschränkung des Wettbewerbs. Deutschlands Banken hängen nicht nur ungewöhnlich eng zusammen, sie beherrschen mit ihrer außergewöhnlichen Macht nahezu die gesamte deutsche Industrie. Wie eine Spinne im Netz sitzen die sieben Kerngesellschaften des deutschen Finanzsektors im Zentrum eines Geflechtes wechselseitiger Beteiligungen. Die deutschen »G-7« haben direkt oder über trickreiche, von außen nur noch schwer nachvollziehbare Wege Einfluß auf die gesamte Wirtschaft.

Die Spur von Pleiten, Pech und Pannen – von Balsam/Procedo, Schneider und Metallgesellschaft, vom Bremer Vulkan über Klöckner-Humboldt-Deutz (KHD) bis Daimler-Benz – hat die Aufmerksamkeit der Öffentlichkeit auf die Einflußkumulation der Banken und ihrer Alliierten, aber auch auf die Kontrolldefizite in der deutschen Wirtschaft gelenkt. Dabei sind die bekanntgewordenen Fälle nur die Spitze eines Eisberges, der das demokratische Staatsschiff bedroht. Die Gefahr erwächst aus der beispiellosen Machtzusammenballung, die sich aus den verschiedenen Funktionen des Kreditgewerbes ergibt. Ob der Mittelständler eine neue Maschine kaufen kann, das Großunternehmen eine zusätzliche Produktionsstraße einrichtet, die Familie ihr Haus bauen kann – faktisch entscheidet das die Bank. Schon in der Bezeichnung Kreditinstitut, dem Oberbegriff für die Banken und Sparkassen, wird deutlich, worin neben der »Entgegennahme von Einlagen«, wie es im vornehmen Banker-Deutsch heißt, das Hauptgeschäft der Kreditwirtschaft liegt. Mit der Entscheidung über Kreditvergaben bestimmen die Banken über den Zugang zu Fremdkapital. Doch auch Eigenkapital können sich wachsende Unternehmen ohne das Wohlwollen ihrer Bank nur schwer beschaffen; so wie den Privatkunden von der Wiege bis zur Bahre, begleitet sie ein Unternehmen von der Gründung über den Börsengang, gegebenenfalls bis zum Konkurs.

Ohne die Banken läuft wenig, gegen sie praktisch nichts. Das

Universalbankensystem gilt als Stabilitätsfaktor der deutschen Volkswirtschaft. Doch das Bankgeschäft reicht den Großbanken schon lange nicht mehr. »Sie wollen auch die Immobilienbranche durchschauen, im Ölgeschäft mitmischen und ganze Industriekonzerne sanieren«, so die *Welt,* die allerdings schlußfolgert, daß »an der Aufgabe, eine komplette Volkswirtschaft zu lenken, schon ganze Staaten gescheitert sind«.

Selbst wenn man nicht so weit geht wie die *Welt,* die selbsternannten Garanten der Stabilität sind eine wesentliche Ursache der Verkrustungen der deutschen Wirtschaft. Durch ihr dichtes Netz wechselseitiger Beteiligungen haben sich die Unternehmensverwaltungen der führenden deutschen Wirtschaftsunternehmen vor Wettbewerb, Kontrolle und Haftung wirkungsvoll abgeschottet. Ein Herrenclub nur mittelfristig orientierter Manager kontrolliert die Kerngesellschaften des Finanzsektors und die meisten börsennotierten Großunternehmen. Potentielle Wettbewerber, die nicht zum Club gehören, vor allem kleine und mittlere Unternehmen, müssen sich mit systematischen Wettbewerbsbeschränkungen auseinandersetzen. Kein Wunder, daß die Dynamik der Wirtschaftsentwicklung in Deutschland nachgelassen hat. Wo Wettbewerb um Führungspositionen, Kontrolle und Haftung für Fehler praktisch ausgeschlossen sind, werden Kreativität und Innovation nicht gefördert. So erweist sich die Macht der Banken im Verbund mit den wechselseitigen Verflechtungen als eines der größten Innovationshemmnisse überhaupt. Es ist leicht vorstellbar, welches Interesse Großbanken an der Finanzierung kleiner, dezentraler Anlagen zur umweltfreundlichen Energieerzeugung aus Sonne, Wind oder Wasser haben, wenn sie zugleich die Großkraftwerke ihrer Clubkollegen finanzieren. Dabei geht es nur selten so plump zu wie im Frühjahr 1995, als Energieversorgungsunternehmen den Banken unverhohlen von der Kreditvergabe abrieten.

An die Deutschland AG insgesamt wagt sich fast kein Kritiker. Zumal sie kaum zu durchschauen ist. Im Zentrum steht das

Thema »Bankenmacht« – ein Dauerbrenner Bonner Polit-Rhetorik. Wie das Ungeheuer von Loch Ness tauche das Stichwort immer wieder auf, spotten die Bank-Lobbyisten. Handlungsbedarf haben sie lange Zeit bestritten. Und so fanden auch die wenigen Bankenkritiker und ihre Initiativen nie Mehrheiten im Parlament. Das Spotten ist den Lobbyisten inzwischen vergangen. Zum einen weil ein Gesetzentwurf der SPD für gehörigen Wirbel gesorgt und auch die Regierungskoalition zum Handeln gezwungen hat. Zum anderen weil eine zunehmend kritische Öffentlichkeit den Druck auf die Politik verstärkt. Eine Ironie der Geschichte mag sein, daß auch Betrugsfälle, in denen sich die Banken in der für sie ungewohnten Rolle der Opfer fanden, in der Medienberichterstattung und an den Stammtischen als Beleg für Veränderungsbedarf herhalten müssen.

Da wurde es plötzlich gefährlich für das Kartell aus Großbanken und Großindustrie. Das »Old-boys-Network« schließt nervös die Reihen und entlarvt sich gerade dadurch. Nun stehen die Zahl der Aufsichtsratsmandate und ihre Wahrnehmung, das Depotstimmrecht der Banken, ihr Anteilsbesitz an Industrieunternehmen und die wechselseitigen Verflechtungen zwischen Großbanken, Versicherungen und Industrie zur Disposition. Die Strippenzieher aus Banken- und Industrieverbänden greifen in der Argumentationsnot zum verbalen Knüppel und malen eine Gefährdung des Standortes Deutschland an die Wand. Doch die Strategie verfängt nicht recht. Nur noch wenige bezweifeln, daß der Herrenclub der Strukturkonservativen auch für die Strukturkonservierung verantwortlich ist. Die bestehenden Wettbewerbsbeschränkungen sind eine wesentliche Ursache der deutschen Innovationsdefizite.

Sowohl die Wachstums- und Beschäftigungsdynamik in Nordamerika und Südostasien als auch die Erfahrungen der deutschen Wirtschaftsgeschichte machen deutlich, daß Strukturwandel den Zugang neuer Marktteilnehmer voraussetzt. Träger von Produktinnovationen und Beschäftigung sind eben nicht die etablierten Konzerne, sondern ideenreiche, aber oft kapitalschwache Newcomer. Dies ist den Bankern suspekt, Ideen sind halt nicht beleihungsfähig. So werden die selbsternannten Hüter des Standortes Deutschland zu den Bremsern von dessen Fortentwicklung. Die Privilegierung und Abschirmung eines Kartells der Etablierten vor marktwirtschaftlichem Wettbewerbsdruck ist nicht mehr Garant der Stabilität, sondern Ursache der Unbeweglichkeit. Die Verkrustungen in der Wirtschaft sind – mehr noch als die in der Politik – eine Gefahr für die Zukunftsfähigkeit unserer Gesellschaft.

Warum also ist – bis jetzt – nichts gegen die durch nichts legitimierte und für die Allgemeinheit schädliche Macht der Banken unternommen worden? Warum kann die Deutschland AG unbehelligt die Märkte aufteilen? Dieses Buch deckt Hintergründe und Zusammenhänge auf und berichtet auch vom eifrigen Wirken der Banken, ihrer Verbände und Vertreter auf der Regierungsbank und im Parlament. Reden wir darüber. Und darüber, was dagegen zu unternehmen ist.

II

Die Macht der Banken

Schöne heile Bankenwelt

Der 8. Dezember 1993 in Bonn am Rhein. Ein kalter, ungemütlicher Tag, dunkle Regenwolken zogen über das Regierungsviertel. Dort herrschte geschäftiges Treiben; der übliche parlamentarische Schlußspurt vor der Weihnachtspause. Lediglich im schmucken kleinen Plenarsaal des Bonner Wasserwerks erfreute man sich der anheimelnden, fast vorweihnachtlichen Stimmung. Vorne residierte der Vorsitzende des Wirtschaftsausschusses des Deutschen Bundestages, der CDU-Politiker Friedhelm Ost, auf dem Stuhl, in dem einst der Kanzler thronte; daneben eine Handvoll Parlamentarier von CDU/CSU, SPD und FDP und vor ihnen rund drei Dutzend Sachverständige, Beamte in dezentem Grau, Wissenschaftler aller Couleur und in der ersten Reihe Männer in edlen Anzügen, die Führungsspitze der deutschen Bankenverbände. In öffentlicher Anhörung wollte sich der Wirtschaftsausschuß des Deutschen Bundestages auf Initiative der SPD-Bundestagsfraktion über die »Macht von Banken und Versicherungen – Wettbewerb im Finanzdienstleistungssektor« informieren. Hintergrund war der Antrag der SPD-Bundestagsfraktion »Gegen wachsende Macht der Banken und Versicherungen und für mehr Wettbewerb bei Finanzdienstleistungen«, der unter anderem die Beschränkung von Beteiligungen an Industrieunternehmen, die Begrenzung von Aufsichtsratsmandaten, die Abschaffung des Depotstimmrechts und eine Beseitigung wettbewerbsrechtlicher Privilegien für Banken und Versicherungen vorsah.

Was spannend klang, wurde unter der gefälligen Leitung von

Friedhelm Ost zur netten Plauderei. Der Vorsitzende zeigte sich gnädig, ließ auch entlegene Fragen zu. So konnte sich der Bäckermeister Ernst Hinsken (CSU) aus dem schönen Plattling in Bayern ausgiebig bei den versammelten Fachleuten über Bankgebühren, Zinssenkungen und die wichtige Frage, wie man an die Geschäftsberichte von Sparkassen gelangt, informieren. Und die Abgeordneten Josef Grünbeck (FDP) und Karl H. Fell (CDU) erkundigten sich intensiv nach dem Verbleib der sogenannten Bankenmilliarde für den Aufbau Ost. Nur gelegentlich wurde der Vorsitzende energisch und ermahnte kritisch fragende Oppositionspolitiker: »Bitte kurz, weil die Zeit so knapp wird.«

Nach drei Stunden war das Schauspiel vorbei. Mehr Zeit hatte der Wirtschaftsausschuß auf Wunsch der Regierungskoalition für die Anhörung nicht einräumen wollen. Gegen 17.00 Uhr schloß Friedhelm Ost die Sitzung; entspannt wünschte er allen »ein frohes Weihnachtsfest, ein gutes neues Jahr, ein gutes Bankenjahr, ein gutes Versicherungsjahr und alle Vorzüge des Kredit- und Versicherungswesens zum Wohle der deutschen Wirtschaft«. Bei soviel Harmonie wollte der damalige Vorsitzende des Bundesverbandes deutscher Banken, Eberhard Martini, nicht nachstehen. Jovial verabschiedete er sich von den Abgeordneten, ein kräftiger Händedruck, schnell noch ein munteres Wort und ein freundliches Kopfnicken, und schon war der mächtige Repräsentant von Deutschlands privaten Banken in seiner gepanzerten Limousine entschwunden. Martini konnte sich zufrieden zurücklehnen; einmal mehr verlief die öffentliche Debatte um die Macht der Banken im Sande. Auf gute Freunde ist halt Verlaß.

Und Freunde brauchten die Banken in diesen Tagen. Mitten in die Krisenmeldungen aus den Tiefen der wirtschaftlichen Rezession hinein hatten sie im Spätherbst 1993 ihre goldgeränderten Bilanzen präsentiert. Während Deutschlands Industrieunternehmen Hiobsbotschaften vermeldeten und zigtausende Arbeitnehmer ihre Arbeitsplätze verloren, freuten sich die Banker über neue Rekordgewinne. Krisenjahre sind eben gute Bankenjahre. Die Öffentlichkeit reagierte mit heftiger Kritik am Geschäftsgebaren der Banken, deren Vertreter die Vorwürfe gelassen als Ausdruck von Neid abtaten. »Wir müssen uns nicht genieren«, sagte Deutsche Bank-Chef Hilmar Kopper am 7. Dezember 1993 selbstbewußt.

Vor diesem Hintergrund konnte Bankenpräsident Eberhard Martini zufrieden sein, daß er sich über die Anhörung im Bonner Wasserwerk keine großen Sorgen machen mußte. Schließlich hatte Friedhelm Ost seine Karriere, die ihn über das ZDF zum Regierungssprecher und dann zum Vorsitzenden des Wirtschaftsausschusses des Deutschen Bundestages beförderte, als Wissenschaftlicher Mitarbeiter einer Großbank begonnen, bevor er als Referent zum Bundesverband deutscher Banken wechselte. Und auch der Berichterstatter der CDU/CSU-Fraktion, Karl H. Fell, ist ein alter Bekannter. Auch er erlernte das Geschäft als Referent des Bundesverbandes deutscher Banken, bevor er sich zum Justitiar der IKB Deutsche Industriebank und schließlich zum Syndikus der Bankhaus Hermann Lampe KG hocharbeitete. Die IKB Deutsche Industriebank ist fest eingebunden in das Netzwerk der Deutschland AG; sie gehört in den direkten Einflußbereich der Allianz. Auf das Wohl der Versicherungen achtet peinlich korrekt Otto Graf Lambsdorff (FDP). Der Graf war nicht nur Generalbevollmächtigter einer Privatbank, sondern auch als Vorstandsmitglied bei der Victoria-Rückversicherungs-AG tätig. Und die gehört zur Victoria-Versicherungsgruppe, die ebenfalls zum Einflußbereich der Allianz zählt. Ein Dutzend Mandate des Grafen in Aufsichtsräten und Beiräten kommt hinzu. Kein Wunder, daß FDP-Berichterstatter Josef Grünbeck versuchte, kritische Fragen und unliebsame Sachverständige bereits im Vorfeld der Anhörung abzuwehren. Die SPD wunderte sich noch über die Hartnäckigkeit des Bayern, bis der, als ihm die Sachargumente ausgingen, damit rausrückte, »der Graf« habe interveniert. Die Fragen blieben drin. Aber den von Banken und Unternehmensverwaltungen gleichermaßen gefürchteten Wirtschaftsprofessor Ekkehard Wenger aus Würzburg, den die Sozialdemokraten als Sachverständigen einladen wollten, blockten die Koalitionäre ab.

Gut präpariert und stets freundlich hatte Martini alle kritischen Fragen abgewehrt. Er konnte dennoch nicht verhindern, daß der Präsident des Bundeskartellamts auf Nachfrage bestätigte, daß die Macht der Banken in Deutschland tendenziell innovationsfeindlich wirke. Doch andere Freunde sprangen ein; die Industrieverbände wiegelten ab: Der Vertreter des Deutschen Industrie- und Handelstages (DIHT) versicherte eilfertig, daß die Banken der Finanzierung von Innovationen »immer aufgeschlossen gegenüberstehen«. Die meisten Existenzgründer und viele mittelständische Unternehmen jedoch haben in der Praxis eher gegenteilige Erfahrungen gemacht. Die Stellungnahme des DIHT verwunderte nicht, denn schließlich müsse der DIHT, so räumte dessen Vertreter, der Rechtsanwalt Jürgen Hahn, unumwunden ein, auch Bankeninteressen wahrnehmen, da der DIHT die Banken einschließt, »auch wenn es im Namen nicht vorkommt«. Da könne es schon mal zu Interessenkonflikten kommen, versicherte er treuherzig und verwies deshalb bei der Frage nach diesen Konflikten auf den Kollegen vom Bundesverband der Deutschen Industrie (BDI). Und auch der berief sich auf ein »gleichgelagertes Interesse wie die Banken«. Natürlich nur, weil man an einem leistungsfähigen und gesunden Finanzsystem interessiert sei, so BDI-Vertreter Reinhard Kudiß, der erst viel später an anderer Stelle eine weitergehende, »freundschaftliche Verbundenheit« zwischen Banken und Industrie einräumte.

Nur aufmerksame Beobachter haben an diesem 8. Dezember 1993 den krassen Unterschied zwischen dem strahlenden und vor Selbstvertrauen strotzenden Bankenverbandspräsidenten Eberhard Martini und dem eher unscheinbaren Vertreter eines anderen Verbandes bemerkt. Ein regelrechter Herbststurm brauste inzwischen um das Bonner Wasserwerk. Der guten Laune Martinis tat das ebensowenig Abbruch wie das sich abzeichnende Desaster der Metallgesellschaft. Ein Sachverständiger aber kauerte naß und still an seinem Pult. Kein Wort gegen die Banken kam über seine blauen Lippen. Erst nach dem offiziellen Ende deutete der Mann im kleinen Kreis an, er könne »Geschichten erzählen ...« Nur leider, ein hektischer Blick nach links und rechts, dürfe er das nicht. Man sei ja nicht unabhängig, auch als Verband. Wer sich unabhängig zeigte und in der Anhörung oder der sich anschließenden Diskussion in Politik und Wissenschaft auch die kritischen Anmerkungen nicht verschwieg, dem wurde dezent bedeutet, daß er seiner Karriere schade und er mit lukrativen Aufträgen künftig nicht rechnen solle.

Am nächsten Tag konnten Eberhard Martini und seine Freunde in aller Gelassenheit die Berichterstattung in den Zeitungen verfolgen. Überschriften wie »Überschätzter Einfluß der Banken« (*Süddeutsche Zeitung*) oder »Keine Hinweise für Banken-Absprache« (*FAZ*) waren ganz nach dem Geschmack der Banker. Und besonders passend waren die wohlfeilen Kommentare aus den Reihen der scheinbar unabhängigen Verbände. Der Bundesverband der Deutschen Industrie sah, so konnte man lesen, zwischen Industrie und Kreditwirtschaft eine »gute Machtbalance«. Und der DIHT tat die Frage nach der Macht der Banken schlichtweg als »anachronistisch« ab. Alles sprach dafür, daß sich das Thema »Macht der Banken« einmal mehr in Luft auflösen würde – eben wie das sprichwörtliche Ungeheuer von Loch Ness.

Die Macht der Banken

Die einzigartige Machtstellung deutscher Großbanken resultiert aus der Kumulation mehrerer Einflußfaktoren. Da ist zunächst der Beteiligungsbesitz an branchenfremden Unternehmen, der den Banken unmittelbaren Einfluß auf die Industrie verschafft.

Ein kunstvoll gesponnenes Netzwerk verknüpft Großbanken, Versicherungen, Industrie und Handel. Doch die Beteiligungen allein sichern den Bankern in den Hauptversammlungen börsennotierter Aktiengesellschaften meist noch nicht die Mehrheit. Die erreichen sie jedoch mit Hilfe des Depotstimmrechts und ihrer Kapitalanlagegesellschaften.

Das Depotstimmrecht üben die Banken in Vertretung ihrer Kunden aus. Zunächst taten sie das, ohne ihre Kunden überhaupt zu fragen. Dieser Mißbrauch veranlaßte den Gesetzgeber 1884, die Stimmrechtsausübung für die Aktien eines anderen ohne Vertretungsbefugnis oder Einwilligung unter Strafe zu stellen. Daraufhin verfielen die Banken auf den Trick, sich in den Allgemeinen Geschäftsbedingungen, dem berühmten Kleingedruckten, eine pauschale Vollmacht geben zu lassen. Erst mit der Verabschiedung des Aktiengesetzes von 1937 wurde für die Ausübung des Depotstimmrechts eine schriftliche Ermächtigung vorgeschrieben, die jedoch bis zu 15 Monate pauschal gültig sein durfte. Eine Regelung, die von der Bankenlobby fortan erfolgreich gegen die Interessen der Aktionäre verteidigt wurde. Um den Anschein des eigenen Interesses zu vermeiden, sprechen Bankenvertreter statt vom Depotstimmrecht lieber vom Vollmachtsstimmrecht oder in neuerer Zeit sogar vom Auftragsstimmrecht. Faktisch vertreten sie jedoch bis heute die Stimmrechte ihrer Depotkunden meist aufgrund pauschaler Ermächtigungen.

Die Kapitalanlage- oder Investmentgesellschaften sind in Deutschland fast ausschließlich in Banken- und Versicherungshand. Sie können damit auch über diesen Weg – mit den Aktien der Investmentfonds – Einfluß auf die Geschäftspolitik der Aktiengesellschaften nehmen. Natürlich ohne die Kunden überhaupt zu fragen.

Mit Hilfe ihrer dominierenden Position in den Hauptversammlungen der Aktiengesellschaften haben Banken (und die mit ihnen verbundenen Versicherungen) entscheidenden Einfluß auf die Besetzung des Aufsichtsrates und damit auch des Vorstandes der Unternehmen. Sie knüpfen so neben den Kapitalverflechtungen auch ein Netzwerk personeller Beziehungen und Abhängigkeiten.

Hinzu kommt der Einfluß aus dem klassischen Bankgeschäft, die Entscheidung über die Vergabe von Krediten oder die Begleitung von Unternehmen an den Kapitalmarkt. Damit können Banken Existenzgründungen ermöglichen oder verhindern, die Expansion eines Unternehmens fördern oder bremsen.

Die genannten Faktoren wirken nicht nur additiv, sie verstärken sich auch gegenseitig, was die Einflußmöglichkeiten potenziert. Aus dieser Einflußkumulation erwächst eine ungeheure Machtposition der Banken, deren Einfluß auf Wirtschaft und Gesellschaft demokratisch weder legitimiert noch kontrolliert wird.

Das Bankenkartell umfaßt heute auch zahlreiche Versicherungen. Gemeinsam mit großen Industrie- und Handelsunternehmen bilden sie eine »community«, die im Ausland vielfach mit dem Titel »Deutschland AG« bezeichnet wird. Aus dem Namen wird deutlich, daß die Unternehmen wie ein Block, ein Konzern wahrgenommen werden.

Die Bankenlobby und ihre Freunde begegnen der Kritik mit einer Strategie, die sich darauf konzentriert, die Wirkung *einzelner* Einflußfaktoren zu untersuchen und deren Bedeutung zu relativieren. Und allzuoft fallen ihre Gesprächspartner darauf herein. Können die »Angehörigen privater Banken« denn mit 99 Aufsichtsratsmandaten in den 100 größten Unternehmen Macht ausüben? Wie sollen die zehn größten privaten Banken mit einem Anteil von 0,4 Prozent an allen (sic) Kapitalgesellschaften in Deutschland die Volkswirtschaft dominieren? Was haben die Versicherungen überhaupt mit dem Thema zu tun? Doch bei näherem Hinsehen wird deutlich, wie ein Rädchen in das andere greift, im Getriebe der Deutschland AG. Ein Musterbeispiel für die Einflußkumulation und deren Wirkung auf ein Unternehmen ist die Metallgesellschaft.

Während die meisten Verbandsfunktionäre, Politiker und Wissenschaftler den Bankern an jenem grauen Tag im Dezember 1993 bei der Anhörung im Bonner Wasserwerk eilfertig zu Hilfe gekommen waren, erlebten Arbeitnehmer und Aktionäre eines großen deutschen Unternehmens in diesen Tagen die knallharte Realität des vermeintlichen Phantoms. Schon zwei Tage vor der Anhörung war, noch nahezu unbemerkt, ein Schatten auf den Glanz der Geldbranche gefallen. Unter der Überschrift »Die Metallgesellschaft erhält Bankenhilfe« hatte die *FAZ* über außergewöhnliche Vorfälle bei der Metallgesellschaft AG in Frankfurt berichtet – Vorgänge, die sich in den nächsten Tagen und Wochen zu einem der größten Wirtschaftsskandale der Republik ausweiten sollten. Und Deutschlands führende Banken spielten dabei eine ausgesprochen undurchsichtige Rolle.

Der erste Mann der Deutschen Bank trat kurz darauf persönlich vor die Presse. Hilmar Kopper erklärte, daß sich die Metallgesellschaft AG in einem »plötzlich aufgetretenen, technisch bedingten Liquiditätsproblem« befinde. Aber die Probleme habe man »im Griff«, fügte er beruhigend hinzu. Lediglich zur Absicherung aller Eventualitäten hätten die beiden Kernbanken der Metallgesellschaft, Deutsche und Dresdner Bank, dem Unternehmen kurzfristig zusätzliche Kreditlinien in Höhe von über 1,5 Milliarden DM zur Verfügung gestellt. Koppers Mahnung zu mehr Gelassenheit verpuffte jedoch schnell. Wenige Tage später konnte nicht mehr verheimlicht werden, daß die Metallgesellschaft AG in diesen Tagen unmittelbar vor dem Ruin stand.

Viele Zeitungsleser hatten mit der Metallgesellschaft (MG) zunächst nicht viel anfangen können. Dabei handelt es sich bei der MG um eines der großen Traditionsunternehmen der deutschen Wirtschaft. Seit mehr als einem Jahrhundert ist die

Metallgesellschaft AG eines der weltweit führenden Metallhandelsunternehmen. Im Herbst 1993 rangierte sie mit einem Umsatz von 27 Milliarden DM, rund 60 000 Mitarbeitern, 258 Tochterunternehmen und noch einmal über 300 Minderheitsbeteiligungen in aller Welt auf Platz 14 unter den größten deutschen Industrieunternehmen. Zum Frankfurter Konzern gehörten so prominente »Industrie-Perlen« wie die Buderus AG in Wetzlar, die Dynamit Nobel AG in Troisdorf oder der Automobilzulieferer Kolbenschmidt AG in Neckarsulm; außerdem besaß die MG die modernsten und umweltfreundlichsten Hütten weltweit, investierte in Umwelttechnik und Chemieanlagen und betrieb Rohstoffhandel in der ganzen Welt, Bankgeschäfte mit der Metallgesellschaft-Bank in Frankfurt und Warentermingeschäfte mit der MG Corp. an der New Yorker Terminbörse (Nymex).

Die Metallgesellschaft war aber nicht nur ein großes deutsches Unternehmen: Sie war und ist eines *ihrer* Unternehmen. Seit Jahrzehnten ist der Frankfurter Konzern fest eingebunden in das Beziehungsgeflecht um die Frankfurter Großbanken. Seit den fünfziger Jahren heißen die Großaktionäre Deutsche Bank, Dresdner Bank und Siemens AG. Mit der Zeit kamen andere, »befreundete« Anteilseigner wie die Allianz AG oder die Daimler-Benz AG hinzu. Im Aufsichtsrat der MG sind seit Jahren die Banker dominierend. Im Fünf-Jahres-Rhythmus wechseln sich die Repräsentanten der Deutschen und der Dresdner Bank an der Spitze des Kontrollgremiums ab. Hermann Josef Abs persönlich, der Patriarch der Deutschen Bank, saß drei Jahrzehnte lang im Aufsichtsrat der MG und lenkte die Geschicke der Gesellschaft. Auf Abs folgten andere Vorstandsmitglieder der Deutschen Bank, seit 1991 der »Shooting Star« im Deutsche-Bank-Vorstand, Ronaldo Schmitz. Schmitz zieht seit März 1993 als Aufsichtsratsvorsitzender die Fäden in der Metallgesellschaft. Auch die Dresdner Bank war stets mit ihren Spitzenmännern präsent. Neben den Bankern saßen mit Werner Breitschwerdt,

Ex-Chef der Daimler-Benz AG, Henning Schulte-Noelle, Chef der Allianz, oder dem RWE-Vorstandsvorsitzenden Friedhelm Gieske stets prominente Köpfe der Deutschland AG im MG-Kontrollgremium.

Und natürlich fungierten Deutsche und Dresdner Bank als Hausbanken der MG. Neben den traditionellen Bankgeschäften verbanden zumindest die Deutsche Bank noch ganz besondere Geschäfte mit der Metallgesellschaft. Die Warentermingeschäfte, die deren amerikanische Tochter MG Corp. an der New Yorker Terminbörse Nymex betrieb, begeisterten die Deutsch-Banker derart, daß sie noch im Frühjahr 1993 in einem Schreiben an ihre Großkunden für die erfahrenen und kompetenten Experten der MG Corp. intensiv die Werbetrommel gerührt hatten.

Genau diese Warentermingeschäfte sollten der Metallgesellschaft nun zum Verhängnis geworden sein. Die »plötzlich aufgetretenen, technisch bedingten Liquiditätsprobleme«, die Hilmar Kopper am 8. Dezember 1993 vor der Presse eingestanden hatte, entpuppten sich schnell als existentielle Krise für die MG. Nach und nach wurde bekannt, daß die MG-Führung an der New Yorker Terminbörse mit Öltermingeschäften die kaum vorstellbare Summe von rund einer Milliarde DM verspekuliert hatte. MG-Vorstandschef Heinz Schimmelbusch, ein erklärter Ziehsohn der Frankfurter Banken, soll, so hieß es, im Stile eines Hasardeurs an der Nymex gezockt und immer höhere Beträge auf steigende Ölpreise gewettet haben. Als die aber wegen der Golf-Krise nicht stiegen, sondern ins Bodenlose abrutschten, mußte die Metallgesellschaft weitere Millionenbeträge nachschießen, um »im Spiel zu bleiben«. Wenig später gab die Deutsche Bank die Order »Rien ne va plus«. Das Spiel war aus.

Doch das Desaster der Metallgesellschaft ist viel mehr als die Geschichte des Heinz Schimmelbusch: Eines Mannes, der dank mächtiger Freunde binnen zehn Jahren vom »Wunderkind of the Metallgesellschaft« (so der *Economist* 1984) zum »Manager des Jahres 1991« aufstieg, um dann ebenso rasant zum »Haß-

Mann« der Republik *(Bild)* abzusteigen. Der Fall Metallgesellschaft ist die Geschichte der beiden größten deutschen Bankhäuser und ihrer leitenden Manager, in deren Amtszeit die Berufung und der schmähliche Abgang des Heinz Schimmelbusch fielen. Von sonderbaren Machenschaften bei der altehrwürdigen MG wollen sie nichts gemerkt haben – weder vom Window Dressing in den Bilanzen der Jahre 1991 und 1992, mit denen die Verluste aus dem operativen Geschäft schöngerechnet wurden, noch von den gigantischen Termingeschäften der MG an der Nymex. Und gerade mal 17 Tage bevor die Liquiditätsprobleme der MG bekannt wurden, hatte der MG-Aufsichtsrat den Vertrag mit Heinz Schimmelbusch um weitere fünf Jahre verlängert – einstimmig. Der Aufsichtsrat und sein Vorsitzender, Deutsch-Bankier Ronaldo Schmitz, setzten weiterhin alles auf die Karte Schimmelbusch.

Verloren haben in diesem zweifelhaften Spiel der Konzern Metallgesellschaft, vor allem aber die Arbeitnehmerinnen und Arbeitnehmer der Gesellschaft, von denen im Laufe der »Sanierung« Tausende arbeitslos wurden, und die Eigentümer der Metallgesellschaft, deren Aktien binnen weniger Wochen dramatisch an Wert einbüßten. Die ahnungslosen Aufsichtsratsmitglieder um Ronaldo Schmitz sind auch heute noch in Amt und Würden und freuen sich über saftige Tantiemen für ihre harte Arbeit. Und für die Verluste der großen Anteilseigner – so sie denn welche erlitten haben – zahlen nicht deren angestellte Manager, sondern die Aktionäre dieser Gesellschaften, ihre Kunden und die Steuerzahler. So läuft das in der deutschen Wirtschaft. Der Fall Metallgesellschaft ist deshalb auch die Geschichte der Deutschland AG; symptomatisch für die Defizite einer geschlossenen Gesellschaft, in der eine wirksame Kontrolle der Akteure – der angestellten Unternehmensverwaltungen – nicht mehr möglich ist. Die Manager kontrollieren sich nur noch gegenseitig, oder eben nicht.

Peanuts vor die Haie

Aus den riesigen Fenstern im Büroturm der Deutsche-Bank-Zentrale in Frankfurt hat man einen wunderschönen Blick über die Mainmetropole. Nicht zu übersehen ist von dort auch der gläserne Komplex der Zeilgalerie »Les Facettes«. Doch die Deutsch-Banker dürften Schwierigkeiten haben, sich an der architektonischen Schönheit der Einkaufspassage zu erfreuen. Zu sehr erinnert die Zeilgalerie an ihren Schöpfer, den Immobilien-Hai Jürgen Schneider. Am 4. April 1994 hatte sich der ungekrönte König der deutschen Immobilienszene mit seiner Gattin nach Florida abgesetzt. Zurückgelassen hatten sie damals rund fünf Milliarden DM Schulden, halbfertige Bauruinen, Handwerker, die um die Bezahlung ausstehender Rechnungen bangten, sowie eine geschockte Deutsche Bank. Denn die hatte den Pleitier seit 1983 mit gigantischen Kreditsummen für die Finanzierung seiner Bauvorhaben ausgestattet. Am Ende beliefen sich Schneiders Schulden alleine bei der Deutschen Bank auf rund 1,5 Milliarden DM. Nach dem banalen Ende seiner spektakulären Flucht sitzt Schneider nun seit dem 23. Februar 1996 im Gefängnis von Frankfurt-Preungesheim und wartet auf sein Verfahren. Daß die Aussicht auf ein publicityträchtiges Gerichtsverfahren zur Beruhigung von Kopper & Co. beiträgt, ist jedoch unwahrscheinlich. Zu viele Fragen sind bislang bei der Suche nach der Verantwortung für Deutschlands größten Kreditbetrug offengeblieben.

Nach außen verkauft sich die Deutsche Bank gekonnt als das ahnungslose Opfer eines gerissenen Betrügers. Schneider habe sich mit manipulierten Unterlagen viel zu hohe Kredite für viel zu kleine Objekte erschwindelt. Bei keiner anderen Bank in Deutschland wird in der Werbung so viel von Vertrauen geredet wie bei der Deutschen Bank. Glaubt man den Bankern, dann wollten sie bei der Finanzierung des Herrn Schneider offenbar mit gutem Beispiel vorangehen. Statt die Angaben des netten Immobilien-Hais zu überprüfen, vertrauten sie dem Toupetträger und überwiesen ihm allzu eilfertig die gewünschten Summen. Dabei dürfte den Bankern das Weggucken gar nicht so leicht gefallen sein. Schließlich hatte Schneider in Blickweite der Deutsche-Bank-Zentrale auf einem Grundstück von 2011 Quadratmetern immerhin eine Mietfläche von 22 513 Quadratmetern ausgewiesen – ohne jeden Abzug für Treppenhäuser, Fahrstühle oder Flure. Ein Blick aus dem Fenster hätte die Banker stutzig machen können. Aber Vertrauen ist halt der Anfang von allem. Manchmal auch von Pleiten.

Unvergessen ist bis heute die Pressekonferenz der Deutschen Bank vom 25. April 1994. Der Vorstandssprecher der Deutschen Bank, Hilmar Kopper, trat vor die versammelte Presse und nahm zur Schneider-Pleite Stellung. Erst lief alles nach Plan: Geschickt inszenierte Kopper das Bild der armen betrogenen Deutschen Bank. Mit entwaffnender Selbstkritik gestand Kopper ein, daß in der Deutschen Bank Fehler gemacht worden seien. Schneider habe der Bank unverfroren falsche Gutachten und manipulierte Mietverträge vorgelegt, und es bestehe kein Zweifel daran, daß der Baulöwe den Kreditbetrug »mit Vorsatz und systematisch vorbereitet und durchgeführt« habe. Dabei habe Schneider »mit krimineller Energie gehandelt«. Der gravierendste Fehler der Deutschen Bank sei jedoch gewesen, daß »wir uns haben täuschen lassen. Das nagt an unserem Ehrgefühl«. Daher sei es für die Bank auch selbstverständlich, daß sie alle von ihr finanzierten und noch im Bau befindlichen Objekte fertigstellen würde. Kein Handwerker müsse für Fehler zahlen, die »bei uns gemacht wurden«, erklärte Kopper.

Zugleich sparte Kopper nicht mit Kritik an der frechen Öffentlichkeit: Es gebe ihm zu denken, »daß die Öffentlichkeit geradezu mit Schadenfreude und Lustgewinn aus dem Opfer [darunter verstand Kopper vor allem sein Bankhaus] bereitwillig einen Mittäter macht«. Nach dem Motto: »Endlich hat es den ›Klassenprimus‹

26

mal erwischt«, gieße sich nun »Hohn und Spott« über die Bank aus. Bei der Abrechnung mit der bankenfeindlichen Öffentlichkeit redete sich Kopper allmählich in Rage: »Der Fall Schneider macht klar, welches Ausmaß die negative Haltung gegenüber Banken insgesamt in Deutschland erreicht hat. Das gibt mir zu denken«, erklärte er larmoyant. Nach knapp drei Stunden Pressekonferenz und den impertinenten Fragen nach den Handwerkerrechnungen verlor Kopper endgültig die Beherrschung. Abschätzig polterte er, daß »wir hier eigentlich über Peanuts reden«. »Du liebe Zeit«, schimpfte er, »wie viele Immobilienpleiten hat es gegeben; ich kann nur sagen: So what?« Was als Befreiungsschlag konzipiert war, geriet so zum klassischen Eigentor. Wie kein anderes Wort wurden Koppers »Peanuts« zum Inbegriff der Arroganz der Branche. Was sind 50 Millionen und ein paar Handwerksunternehmen gegen die Deutsche Bank: Eben »Peanuts«.

Noch heute reagiert Kopper unwirsch, wenn das Wort »Peanuts« in seiner Umgebung fällt. Sofort beginnen seine mächtigen Kiefer heftig zu mahlen – ein Vulkan vor der Eruption. Selbstkritik oder gar Selbstironie sind seine Stärke nicht. Interne Papiere der Deutschen Bank belegen, daß das Bankhaus dagegen durchaus zur Selbstkritik in der Lage ist – freilich nur in Papieren, die nach Aussage des Wirtschaftsmagazins *Capital* in der Deutschen Bank streng unter Verschluß gehalten werden. Während die Banker nach außen immer noch das mit krimineller Raffinesse düpierte Kreditinstitut darstellen, bezeichnet der interne Revisionsbericht die Leistungen des Bankhauses als »unprofessionell, gutgläubig und kritiklos«. »Alle beteiligten Stellen sind«, so der Bericht resümierend, »ihrer Kontroll- und Aufsichtspflicht und den Erfordernissen der kaufmännischen Sorgfalt nur unzureichend nachgekommen.«

Das Bundesaufsichtsamt für das Kreditwesen (BAKred) wurde in einem Schreiben an den Vorstand noch deutlicher: Der Hinweis auf die fehlende kritische Distanz zu den Eheleuten Schneider sei »nicht geeignet, die Verstöße gegen banktypische

Sorgfaltspflichten als weniger schwerwiegend einzuordnen«. Das BAKred mißbilligte das Verhalten der Geschäftsleiter »mit besonderem Nachdruck«.

Kaufmännische Sorgfalt erwartet die Deutsche Bank aber, auch als Reaktion auf die abgeschriebenen Schneider-Kredite, in besonderem Maße von ihrer mittelständischen Kundschaft. Der im Deutsche-Bank-Vorstand für die Kreditvergabe zuständige Firmenkundenchef Carl von Boehm-Bezing reagierte auf die Schneider-Pleite erst einmal mit verschärften Anforderungen für die Kreditvergabe an Mittelständler.

Einmal mehr müssen andere das »unprofessionelle« Verhalten der Banker ausbaden. Weil die Herren dem Frankfurter Szene-Hai Schneider die Milliarden trotz grotesk frisierter Unterlagen hinterhergeschmissen hatten, müssen mittelständische Kreditnehmer um ihre Existenz bangen. Aber wo sollte die Sensibilität für die Probleme kleiner Unternehmen plötzlich herkommen. Denn im Vergleich mit der Bilanzsumme der Deutschen Bank handelt es sich hier doch nun wirklich um nicht mehr als ...

Es muß etwas geschehen, aber es darf nichts passieren

Nach der mit knappem Vorsprung gewonnenen Bundestagswahl vom 16. Oktober 1994 und angesichts nur mühsam über den Wahltag geschobener Probleme kamen der Regierungskoalition die Banken als Zielscheibe der Kritik zunächst gerade recht. Unter dem Druck der öffentlichen Meinung sowie ihrer eigenen Mittelstands- und Sozialpolitiker räumten die Koalitionäre nun die Existenz des »Phantoms« Bankenmacht ein. Dieselben Politiker von Union und FDP, die im Sommer 1994 noch Maßnahmen gegen die Macht der Banken und für mehr Transparenz und Wettbewerb abgeblockt hatten, erkannten nun plötzlich die wirtschaftspolitische Dimension des Themas. Die Koalitionspartner nahmen Forderungen der Opposition aus der vergangenen Wahlperiode in ihr Regierungsprogramm für die neue Legislaturperiode auf. So heißt es in der Koalitionsvereinbarung zwischen CDU, CSU und FDP vom 11. November 1994: »Kontrolle und Transparenz im Unternehmensbereich müssen verbessert werden. Dazu werden wir durch Veränderungen des Gesellschaftsrechts u. a. die Kontrollen der Aufsichtsräte verbessern und die Voraussetzungen für eine Begrenzung und bessere Transparenz bei personellen Verflechtungen schaffen, z. B. durch Beschränkung der gleichzeitig wahrgenommenen Aufsichtsratsmandate und -vorsitze. In diesem Zusammenhang ist auch das Recht der Wirtschaftsprüfer u. a. mit dem Ziel einer wirksamen Haftung, qualifizierter Prüfertestate und einer Anhörungspflicht des Aufsichtsrats zu überprüfen. Zu prüfen sind auch ein verbindlicher Wechsel der Wirtschaftsprüfer und die Begrenzung des dauerhaften Industriebesitzes der Banken.«

Selbst diese zaghafte Absichtserklärung empfanden die Banker als Kampfansage. Aufgeschreckt machten Repräsentanten des Bundesverbandes deutscher Banken bei der Frage des dauerhaften Industriebesitzes der Banken den Tatbestand einer »gewissen wirtschaftlichen Enteignung« aus. Deutsche-Bank-Chef Hilmar Kopper drohte sogar mit dem Gang vor das Verfassungsgericht, falls der Deutsche Bundestag einen Beschluß zur Begrenzung des Beteiligungsbesitzes der Banken fassen sollte.

Doch die Regierungskoalition gab sich zunächst unbeeindruckt. Selbst Bundeswirtschaftsminister Günter Rexrodt, einst Citibank-Vorstand, machte auf der Suche nach mehr Profil nun plötzlich bei den Banken eine kritikwürdige Machtballung aus: »Tatsache ist doch«, so Rexrodt in einem *Stern*-Interview, »daß die Banken Macht in einem Ausmaß haben, das ich unter dem Gesichtspunkt der Chancengleichheit und des Wettbewerbs für fragwürdig halte.« Die Fragen des Anteilsbesitzes der Banken, des Depotstimmrechts und der Aufsichtsratsarbeit müßten diskutiert und mögliche Verbesserungen erwogen werden, sagte

Rexrodt. Mehr Anlaß zur Sorge als die Äußerungen des glücklosen Wirtschaftsministers mußte den Banken machen, daß sich neben dem imagesuchenden Liberalen auf einmal auch namhafte Unionspolitiker für Beschränkungen der Bankenmacht aussprachen. So erklärte der damalige Wirtschaftspolitische Sprecher der CDU/CSU-Bundestagsfraktion, Rainer Haungs, im Februar 1995, daß der »Bankenbesitz an Industrieunternehmen grundsätzlich auf einen Anteilsbesitz von zehn Prozent beschränkt werden« sollte. Und im selben Monat äußerte sich Bundeskanzler Helmut Kohl zum Thema Macht der Banken. In seiner Rede bei der Festmatinee zum 125jährigen Firmenjubiläum der Commerzbank AG am 19. Februar 1995 in der Alten Oper in Frankfurt kündigte er an, daß die Bundesregierung die Begrenzung des dauerhaften Industriebesitzes der Banken »unvoreingenommen« prüfen werde. Bei den Bemühungen um mehr »Kontrolle und Transparenz im Unternehmensbereich« dürfe die Bankbranche keine »heilige Kuh« sein. Doch der Kanzler versprach der versammelten Bankprominenz: »Übereilte Entscheidungen wird es nicht geben.« Da ahnten Insider, daß die christliberale Bundesregierung einmal mehr ihrem Motto folgen würde, das Bundesfinanzminister Theo Waigel gerne in den Satz faßt: Es muß was geschehen, aber es darf nichts passieren.

Zur Prüfung des Prüfungsbedarfs setzte die Bundesregierung zunächst eine Arbeitsgruppe ein. Nach vorhergehendem Gerangel zwischen Bundeswirtschaftsminister Rexrodt und Bundesjustizministerin Leutheusser-Schnarrenberger (beide FDP) um die Federführung wurde die Arbeitsgruppe »Kontrolle und Transparenz im Unternehmensbereich/Banken« schließlich von beiden Ministerien gemeinsam geleitet. Zum illustren Arbeitskreis gehörten außerdem neben anderen die Liberalen Otto Graf Lambsdorff und Rainer Funke, Parlamentarischer Staatssekretär im Bundesministerium der Justiz, sowie Joachim Gres (CDU).

30

»Besonders tüchtige Beamte«, so Funke im Januar 1995, würden mit der Erarbeitung eines Gesetzentwurfs betraut. Weder die tüchtigen Beamten noch die hochkarätig besetzte Koalitionsarbeitsgruppe vermochten jedoch den selbstgesteckten Zeitplan einzuhalten. Erst sollte der Gesetzentwurf im Sommer 1995 vorliegen, dann im Herbst, später hieß es zum Jahresende und dann bis zur Sommerpause 1996. Nun ist er erneut für den Herbst angekündigt. Die Verzögerungen lassen sich erklären, wenn man weiß, daß die brisante Materie nicht nur zwischen den Ministerien und den Koalitionsfraktionen abgestimmt wird. Die entscheidenden Personen sitzen nicht in Bonn, sondern in Frankfurt: Die Herren der Deutschland AG.

III

Die Deutschland AG

Das Kartell

Die Skyline von Frankfurt – seit Jahren Symbol für die deutsche Finanzwirtschaft. Mit respekteinflößenden Wolkenkratzern haben sich Deutschlands führende Kreditinstitute hier imageprägend verewigt. Noch ist der neue Büroturm der Commerzbank nicht fertiggestellt, aber schon bald wird die Nummer Drei unter Deutschlands Privatbanken ihre mächtigen Konkurrenten, Marktführer Deutsche Bank und den ewigen Zweiten, die Dresdner Bank, wenigstens am Frankfurter Himmel überflügeln. 1995 war für die drei größten deutschen Privatbanken erneut ein Jahr des Erfolgs. In einem von wirtschaftlicher Flaute, Unternehmenspleiten in Rekordhöhe und Massenarbeitslosigkeit geprägten Jahr haben sie einmal mehr goldgeränderte Bilanzen vorgelegt. Die Bilanzsumme des Marktführers Deutsche Bank schnellte auf das absolute Rekordniveau von 721 Milliarden DM – immerhin weit mehr als der Bundeshaushalt. Der Jahresüberschuß der Deutschen Bank lag 1995 bei imposanten 2,185 Milliarden DM. Weltweit rangiert sie auf dem sechsten Platz unter den Kreditinstituten und ist damit das einzige nichtjapanische Geldhaus unter den Top Ten der Welt. Fast bescheiden wirken dagegen die Bilanzsummen der Dresdner Bank mit 484,5 Milliarden DM und der Commerzbank mit 404,2 Milliarden DM.

Die Erfolgsgeschichte der drei deutschen Großbanken begann vor mehr als 125 Jahren in den Gründerjahren des Kaiserreichs. Wurden die als Aktiengesellschaften organisierten Banken in den achtziger Jahren des letzten Jahrhunderts von den etablierten Privatbankiers zunächst milde belächelt, so war den Oppenheims, Mendelssohns und Bleichröders das Lächeln alsbald eingefroren. Zu erfolgreich waren die Newcomer, die den klassischen Privatbankiers dank der modernen Gesellschaftsform an Finanzkraft schnell überlegen waren. Inzwischen sind sie es, die im deutschen Finanzmarkt die Regeln bestimmen. Viele alteingesessene Bankhäuser sind heute längst im Besitz der großen Drei; ihre Unabhängigkeit besteht nur noch auf dem Papier. Nur wenige Traditionshäuser haben sich in Nischen des Bankgeschäfts einzurichten vermocht und wenigstens vorerst ihre Eigenständigkeit bewahrt.

Der Kaufrausch der großen Drei hat aber nicht nur die Finanzbranche umgekrempelt. Auch Deutschlands Industrie- und Handelsunternehmen befinden sich heute zu einem erheblichen Teil im Besitz der Großbanken. 1995 umfaßte der bekannte Anteilsbesitz der drei Frankfurter Geldhäuser über 1500 Unternehmensbeteiligungen in allen Wirtschaftsbereichen. Und neben diesen »offiziellen« Beteiligungen dürften die Banken noch über weitere stattliche Besitztümer verfügen, die bislang erfolgreich vor der zunehmend kritischen Öffentlichkeit verborgen werden konnten. Schließlich müssen in Deutschland derzeit von Aktiengesellschaften nur die Beteiligungen offengelegt werden, die mindestens fünf Prozent des Grundkapitals einer börsennotierten Gesellschaft betragen. Aber schon nach den bekannten Daten gibt es in Deutschland derzeit keine Branche und kaum eine große Aktiengesellschaft, an denen die Großbanken nicht beteiligt sind. Allein das im offiziellen Verzeichnis des Anteilsbesitzes der Deutschen Bank aufgelistete Imperium umfaßte 1995 735 Beteiligungen in aller Welt, von hundertprozentigen Tochterunternehmen wie der Schiffshypothekenbank zu Lübeck, dem Deutschen Herold Versicherungskonzern oder der Deutsche Bank Finance N. V. mit Sitz im Steuerparadies Curaçao auf den Niederländischen Antillen bis zu Industriebeteiligungen wie dem 24,4-Prozent-Anteil an Deutschlands größtem

Industrieunternehmen, der Daimler-Benz AG. Der Marktwert allein dieser Beteiligung beläuft sich trotz des dramatischen Kursverfalls der Daimler-Benz-Aktie in den letzten Jahren nach Angaben der Bank auf rund neun Milliarden DM. Neben ihrer Daimler-Benz-Beteiligung vermeldete die Bank im Geschäftsbericht 1995 weitere 29 »wesentliche Beteiligungen« im Nichtbankenbereich. Dazu gehörten rund 25 Prozent an der Philipp Holzmann AG, einem der weltweit führenden Bauunternehmen, zehn Prozent an Europas größtem Warenhauskonzern, der Karstadt AG, zu dem seit 1994 auch die Hertie-Gruppe gehört, zehn Prozent an Deutschlands größtem Reifenhersteller, der Continental AG, knapp 17 Prozent an der Metallgesellschaft und so weiter und so weiter, bis hin zu stattlichen Beteiligungen an den drei größten deutschen Versicherungskonzernen des Landes, der Allianz, der Münchener Rück und der Aachener und Münchener Versicherungsgruppe. Am 10. Juni 1996 präsentierte die Bank einer überraschten Öffentlichkeit ihre neueste »wesentliche Beteiligung«, einen 5,21-Prozent-Anteil am stimmberechtigten Kapital der Bayerischen Vereinsbank.

Mit ihren 541 offiziellen Beteiligungen hat auch die Dresdner Bank große Namen im Portefeuille: Aachener und Münchener Versicherung, Allianz, Buderus, Degussa, Bilfinger & Berger oder eben die Metallgesellschaft. Die Nummer Drei, die Commerzbank, steuert schließlich noch einmal rund 250 Beteiligungen zum Imperium der großen Drei bei. Auch sie hat sich ein stattliches Reich zusammengekauft, unter anderem mit einem 18,1-Prozent-Anteil an der Thyssen AG, 13,7 Prozent an Buderus, 13,8 Prozent an der Heidelberger Druckmaschinen AG, knapp fünf Prozent an Philipp Holzmann, gut zehn Prozent an Linde, zehn Prozent an Salamander, 6,5 Prozent an MAN und so weiter.

Das Machtkartell in der deutschen Wirtschaft hat neben seiner Frankfurter Zentrale ein zweites Zentrum, das sich seit einigen Jahren anschickt, den Frankfurtern den Rang streitig zu machen.

Rund 400 Kilometer südöstlich von Frankfurt, in der bayerischen Metropole München, haben vier Finanzgiganten ihren Sitz, die den Frankfurter Banken inzwischen an Finanzkraft und Einfluß kaum noch nachstehen. Das Grundstück mit der Nummer 28 an der altehrwürdigen Königinstraße, unweit des wunderschönen Englischen Gartens im Zentrum der Stadt gelegen, ist Sitz des Allianz-Konzerns. Unaufhaltsam ist die Allianz inzwischen zu Europas mit Abstand größtem Versicherungsunternehmen gewachsen, weltweit rangiert sie auf dem fünften Platz unter den Versicherungskonzernen. Die Allianz hält nichts von protzigen Wolkenkratzern. Wer die Königinstraße entlangschlendert und einen Blick auf das Anwesen wirft, ahnt nicht, daß sich hinter der schlichten, etwas heruntergekommenen Fassade das zweitmächtigste Unternehmen der Republik verbirgt.

Schräg gegenüber der Allianz-Zentrale, in der Königinstraße 107, ist der Sitz der Nummer Zwei unter Deutschlands Versicherungskonzernen, der Münchener Rückversicherungs AG. Die Münchener Rück ist das weltweit größte Rückversicherungsunternehmen, dem nebenbei, zumindest nach Meinung alteingesessener Münchner, »halb München gehört«. Im Gegensatz zum Marktführer Allianz hat die Münchener Rück Understatement nicht nötig. Hier residiert man standesgemäß in einer prunkvollen Villa mit herrschaftlichen Ausmaßen. Weil aber selbst der große Herrensitz dem Weltunternehmen inzwischen zu klein geworden ist, hat sich der Konzern mal eben einen Glaspalast an Münchens Flanierstraße, der Leopoldstraße, errichtet. Ein imposantes Kunstwerk, der zwölf Meter hohe »Walking Man« im Wert von rund zwei Millionen DM, bewacht den Eingang wie ein moderner Zyklop. Die Münchener Rück macht keine Anstalten, ihren Reichtum zu verstecken.

Die beiden Münchner Versicherungsgiganten gelten in der Branche als »siamesische Zwillinge«. Beide wurden von Carl von Thieme und dem Bankier Wilhelm von Finck vom Bankhaus Merck, Finck & Co. in den frühen Jahren des Kaiserreichs gegründet – die Münchener Rück 1880, die Allianz zehn Jahre später. Bis heute sind die beiden Schwestern durch eine gegenseitige Beteiligung von jeweils 25 Prozent des Grundkapitals verbunden und gegen jeden externen Einfluß abgesichert. Fest eingebunden in das Netzwerk um das finanzstarke Duo sind die beiden großen bayerischen Regionalbanken, die Bayerische Hypotheken- und Wechselbank und die Bayerische Vereinsbank. Die Bayerische Vereinsbank, nach den drei Frankfurter Großbanken und der Westdeutschen Landesbank das fünftgrößte Bankhaus der Republik, hält an den beiden Versicherungskonzernen Allianz und Münchener Rück jeweils zehn Prozent der Anteile; im Gegenzug gehören dem Duo 7,3 Prozent der Bayerischen Vereinsbank. Die Bayerische Hypotheken- und Wechselbank, immerhin siebtgrößtes Bankhaus Deutschlands gehört dagegen zu stolzen 22,9 Prozent der Allianz und zu 5,8 Prozent der Münchener Rück, und die Hypo-Bank wiederum hält fünf Prozent der Allianz-Anteile.

Und die München-Connection ist eng mit den drei Frankfurter Großbanken verflochten. Rund 23 Prozent der Dresdner-Bank-Anteile sind im Besitz der Allianz, weitere 2,3 Prozent gehören der Münchener Rück und nochmals 20 Prozent der Dresdner-Bank-Aktien gehören zwei Finanzverwaltungsgesellschaften, an denen neben der Bayerischen Hypotheken- und Wechselbank auch eine ganze Reihe von Versicherungsunternehmen beteiligt ist, die Allianz und Münchener Rück gehören. Im Gegenzug besitzt die Dresdner Bank zehn Prozent der Anteile von Allianz und 11,9 Prozent der Münchener Rück. Ebenfalls mit jeweils zehn Prozent an Allianz und Münchener Rück sowie mit gut fünf Prozent an der Bayerischen Vereinsbank beteiligt ist auch eine andere gute Bekannte aus dem Frankfurter Bankenkartell, die Deutsche Bank. Und an der ist die das Versicherungsduo wiederum mit rund acht Prozent des Grundkapitals beteiligt.

Wer bei diesen Verflechtungen langsam den Überblick verliert, muß sich nicht grämen. Genau dies ist der Zweck des mit viel

Die G-7 der deutschen Finanzwirtschaft

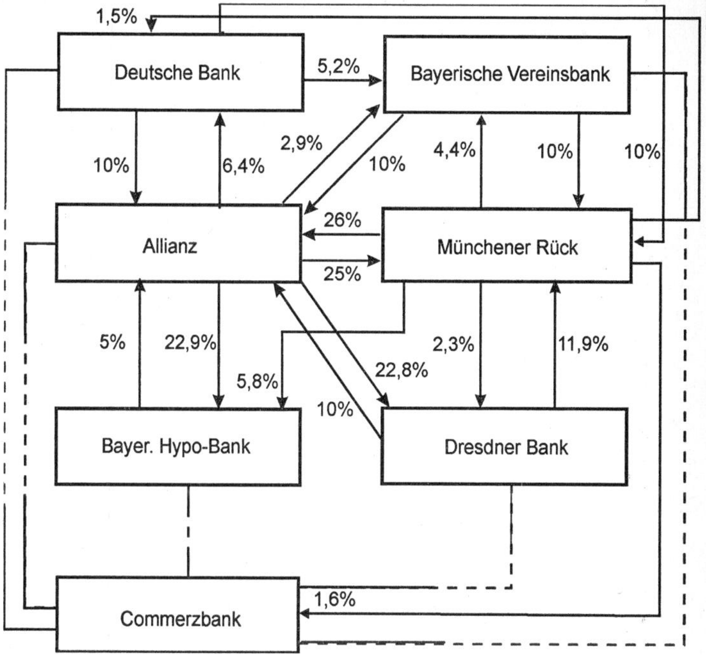

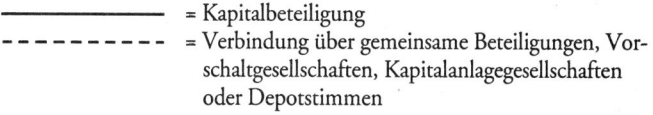

```
1,5%
┌──────────────┐  5,2%  ┌────────────────────┐
│ Deutsche Bank│───────▶│Bayerische Vereinsbank│
└──────────────┘        └────────────────────┘
   10%    6,4%   2,9%   10%   4,4%  10%   10%
                ┌──────────────┐  26%  ┌──────────────┐
                │   Allianz    │──────▶│Münchener Rück│
                └──────────────┘  25%  └──────────────┘
   5%   22,9%        5,8%   10%  22,8%  2,3%  11,9%
┌──────────────┐              ┌──────────────┐
│Bayer. Hypo-Bank│            │ Dresdner Bank │
└──────────────┘              └──────────────┘
┌──────────────┐  1,6%
│  Commerzbank │
└──────────────┘
```

──────────── = Kapitalbeteiligung

- - - - - - - - = Verbindung über gemeinsame Beteiligungen, Vorschaltgesellschaften, Kapitalanlagegesellschaften
oder Depotstimmen

Quelle: Geschäftsberichte, Börsen-Zeitung, FAZ, Handelsblatt

Akribie konstruierten Netzwerkes, das den Kern der Deutschland AG bildet.

Die Commerzbank ist – soweit bekannt – innerhalb der G-7 nur mit der Münchener Rück durch eine direkte Kapitalbeteiligung verbunden. Deutschlands drittgrößte Bank ist jedoch auf vielfältige Weise fest in die Deutschland AG eingewoben. Noch Anfang der neunziger Jahre galt auch Deutschlands zweitgrößtes Kreditinstitut, die Dresdner Bank, als Publikumsgesellschaft mit breitgestreutem Anteilsbesitz. In den einschlägigen Standardwerken konnte man damals lesen, daß kein Aktionär bei der Dresdner Bank mehr als fünf Prozent des Grundkapitals besitze. Gestimmt hat diese Information schon damals nicht. Denn unbemerkt von der Öffentlichkeit – bis 1995 mußten Beteiligungen erst nach Überschreiten eines Anteilsbesitzes von 25 Prozent offengelegt werden – hatte die Allianz bereits seit längerem einen erheblichen Anteil an der Dresdner Bank von mehr als zehn Prozent in ihrem Besitz. Ende Juli 1991 offenbarte die Allianz der überraschten Fachwelt, daß sie nun direkt mit 22,31 Prozent, und noch einmal indirekt, also über Tochterunternehmen, mit weiteren 0,67 Prozent an der Dresdner Bank beteiligt war. Und wie zufällig wurde zur selben Zeit bekannt, daß sich weitere rund 20 Prozent der Dresdner-Bank-Aktien im Besitz zweier Finanzverwaltungsgesellschaften, der Frankfurter Gesellschaft für Finanzwerte (FGF) und der Vermo, befanden, an denen die Münchener Rück und andere, von den beiden Münchner Versicherungsunternehmen abhängige oder mit ihnen »befreundete« Große aus der deutschen Finanzwirtschaft und Industrie beteiligt waren. Knapp 45 Prozent des Grundkapitals der Dresdner Bank waren demnach im Besitz der München-Connection und ihrer Freunde; eine sichere Mehrheit in den Hauptversammlungen von Deutschlands zweitgrößter Bank. Bei der Dresdner Bank ging von nun an nichts mehr ohne den Segen aus München.

Und der damalige Dresdner-Bank-Chef Wolfgang Roeller präsentierte seinen Aktionären quasi im Gegenzug in der Hauptversammlung im Mai 1991 eine Zehn-Prozent-Beteiligung an der Allianz. Damit verfügten nun zwei Unternehmen aus dem unmittelbaren Einflußbereich der Allianz, die Münchener Rück und die Dresdner Bank, über 35 Prozent der Anteile der Allianz. Und da die Dresdner Bank auch an der Münchener Rück mit 11,9 Prozent beteiligt ist, befinden sich auch dort mehr als 35 Prozent der Anteile im Besitz des Trios. Die Anteile der zu mehr als 22 Prozent im Besitz der Allianz befindlichen Bayerischen Hypotheken- und Wechselbank schrauben den Anteilsbesitz der Freunde der Allianz an ihrem Grundkapital auf 40 Prozent. Damit geht in den jeweiligen Hauptversammlungen der drei Finanzgiganten nichts ohne die Zustimmung ihrer Partner. Abschottung in Perfektion: Das Management der Allianz entscheidet mit ihren eigenen Aktienpaketen und der Unterstützung ihrer Verbündeten über die Besetzung von Schlüsselpositionen bei ihren drei Juniorpartnern Münchener Rück, Dresdner Bank und Bayerische Hypotheken- und Wechselbank. Und deren Management verfügt im Gegenzug über eine faktische Mehrheit in der Hauptversammlung der Allianz. So schließt sich der Kreis, der jeden externen Einfluß auf die Unternehmensverwaltungen ausschließt. Die vom Aktienrecht vorgesehenen Kontrollfunktionen werden damit ausgeschaltet.

Was bei der München-Connection im Zentrum der Deutschland AG perfekt funktioniert, setzt sich in der deutschen Wirtschaft in vielfacher Weise fort. Durch ein kaum durchschaubares Netz von direktem, indirektem oder wechselseitigem Anteilsbesitz, personellen und institutionellen Verflechtungen haben sich die wettbewerbs- und kontrollscheuen Manager wirkungsvoll abgeschottet. Das erklärt, warum auch die großen Nieten in der Deutschland AG im Amt und Salär bleiben. Nur nach ganz großen Pleiten müssen gelegentlich Manager ihre Sessel räumen, aber auch für die finden die Freunde in der Regel noch ein lukratives Pöstchen, das ihnen den Abschied versüßt.

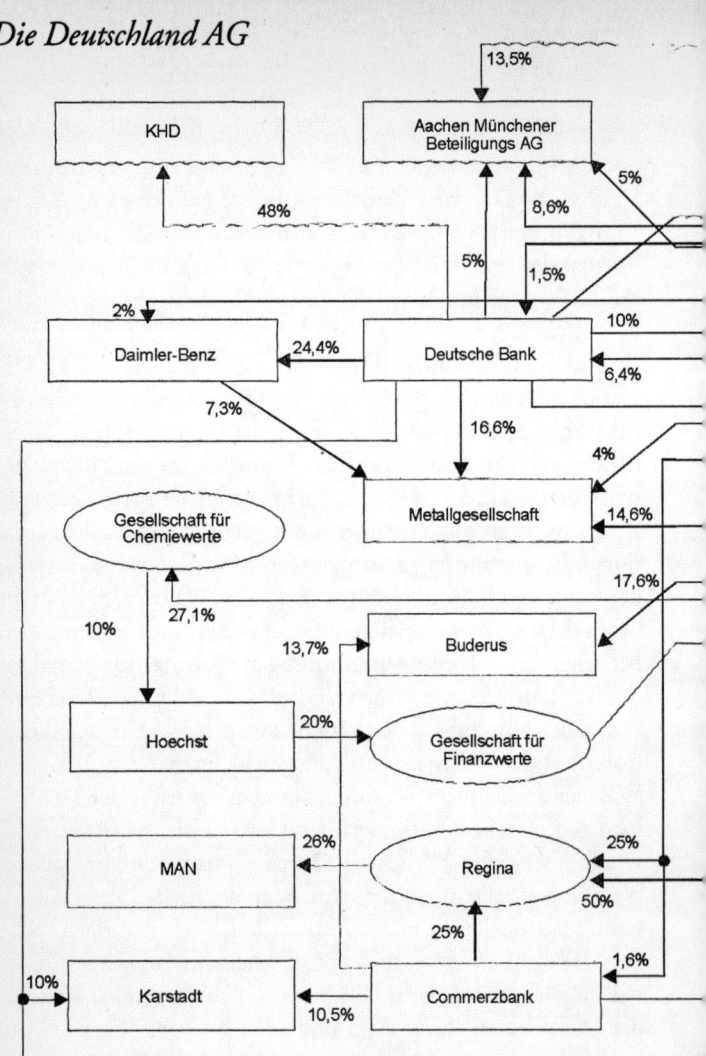

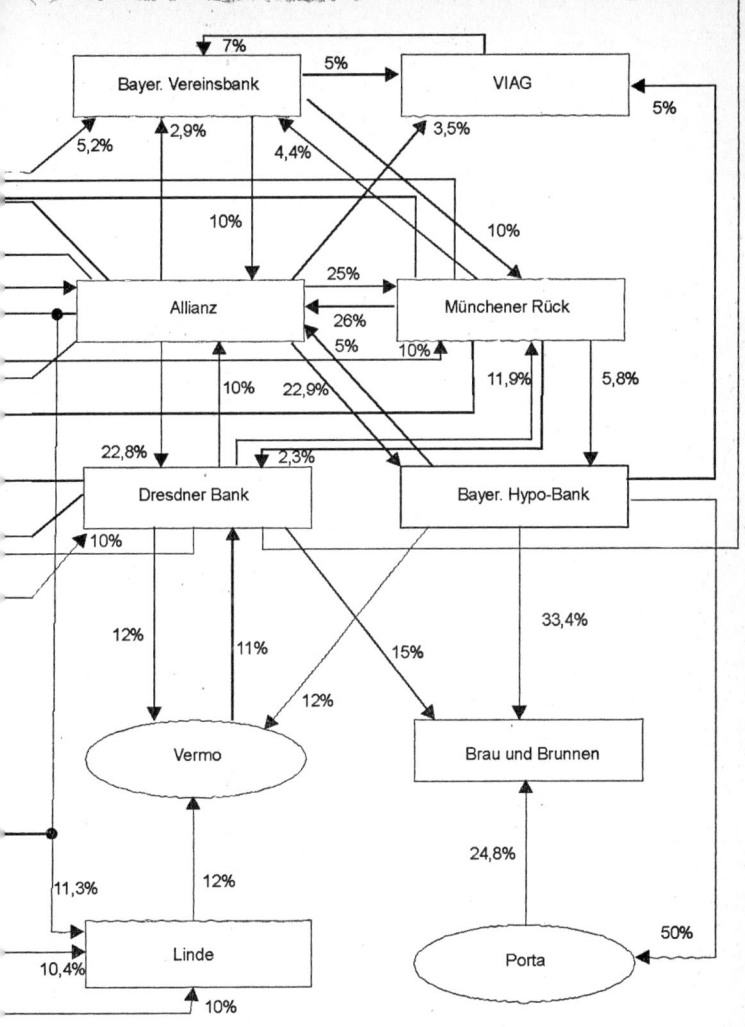

Quelle: Geschäftsberichte, E. Wenger,
Börsen-Zeitung, FAZ, Handelsblatt

Die Deutschland AG

Die wechselseitigen Verflechtungen zwischen den G-7 der deutschen Finanzwirtschaft bilden den Kern der Deutschland AG. Um dieses Zentrum herum haben die sieben Kerngesellschaften der deutschen Finanzwirtschaft ihr Netzwerk nicht minder filigran weitergesponnen. Einige hundert Aktiengesellschaften aus allen Bereichen der deutschen Wirtschaft sind auf diese Weise mit den Großen Sieben verbunden – zusätzlich zu den Firmen, die sie direkt in ihr Imperium eingegliedert haben.

Deutschlands Aktiengesellschaften tragen große Namen. Ob Siemens, Daimler-Benz, Thyssen oder Karstadt, ob Deutsche Bank, Volkswagen, RWE oder seit 1995 auch die Telekom – die bekanntesten und größten deutschen Unternehmen sind überwiegend als Aktiengesellschaften organisiert. Rund zwei Drittel der 100 größten deutschen Unternehmen sind Aktiengesellschaften. Gerechnet auf die Gesamtheit aller deutschen Unternehmen sieht das Bild ganz anders aus: Die GmbH ist die vorherrschende Gesellschaftsform deutscher Unternehmen; auf 160 GmbHs kommt lediglich eine AG.

Die Aktiengesellschaft ist ein Kind der industriellen Revolution und gilt heute als klassische Form der Kapitalgesellschaft. Die enormen finanziellen Mittel für die industriellen Neuerungen – Bergwerke, Eisenbahnen, Industriebetriebe – waren von einzelnen nicht aufzubringen. Dies gelang nur mittels einer Unternehmensform, die geeignet war, das Kapital vieler zu bündeln. Die Aktiengesellschaft mit einem satzungsmäßig festgelegten Garantiekapital, dem in Aktien zerlegten und am Kapitalmarkt (Börse) zugänglichen Grundkapital, fungierte als ein solches Sammelbecken für Risikokapital bei gleichzeitiger Beschränkung des individuellen Risikos auf die geleistete Einlage und erwies sich so in den Jahren des ökonomischen Aufbruchs als die überlegene Organisationsform für die großen, expandierenden Unternehmen.

Von ihrer Struktur und Entstehungsgeschichte her ist die Aktiengesellschaft eine enge Verwandte der Deutschen liebster Organisationsform, des Vereins. Was im Verein die Mitgliederversammlung, ist in der Aktiengesellschaft die Hauptversammlung. Sie ist das zentrale Organ der Aktiengesellschaft. Einmal im Jahr versammeln sich hier die Eigentümer der Gesellschaft, die Aktionäre, und entscheiden über die zentralen Fragen ihrer Gesellschaft. In der Regel hat der Aktionär für jede Aktie eine Stimme – bei einigen Gesellschaften gibt es aber auch anachronistische Mehrfachstimmrechte oder Beschränkungen durch Höchststimmrechte. So gibt es bei der Siemens AG sogenannte stimmberechtigte Vorzugsaktien, deren Stimmrecht sich bei »unternehmensstrategisch entscheidenden Fragen« versechsfacht. Diese ganz besonderen Aktien gehören ausnahmslos der Familie Siemens. Beim nordrhein-westfälischen Energieriesen RWE existieren Namensaktien mit sogar zwanzigfachem Stimmrecht. Diese Aktien befinden sich im Besitz der Gemeinden, Städte und Kreise, die auf diese Weise dauerhaft über eine Mehrheit von rund 58 Prozent der RWE-Stimmrechte verfügen. Dagegen gibt es beim drittgrößten Industrieunternehmen Deutschlands, der Volkswagen AG, Stimmrechtsbeschränkungen. Kein Aktionär darf hier in der Hauptversammlung über mehr als zwanzig Prozent der Stimmen verfügen, ganz gleich, wie hoch sein faktischer Anteil am Grundkapital der Gesellschaft ist.

In der Hauptversammlung (HV) wählen die Aktionäre ihre Vertreter in den Aufsichtsrat der Gesellschaft, der die Mitglieder des Vorstands der Gesellschaft beruft und zwischen den Hauptversammlungen als Kontrollorgan über deren Aktivitäten wachen soll. In der HV entscheiden die Aktionäre über die Entlastung von Aufsichtsrat und Vorstand und darüber, wer in ihrer Gesellschaft als Abschlußprüfer die Jahresbilanz zu prüfen hat. Sie entscheiden über die Verwendung des Bilanzgewinns als Dividende an die Aktionäre oder als Rückstellung für die Gesellschaft; ebenso über Satzungsänderungen, die Erhöhung oder

Reduzierung des Grundkapitals oder die Auflösung der Gesellschaft. Die Hauptversammlung ist die Stunde der Aktionäre. Hier kommt es zum Showdown mit den angestellten Managern, die ihnen einmal im Jahr Rede und Antwort stehen müssen.

Was in der grauen Theorie des Aktienrechts als zentrales Organ der Aktiengesellschaft konzipiert wurde, ist in der alltäglichen Realität längst zum profanen Ritual degeneriert. Schon vor dem Beginn der Hauptversammlung stehen die Abstimmungsergebnisse fest. Denn rund jede zweite Aktie, die in Deutschland an der Börse gehandelt wird, gehört heute dem Kartell aus Versicherungen und Banken. Mit ihren Aktienpaketen dominieren die Herren der Deutschland AG die Aktiengesellschaften, sie entscheiden über die Besetzung von Schlüsselpositionen in den Unternehmen, über den Aufstieg eines Jürgen Schrempp an die Spitze des Daimler-Benz-Konzerns ebenso wie über die Karriere des Kajo Neukirchen, der als Chefsanierer der Deutschen Bank über Stationen bei Klöckner-Humboldt-Deutz (KHD) und Hoesch zum Vorstandsvorsitzenden der Metallgesellschaft avancierte. Sie bestimmen, ob selbsternannte Visionäre wie Edzard Reuter oder Heinz Schimmelbusch bei der Daimler-Benz AG oder der Metallgesellschaft Kapital und Arbeitsplätze vernichten dürfen. Der normale Aktionär mit seinem vergleichsweise vernachlässigbaren Aktienbesitz spielt keine Rolle. Er gilt bestenfalls als »dumm und frech«, wie der Berliner Bankier Carl Fürstenberg bereits 1920 spöttisch formuliert haben soll. »Dumm, weil er Aktien kauft, und frech, weil er dafür auch noch Dividende haben will.«

Neben ihrem direkten Anteilsbesitz an den Gesellschaften haben die Banken noch weitere Eisen im Feuer. Das wichtigste ist das sogenannte Depotstimmrecht, mit dem die Banken in den Hauptversammlungen Stimmrechte für ihre Depotkunden ausüben. Denn Aktien nimmt man hierzulande nach dem Kauf nicht mit nach Hause und legt sie unters Kopfkissen, sondern bewahrt sie bei einer Bank im Depot auf. Für eine happige Gebühr, versteht sich. Darüber hinaus bietet die Bank ihren Depotkunden einen – interessanterweise kostenlosen – Service an: die Ausübung des Stimmrechts in den Hauptversammlungen. Die überwiegende Zahl der Depotkunden nimmt diesen Service der Banken gern in Anspruch. Wer hat schon die Zeit oder die Lust, an einem Wochentag durch die Republik zu reisen, um an einer Hauptversammlung teilzunehmen. Ein Aktionär, der Aktien verschiedener Gesellschaften besitzt und seine Aktionärsrechte in den Hauptversammlungen selbst vertreten will, hat ein volles Programm vor sich. Schließlich finden zwischen Januar und September jedes Jahres alleine bei den börsennotierten Aktiengesellschaften rund 650 Hauptversammlungen statt, viele davon am selben Tag.

So ist es nur eine kleine Gruppe Unentwegter, die sich Jahr für Jahr zur Hauptversammlungs-Tournee rüstet. Eine buntgemischte Truppe, gutsituierte Rentner und Pensionäre, Freiberufler, Selbständige und die zahlreichen Vertreter von Aktionärsvereinigungen, die quasi beruflich in den Hauptversammlungen tätig sind, sowie Belegschaftsaktionäre. Zu sagen haben sie freilich alle wenig, auch wenn sich einige von ihnen in den Hauptversammlungen ausführlich zu Wort melden. Die Herren, die hier das Sagen haben, sitzen nicht inmitten der gemeinen Aktionäre, sondern an gesonderten Tischen. Sie tragen die edle Uniform der Banker, dunkle Anzüge in feinem Zwirn, und vor ihnen türmen sich die Stimmkarten, mit denen sie am Ende der Hauptversammlung die Abstimmung entscheiden werden. Genaue Angaben über die Ausübung des Depotstimmrechts gibt es in Deutschland nicht. Die Banken haben offensichtlich kein Interesse daran, die Zahlen auf den Tisch zu legen. Sie werden wissen, warum. In den letzten Jahren haben Wissenschaftler sich die Mühe gemacht, die Präsenzlisten, in denen die Gesellschaften über die in der Hauptversammlung vertretenen Aktien akribisch Buch führen müssen, auszuwerten. Die jüngste Fleißarbeit dieser Art stammt von der Universität Osnabrück, und sie belegt, daß die Banken selbst in Hauptversammlungen der Gesellschaften, von denen sie keine dominierenden Aktienpakete besitzen, mittels der Kombination ihrer eigenen Aktien und ihrer Depotstimmrechte im Durchschnitt über mehr als 80 Prozent der Stimmen verfügen. Dementsprechend fallen die Ergebnisse in den Hauptversammlungen aus. Kaum einmal rutscht in einer Hauptversammlung in Deutschland ein Abstimmungsergebnis unter die 98-Prozent-Quote. Vergleiche mit längst vergangenen Systemen im Osten Europas schätzen die Banker jedoch nicht. Bei entsprechenden Vorwürfen gerät der Aufsichtsratsvorsitzende der Deutschen Bank regelrecht in Rage und droht einem Aktionär: »Wenn Sie das wiederholen, entziehe ich Ihnen das Wort!«

Üblicherweise genügt für Entscheidungen in den Hauptversammlungen die einfache Mehrheit. Lediglich bei Satzungsänderungen und bei Entscheidungen von grundlegender Bedeutung bedarf es in der Regel einer Dreiviertelmehrheit. Mit der Sperrminorität, einer Anteilsquote von 25 Prozent der Stimmen plus eine Aktie, kann ein Aktionär oder eine Gruppe von Aktionären also Entscheidungen von besonderer Relevanz verhindern. Dies erklärt die Bedeutung von 25-Prozent-Beteiligungen wie die wechselseitigen Verflechtungen von Allianz und Münchener Rück. Ohne die Zustimmung des jeweiligen Zwillings können in den Hauptversammlungen der beiden Giganten keine grundlegenden Entscheidungen getroffen werden.

Die Konstruktion dient damit auch dem Ziel, so der ehemalige Präsident des Bundeskartellamts in Berlin, Wolfgang Kartte, »mit Minderheitsbeteiligungen den Wettbewerb zu beschränken«. In der Praxis deutscher Hauptversammlungen ist das Gewicht einer Beteiligung von 25 Prozent sogar noch wesentlich größer. Denn in Publikumsgesellschaften mit einer breiten Streuung der Aktien sind in den Hauptversammlungen niemals 100 Prozent des Grundkapitals vertreten. Die zunehmende

Internationalisierung deutscher Aktiengesellschaften, die verständliche Bequemlichkeit der Aktionäre und ihre legitime Unlust, an einem Wochentag die teure Reise zu einer Hauptversammlung zu unternehmen, oder das berechtigte Mißtrauen in die Interessenvertretung durch die Depotbanken sind drei Gründe für die kontinuierlich sinkende Teilnahme an Hauptversammlungen in Deutschland. Präsenzen von 40 bis 60 Prozent sind daher inzwischen in Deutschlands Publikumsgesellschaften die Regel.

Die Bankiers als verkappte Großindustrielle. Was als Szenario aus klassenkämpferischen Kampfschriften anmutet, entpuppt sich im Deutschland des Jahres 1996 als schlichte Realität. Nahezu bei jedem großen deutschen Unternehmen reden die Banker aus den Frankfurter Geldhäusern mit. Und zwar nicht nur über das klassische Bankgeschäft, die Vergabe von Krediten, sondern auch als Miteigentümer der Unternehmen. Interessenkonflikte sind hier vorprogrammiert und an der Tagesordnung.

Das Zentrum der Macht

Die Deutsche Bank ist mehr als eine Bank. Sie ist eine deutsche Institution. In der für das Bankhaus üblichen Bescheidenheit vermeldete einst ein Vorstandsmitglied der Deutschen Bank treffend: »Jenseits von Abu Dhabi gelten wir sowieso als Deutsche Bundesbank.« Manch einem hierzulande geht dies nicht anders als den Wüstensöhnen. Die irrige Vorstellung von der staatstragenden Bedeutung der Deutschen Bank kommt nicht von ungefähr, denn seit Gründung der Bundesrepublik pflegten die Herren an der Spitze von Deutschlands größter Bank diesen Nimbus. Stets zählten die Repräsentanten der Deutschen Bank zu den engsten Beratern bundesdeutscher Regierungschefs. Hermann Josef Abs war zu Zeiten Adenauers und Erhards neben dem legendären Kölner Bankier Pferdmenges die zentrale Figur in der bundesdeutschen Finanzwirtschaft. Die Abs-Nachfolger Karl Klasen, der später Bundesbankpräsident wurde, und Franz Heinrich Ulrich berieten die sozialdemokratischen Kanzler Willy Brandt und Helmut Schmidt. Friedrich Wilhelm Christians, von 1976 bis 1988 Vorstandssprecher der Deutschen Bank, danach in deren Aufsichtsrat tätig und seit 1990 Aufsichtsratsvorsitzender der Bank, agierte als eine Art Wirtschaftsemissär der Bundesrepublik Deutschland. Er war es, der mit der sowjetischen Breschnew-Regierung das spektakuläre Tauschgeschäft Erdgas gegen Röhren aushandelte – die Röhren lieferte natürlich eine Firma aus dem direkten Umfeld der Deutschen Bank, die Mannesmann AG. Standesgemäß gewährte ihm Michail Gorbatschow nach seiner Ernennung zum Generalsekretär der KPdSU 1985 als erstem westlichen Repräsentanten einen Gesprächstermin im Kreml. Alfred Herrhausen setzte die Tradition gekonnt fort. Sein Kanzler hieß Helmut Kohl. Heute fehlt dem Frankfurter Geldhaus ein Mann von Herrhausens Statur. Der Ein-Meter-Neunzig-Hüne Hilmar Kopper vermochte die Lücke, die Herrhausens Tod im November 1989 hinterließ, nicht auszufüllen. Aber immerhin: Gelegentlich rufe der Kanzler ihn an, erklärt Kopper.

Die medienwirksame Präsenz der Abs-Enkel mag zurückgegangen sein, hinter den Kulissen der Bonner Politszene ist der Einfluß der Banker und ihrer Verbände jedoch in den letzten Jahren eher noch gestiegen als gesunken. Keine Entscheidung von Relevanz zum Thema Banken oder Finanzmarkt, bei der die Bonner Koalitionäre die Banker nicht ausgiebig in die Entscheidungsfindung einbezögen.

Die Deutsche Bank ist nicht nur eine der größten, sondern zugleich eine der mächtigsten Banken der Welt. Wenn sich in der Frankfurter Zentrale der Vorstand der Deutschen Bank versammelt, dann wird dort nicht nur über die Geschäftspolitik der Bank entschieden. Die Runde mit elf Herren und einer Dame – seit 1988 sitzt mit Ellen R. Schneider-Lenné erstmals eine Frau in der illustren Tafelrunde, ohne dort jedoch bislang eine sonderlich große Rolle spielen zu dürfen – ist das einflußreichste Gremium der deutschen Wirtschaft. Die Banker entscheiden nicht nur über Kreditvergaben und ihren imposanten Anteilsbesitz; die Herren dieser Runde sitzen auch in den Aufsichtsräten der führenden deutschen Unternehmen. Neben ihrer Tätigkeit im Vorstand von Deutschlands größtem Bankhaus bringen es die zwölf derzeit auf 92 Aufsichtsrats- und Beiratsmandate in deutschen Unternehmen. Nach offiziellen Angaben der Bank kommen noch einmal neun Sitze in ausländischen Unternehmen dazu. Andere Vertreter des Bankhauses, wie die ehemaligen Vorstandssprecher, die Direktoren, Justitiare und die vielen befreundeten Rechtsanwälte und Notare der Bank, schrauben die Zahl der wahrgenommenen Mandate auf das Doppelte.

Die Mandate der Banker sind nicht nur lukrativ – Kopper soll neben seinen Vorstandsbezügen in Höhe von rund 1,9 Millionen DM zusätzlich aus seinen elf inländischen Mandaten noch einmal mehr als 500 000 DM pro Jahr einstreichen –, sie sind auch einflußreich. In den Aufsichtsräten wird über die Karriere von Managern entschieden, über Aufstieg und Abstieg in der Deutschland AG. In der Ära Herrhausen hießen die Bankprodukte in den Führungspositionen deutscher Unternehmen Edzard Reuter, Heinz Schimmelbusch, Werner H. Dieter oder Friedhelm Gieske. Bei Hilmar Kopper sind andere Kaliber gefragt. Statt intellektueller Visionäre präferiert Kopper die Macher: Typen wie Kajo Neukirchen oder Jürgen Schrempp. Männer seines Schlages, die lieber durchgreifen, statt schöne Reden zu halten. Ihr Credo ist schlicht: Arbeitsplatzabbau, Konzentration auf Kerngeschäfte und Verkauf von wenig rentablen Unternehmensbereichen. Symptomatisch für eine deutsche Wirtschaft, die sich konzentriert, den Standort sichert, statt Wachstumsfelder zu erschließen.

Hilmar Kopper ist heute die unangefochtene Führungsperson

der Deutschen Bank; er ist die personifizierte Deutsche Bank. Dabei sind formal alle Mitglieder des Vorstands der Deutschen Bank gleichgestellt. Natürlich sind alle per Sie, kumpelhaftes Duzen ist verpönt in diesen Kreisen. Alle Entscheidungen werden einstimmig gefällt, auch wenn dies zuweilen längerer Diskussionen bedarf. Trotz der betonten Reminiszenzen an alte Zeiten ist es vor allem der Stil, der sich in der Ära Kopper entscheidend geändert hat. Anstelle distinguierten Gehabes und des für andere Banker immer noch obligatorischen Siegelrings pflegt Kopper burschikose Hemdsärmeligkeit. So beschwert sich inzwischen die halbe Londoner Bankenszene über die rüden Methoden der britischen Deutsche-Bank-Tochter Morgan Grenfell. Mit dem Scheckbuch in der Hand hätten die Deutsch-Banker den alteingesessenen Häusern die Spitzenkräfte abgeworben. Am 7. Juni 1996 kündigte der holländische Finanzkonzern ING Barings an, er werde Klage gegen die Deutsche Bank einreichen. Die Deutsche Morgan Grenfell soll dem holländischen Konzern fast die gesamte Abteilung für das Geschäft mit lateinamerikanischen Aktien abgeworben haben, insgesamt rund 70 Händler und Analysten in New York, Mexiko und Plätzen in Südamerika. ING forderte Schadenersatz von umgerechnet 15 Millionen DM, weil die Deutsche Bank bei der Abwerbung von Analysten »unfaire Praktiken« angewandt habe. Unter anderem lauteten die Vorwürfe gegen die Deutsche Bank auf widerrechtliche Aneignung vertraulicher Informationen und Verschwörung zum Vertrauensbruch. Doch wie in der verschwiegenen Zunft üblich, einigten sich Deutsche Bank und ING außergerichtlich.

So scheiden sich am Vorstandssprecher Hilmar Kopper immer noch die Geister. Selbst für Insider war seine einvernehmliche Ernennung zum Chef der Deutschen Bank im Dezember 1989 eine Überraschung, nicht wenige hatten ihm damals diesen Karrieresprung nicht zugetraut. Und noch heute wundern sich manche über den Mann an der Spitze der Deutschen Bank.

Unangefochten regiert er deren Imperium, trotz Pleiten, Pech und Peanuts. Für den erklärten Intimgegner des Bankiers, den Würzburger Universitätsprofessor und Aktionärsvertreter Ekkehard Wenger, ist Kopper »die unfähigste Figur, die jemals an der Spitze einer deutschen Großbank in der Nachkriegszeit gestanden hat«. Gelegentlich spricht Wenger auch mit zynischer Nachsichtigkeit über Kopper: Wer nehme schon einen »Buchhalter ernst, der zu weit nach oben befördert wurde«. Andere, nicht zuletzt viele Mitarbeiter seiner Bank, schätzen Kopper und seine Kompetenz. Nach der Hauptversammlung der Deutschen Bank muß Kopper sogar Autogrammwünsche seiner Angestellten erfüllen. Kein Zweifel, sie bewundern den Mann, der sich hochgearbeitet hat in der Bank, ohne das obligatorische Jura-Studium, Doktortitel oder adlige Vorfahren. Aber nicht alle Mitarbeiter aus dem Bankhaus teilen diese Kopper-Begeisterung. So berichtet das *Manager-Magazin* über herbe interne Kritik: Kopper sei »rücksichtslos, diffamierend und lasse seine eigenen Leute im Regen stehen«.

Heute ist der 61jährige der mächtigste Mann in Deutschland. Doch Kopper redet nicht über Macht, wie sein Vorgänger Herrhausen, er nutzt sie. Mit seinem konsequenten Machtbewußtsein und seinem brachialen Durchsetzungsvermögen gleicht er seinem Kanzler Helmut Kohl. Sein publicitybewußter Vorgänger hatte stets die Öffentlichkeit gesucht, auch beim Reizthema »Macht der Banken«. Herrhausen wollte die Diskussion um die Bankenmacht in eine neue Dimension führen, weg vom unglaubwürdigen Leugnen einer offensichtlichen Tatsache, hin zu einer qualifizierteren Auseinandersetzung um die Ausübung dieser Macht. »Jede Machtposition, sei sie auch akzeptabel, begrenzt und gefährdet, kann mißbraucht werden. Gehen die Banken mit der ihnen zur Verfügung stehenden Macht denn wirklich verantwortungsbewußt um? Mit dieser Frage meldet sich eine sensible Öffentlichkeit zu Wort. Die Frage ist zu Recht gestellt und sollte auch nicht verstummen«, so Alfred Herrhausen. Damit prägte er die moderne Verteidigungsstrategie der Banken. Das Vorhandensein von Macht dürfe nicht gleichgesetzt werden mit einem möglichen Mißbrauch. Am 30. November 1989 sprengten RAF-Terroristen den Dienstwagen des Vorstandssprechers in Bad Homburg früh morgens um 8.34 Uhr auf dem Weg nach Frankfurt. Alfred Herrhausen und sein Fahrer Jakob Nix wurden getötet.

Der differenzierte Umgang mit einem sensiblen Thema ist nichts für Hilmar Kopper. »Wenn ich schon dieses Wort Macht höre, dann schnalle ich ab«, polterte er in einem Interview mit dem *Stern*. »Die Deutsche Bank als Macht- und Schaltzentrale der deutschen Wirtschaft, das ist so eine Nudel. Da höre ich immer im Keller die Bartwickelmaschine.«

Statt von »Macht« spricht Kopper lieber von »Verantwortung«. »Unser Industriebesitz ist entstanden und entsteht, wenn Unternehmen in Not sind. Ihm liegt die Bereitschaft zugrunde, ungewöhnlich hohe Verantwortung zu tragen«, erklärte er in seiner Festrede zum 125jährigen Bestehen der Deutschen Bank am 10. März 1995 in der Frankfurter Alten Oper. »Eine Verantwortung, die nicht immer Lust, sondern oft auch Last ist. Wir haben sie seit den Tagen der Gründung wahrgenommen und nehmen sie auch heute wahr – unbemerkt wenn's gutgeht, bemerkt, wenn's knirscht und trotzdem gerettet wird, was gerettet werden muß.« Koppers Lieblingsbild: Selbstlose Banker, die, wenn nur irgend möglich, Gutes tun. Und dies zum Wohle aller. Denn, so doziert Kopper gerne, »private Banken sind der Motor, der eine Wirtschaft in Gang setzt und in Gang hält«. Die Praxis in Deutschland sieht nicht immer so aus, wie sie der Chronist Kopper beschreibt. Eine Reihe von Unternehmen ist längst mit Motorschaden liegen geblieben.

Seit 1920 wurden in Pfronten im Allgäu erfolgreich Maschinen gebaut; zunächst in einer kleinen Personengesellschaft, später als Mayr, Hoermann & Cie. Kommanditgesellschaft und seit 1969 unter dem Namen MAHO. Der Name änderte sich, der gute Ruf der Pfrontener Firma blieb. 1986 führte die Deutsche Bank MAHO an die Börse, 1987 wurde ein gigantischer Expansionskurs eingeleitet und von der Deutschen Bank finanziert. Sieben Jahre später war MAHO pleite. 1993 war von den Banken noch eine Fusion mit der ebenfalls krisengeschüttelten Deckel AG herbeigeführt worden. Kleinaktionäre hatten schon damals bezweifelt, »daß das fusionierte Unternehmen dauerhaft überlebensfähig sein könnte«. Doch der MAHO-Aufsichtsratsvorsitzende, Rolf-E. Breuer, im Hauptberuf Vorstandsmitglied der Deutschen Bank, sah das anders: Die Banken bewerteten die Erfolgsaussichten »positiv«, hielt er den kritischen Aktionären entgegen. Recht behielt er freilich nicht.

Der Fall MAHO ist kein Einzelfall. Auch der Kölner Konzern Klöckner-Humboldt-Deutz (KHD) ist so ein Beispiel. Seit 1864 werden in Köln-Deutz Motoren gebaut. Männer wie Nicolaus August Otto, der Erfinder des Otto-Motors, und Gottlieb Daimler machten aus dem Kölner Motorenwerk N. A. Otto & Cie. einen führenden Motorenhersteller. Später wurde das Unternehmen in die Motorenwerk Deutz AG umgewandelt, 1938 erfolgte auf Initiative des Duisburger Unternehmers Peter Klöckner die Fusion zur Klöckner-Humboldt-Deutz AG (KHD). Nach dem Kriege blieb KHD eines der führenden deutschen Unternehmen im Maschinen- und Anlagenbau. 1987 geriet es in eine existenzbedrohende Krise. Besonders im Schwerpunktgeschäft Landmaschinenbau brach der Umsatz dramatisch ein. Eine falsche Geschäftspolitik und zweifelhafte Unternehmensakquisitionen hatten das traditionsreiche Unternehmen an den Rand des Konkurses gebracht. 1988 übernahm die Deutsche Bank von den Duisburger Klöckner Werken, die damals aufgrund verfehlter Warentermingeschäfte ebenfalls unmittelbar vor dem Ruin standen, deren 40prozentiges KHD-Aktienpaket. Hilmar Kopper persönlich übernahm den Aufsichtsratsvorsitz der Kölner Neuerwerbung. Zuvor hatte die Deutsche Bank dem angeschlagenen

Unternehmen bereits den von ihr auserkorenen Retter präsentiert: Kajo Neukirchen übernahm den Vorstandsvorsitz. Neukirchen strukturierte den Konzern rigoros um, defizitäre Geschäftsbereiche wurden abgestoßen, Tausende Mitarbeiter entlassen. 1990 startete KHD mit neuer Struktur und Optimismus in die neunziger Jahre, jedoch schon bald wieder ohne Kajo Neukirchen. Denn der wurde von der Deutschen Bank im Herbst 1992 zum Vorstandsvorsitzenden der ebenfalls krisengeschüttelten Hoesch AG in Dortmund gemacht. Zurück ließ er ein belastendes Erbe. Denn ebenso wie bei der MAHO AG in Pfronten hatten die Banker auch bei KHD ein fragwürdiges Expansionsexperiment finanziert. 1991 begann der Bau einer neuen Maschinenfabrik in Köln-Deutz; Kosten rund 600 Millionen DM. Noch heute ist die völlig überdimensionierte neue Fabrik gerade mal zur Hälfte ausgelastet und hauptverantwortlich für die roten Zahlen, die der Maschinenbau bei KHD einfährt. Trotz neuen Sanierungsplans, Kapitalschnitts und eines ausgewechselten Managements stand KHD Ende Mai 1996 erneut vor dem Ruin. Das Unternehmen konnte gerettet werden. Die Deutsche Bank legte einen neuen Sanierungsplan vor, dem letztlich alle Gläubigerbanken, die Stadt Köln und das Land Nordrhein-Westfalen zustimmten. Jetzt soll der Konzern Klöckner-Humboldt-Deutz zerschlagen werden. Als Deutz AG soll er sich in Köln-Deutz wieder auf das traditionelle Antriebsgeschäft konzentrieren.

MAHO und KHD – zwei Fälle aus dem direkten Einflußbereich der Deutschen Bank. Aus Sicht der Bank bedauerliche Einzelfälle. »Wer aktiv ist, der macht auch Fehler«, erläutert der Aufsichtsratsvorsitzende der Deutschen Bank, Friedrich Wilhelm Christians, und Kopper ergänzt entwaffnend: »Vollkommenheit ist auch für die Deutsche Bank unerreichbar.« Ziemlich vollkommen ist jedoch bislang die desolate Bilanz der Deutschen Bank in den von ihr gemanagten Sanierungsfällen. Kopper selbst liefert die Erklärung: »Die Verantwortung für Unternehmen ist eines. Die Führung dieser Unternehmen aber durchaus etwas anderes. Dafür sind Bankiers weiterhin nicht gemacht. Gemacht sind sie hingegen, um die Kontrollinstrumente der Aktionäre zu handhaben, der großen wie der kleinen. Wer sonst sollte tun, was wir tun?«

»Es gibt kaum etwas, was wir uns nicht zutrauen«, tönte ein anderer aus dem Vorstand der Bank im Frühjahr 1996. Ronaldo Schmitz bezog dies auf das Nordamerika-Geschäft. Aber so geht es der besorgten Öffentlichkeit inzwischen bei fast allen Geschäftsfeldern der Deutschen Bank. Es gibt kaum etwas, was man der Deutschen Bank unter der Herrschaft des Hilmar Kopper nicht zutraut.

Eine Allianz fürs Leben

Diethart Breipohl hat ein Problem, um das ihn andere beneiden. Der Mann verwaltet Geld, und zwar so viel, daß er manchmal nicht weiß, wohin damit. Breipohl ist hauptberuflich Finanzchef von Europas größtem Versicherungskonzern, der Allianz AG. Jeden Arbeitstag muß der smarte Manager einen Betrag von rund 130 000 000 DM in Anleihen, Immobilien oder Aktien anlegen. Das Geld dafür erhält er von den Versicherten der Allianz. Versichern kann man beim Marktführer Allianz fast alles. Das Füllhorn aber, das die Kasse des Diethart Breipohl unaufhaltsam füllt, sind die Lebensversicherungen. Auf 86 Millionen Bundesbürger kommen derzeit rund 71 Millionen Versicherungsverträge. Und der Trend zur Lebensversicherung scheint ungebrochen. So kann Herr Breipohl weiterhin auf Shopping-Tour gehen.

Eine ganze Reihe ehemals selbständiger Versicherungsunternehmen gehört heute vollständig oder zu einem erheblichen Teil der Allianz. In enger Allianz mit dem siamesischen Zwilling, der Münchener Rück, krempelte das Duo die ganze Versicherungsbranche um. Nach und nach wurden andere Versicherungsunternehmen in das Reich eingegliedert: Die Hamburg-Mannheimer Versicherung mit dem emsigen Herrn Kaiser ebenso wie die Karlsruher Lebensversicherung oder die Berlinische Lebensversicherung. Bewährt hat sich dabei die gute Kooperation mit dem Zwilling von der anderen Seite der Königinstraße, der Münchener Rück. Denn die Anteile an den drei Versicherungsunternehmen haben sich die Münchner Zwillinge brüderlich geteilt. Und mit ihren Anteilen an der Dresdner Bank, der Bayerischen Hypotheken- und Wechselbank und der BHF-Bank, von der der Allianz rund 15 Prozent gehören, bauten die Münchner zudem ein stattliches Bankenimperium auf.

Aber der Kaufrausch der Allianz beschränkte sich bei weitem nicht auf den Versicherungs- und Bankenbereich. Heute besitzt die Allianz Anteile an vielen führenden deutschen Unternehmen. So gehören dem Münchner Giganten heute knapp elf Prozent der BASF, rund zehn Prozent der VEBA, 38 Prozent der Beiersdorf AG, 18 Prozent der MAN AG, gut zehn Prozent des RWE, elf Prozent der Linde AG, zehn Prozent von Leifheit, zehn Prozent der Rheinelektra AG, fünf Prozent von Bayer bis hin zu geringeren Beteiligungen von drei Prozent an Siemens, 3,5 Prozent der VIAG, zwei Prozent der Daimler-Benz AG oder zwei Prozent der Thyssen AG. Ein kleiner Ausschnitt einer riesigen Schatztruhe, deren gesamter Inhalt bislang noch nicht bekannt ist. Denn im Hinblick auf die Transparenz ihrer Beteiligungspolitik agierte die Allianz geradezu verschämt. Noch im Geschäftsbericht 1994 wies die Allianz lediglich 23 wesentliche Beteiligungen von mehr als fünf Prozent aus. Nur per Gerichtsbeschluß hatten Aktionäre der Allianz ihrem Management weitergehende Informationen über die direkt gehaltenen Beteiligungen abgerungen. So wurden auch zahlreiche über diverse Tochterunternehmen der Allianz gehaltene Beteiligungen bekannt. Ein Imperium, gegen das die drei großen Geschäftsbanken wie »bessere Herzogtümer« anmuten, so das *Manager-Magazin.*

»Alles nur Finanzbeteiligungen«, erklärt Allianz-Chef Schulte-

Noelle zur Begründung des gigantischen Investments. Gleichzeitig räumt er ein: »Wir müssen Einfluß nehmen, wenn wir in größerem Umfang in ein Unternehmen investieren. Deswegen entsenden wir einen Vertreter in den Aufsichtsrat. Ich halte es für völlig normal, wenn wir jemand in dieses Gremium schicken, der darauf achtet, daß mit unserem Geld vernünftig gewirtschaftet wird.« Und die Zahl der von Allianz-Managern besetzten Aufsichtsratsmandate wächst ebenso kontinuierlich wie der Beteiligungsbesitz des Unternehmens.

Die Allianz, wie wir sie heute kennen, ist das Werk eines Mannes: ihres langjährigen Vorstandsvorsitzenden Wolfgang Schieren. Fast 40 Jahre war er bei der Allianz tätig, mehr als die Hälfte davon an der Spitze des Unternehmens. Der promovierte Jurist Schieren, 1927 in Herzogenrath bei Aachen geboren, trat 1956 als Volontär bei der Allianz Versicherungs-AG ein. Nach schnellem Aufstieg zum Leiter der Filialdirektion Dortmund wurde der talentierte Versicherungsmanager schon 1962 in die Münchner Allianz-Zentrale berufen. 1970 rückte Schieren in den Allianz-Vorstand auf und bereits zehn Monate später folgte der Aufstieg zum Vorstandsvorsitzenden – Abschluß einer rasanten Bilderbuchkarriere. Als Schieren den Vorstandsvorsitz übernahm, steckte das Unternehmen in einer Krise. Zum ersten und bislang einzigen Mal hatte der Konzern einen versicherungstechnischen Verlust von 127 Millionen DM nicht durch Kapitalerträge auszugleichen vermocht. Und im internationalen Vergleich spielte die Allianz damals nur eine untergeordnete Rolle. Der Macher Schieren brachte sein Unternehmen schnell auf Vordermann. Als er 20 Jahre später das Amt des Vorstandsvorsitzenden räumte und an seinen, natürlich von ihm höchstpersönlich ausgesuchten Nachfolger Henning Schulte-Noelle übergab, hatte die Allianz eine beispiellose Erfolgsgeschichte hinter sich. Die Beitragseinnahmen der Allianz hatten sich in diesen zwanzig Jahren von vier Milliarden DM auf 48 Milliarden DM verzwölffacht, und der Börsenwert der AG stieg von 1,3 auf 38 Milliarden DM. Über acht Millionen Menschen sind heute in Deutschland Allianz-versichert; der Marktanteil der Allianz liegt derzeit in Deutschland bei rund 15 Prozent.

Mit eiserner Hand hat Schieren seine Allianz an die Spitze geführt. Der »General«, wie der Weltkriegsveteran Schieren, Mitglied zweier schlagender Verbindungen, hausintern tituliert wurde, blieb dabei stets im Hintergrund. Im Gegensatz zu den Frankfurter Bankern tummelte er sich nicht ständig auf Empfängen oder vor Fernsehkameras. »Wolfgang Schieren ist die auffällig inszenierte Unauffälligkeit«, beschrieb der *Spiegel* den »bescheidenen Herrn, dessen Gruß schon eine Drohgebärde sein kann«. Karriere machte bei ihm nur derjenige, der seine Unfehlbarkeit nicht anzweifelte. Widerworte haßte der General.

In aller Stille arbeitete Schieren an seinem Imperium. Den größten Coup landete er unmittelbar nach der Wende in der ehemaligen DDR. Mit der Regierung de Maizière hatte Schierens Unterhändler Uwe Haasen einen ganz besonderen Deal vereinbart. Die Allianz übernahm 51 Prozent der alten Staatlichen Versicherung der DDR, die von nun an unter dem Namen Deutsche Versicherungs-AG (DVAG) firmierte. Damit hatte sich der bundesdeutsche Marktführer quasi über Nacht das umfangreiche Vertriebsnetz der alten DDR-Versicherung, 12 000 Mitarbeiter, Tausende Büros und 30 Millionen Versicherungsverträge mit einem Beitragsvolumen von knapp acht Milliarden DDR-Mark, also vier Milliarden DM, unter den Nagel gerissen. Und dies alles zum Nulltarif. Denn die Allianz zahlte für den Coup nicht eine einzige Mark. Statt dessen überwies die Allianz 270,7 Millionen DM als Bareinlage an die DVAG, »gewissermaßen der Kaufpreis«, wie Schieren und Haasen beschönigend erklärten. Die Millionen flossen aber nicht an den eigentlichen Verkäufer, die DDR-Regierung, sondern als Finanztransfer vom Mutterunternehmen an die neue Tochter. Schon damals regte sich Widerstand gegen die Übernahme.

Schließlich galt die DVAG als eines der wenigen Filetstücke der maroden DDR-Wirtschaft.

Schierens Griff nach Osten war mit höchster Raffinesse eingefädelt. Während der Allianz-Chef öffentlich über die enormen Kosten lamentierte, die der Aufbau der ostdeutschen Assekuranz verschlingen würde, sickerte durch, daß sich die Allianz den Einstieg durch einen weiteren Kniff vergoldet hatte. Vertraglich war festgelegt worden, daß die Fehlbeträge aus der bisherigen Geschäftätigkeit der alten Staatsversicherung, also die Kosten der Fälle, die vor der Übernahme durch die Allianz entstanden, aber noch nicht reguliert worden waren, von der DDR-Regierung bezahlt werden mußten. Da das Ende des DDR-Staates jedoch kurz bevorstand, mußte folglich der bundesdeutsche Steuerzahler für die Altlasten der DDR-Versicherung aufkommen, die sich nach Berechnungen des Bundesministeriums der Justiz auf rund sechs Milliarden DM beliefen. Statt der propagierten »Allianz für Deutschland« hieß Schierens Motto »Deutschland für die Allianz«. Selbst Kanzler Kohl soll mit diesem Beitrag des Herrn Schieren zum Aufbau Ost unzufrieden gewesen sein. Finanzminister Waigel jedoch sah tatenlos zu, wie die Allianz die Altlasten auf den deutschen Steuerzahler abwälzte.

Seit Oktober 1991 heißt der Mann an der Spitze von Deutschlands größtem Versicherungsunternehmen Henning Schulte-Noelle. Auf die Hintergründe seiner Berufung zum Erben Schierens soll an anderer Stelle noch näher eingegangen werden. Der 1942 in Essen geborene promovierte Jurist startete 1974 seine Laufbahn in einer Frankfurter Anwaltskanzlei. 1975 wechselte er zur Allianz Versicherungs-AG und wurde vier Jahre später Leiter des Generalsekretariats in der Münchner Allianz-Zentrale. 1988 wurde Schulte-Noelle ordentliches Vorstandsmitglied und Vertriebschef der Allianz Versicherungs-AG und der Allianz Lebensversicherungs-AG. Im Oktober 1991 wurde er dann Nachfolger seines Generals. Schulte-Noelle gilt als Ziehkind Schierens. Auch nach seiner Berufung zum Vorstandsvorsitzenden blieb Schulte-Noelle ein folgsamer Adjutant Schierens, der bis zu seinem Tod am 24. Februar 1996 als graue Eminenz der Allianz wirkte. Einmal pro Woche mußte Schulte-Noelle bei seinem Aufsichtsratsvorsitzenden zum Rapport, der so stets genauestens über die Geschäftsentwicklung informiert war und die Fäden in der Hand behielt.

Und selbst seine Nachfolge im Aufsichtsratsvorsitz der Allianz hatte Schieren noch kurz vor seinem Tode selbst geregelt. Auf seinen Vorschlag ernannte der Aufsichtsrat der Allianz den damaligen Ruhrgas-Chef Klaus Liesen zum neuen Vorsitzenden des Gremiums.

Der Beginn einer wunderbaren Freundschaft

Das unaufhaltsame Wachstum des Münchner Duos Allianz und Münchener Rück hatte bereits in den achtziger Jahren den Unmut der Herren im Vorstand der Deutschen Bank hervorgerufen. Selbst Alfred Herrhausen, der sonst so moderate Staatsmann an der Spitze des Geldhauses, schimpfte mit Blick auf die Allianz: »Die Macht der Banken wird weit überschätzt, im Vergleich zu dem, was sich im Bereich der Assekuranzen tut.« Im Herbst 1990 ließ Allianz-Chef Schieren erneut die Alarmglocken bei den Frankfurter Banken läuten. Schieren hatte angekündigt, daß die Allianz die Ausweitung ihrer Aktivitäten in den Bereich Bankgeschäfte plane. Zuvor hatte der mächtige Münchner Rivale stets die grundsätzliche Trennung zwischen Bank- und Versicherungsgeschäft als sinnvolle Arbeitsteilung zwischen beiden Branchen bezeichnet. Nachdem aber inzwischen die Deutsche Bank mit der Gründung einer bankeigenen Lebensversicherungstochter, der Deutsche Bank Leben, den Schritt über die von Schieren definierte Demarkationslinie gewagt hatte, kündigte der Allianz-General seine Gegenoffensive an. Er könne sich vorstellen, daß die Allianz künftig auch im

Bereich der Unternehmensfinanzierung tätig werde. Ein eigenes Banken-Filialgeschäft schloß Schieren zwar vorerst aus, aber die Allianz plane, zukünftig mit »einem Bankenpartner von Rang« intensiv zusammenzuarbeiten. Konkrete Pläne wollte Schieren zum damaligen Zeitpunkt jedoch nicht preisgeben.

Ein dreiviertel Jahr später machte der General ernst. Allianz-Chef Schieren hatte den Anteil seines Konzerns an Deutschlands zweitgrößter Bank, der Dresdner Bank, auf stolze 23 Prozent hochgeschraubt. Hintergrund der Aktion waren wachsende Gerüchte einer bevorstehenden Übernahme von Deutschlands zweitgrößter Bank durch einen ausländischen Investor. Eine derart dreiste Invasion in das Kerngebiet der Deutschland AG wollte die Allianz nicht hinnehmen. Zudem machte die Dresdner-Bank-Führung damals kaum verhüllte Bestrebungen, sich von ihrem langjährigen Geschäftspartner abzunabeln. Denn viele Jahre lang hatten Dresdner Bank und Allianz bereits erfolgreich kooperiert, an den Schaltern der Dresdner Bank wurden die Versicherungspolicen der Allianz verkauft. Nachdem die Dresdner-Bank-Spitze nun nach Vorbild der Deutschen Bank mit dem Aufbau einer eigenen Versicherungssparte liebäugelte, schlug die Allianz zu. Eine Allianz mit den Münchnern ist halt immer eine Allianz fürs Leben. Vorbei war es mit der Eigenständigkeit von Deutschlands zweitgrößter Bank. Der General Schieren hatte zur Offensive geblasen und die Dresdner Bank im Sturm genommen. In einem *Zeit*-Interview vom 12. September 1991 wollte Schieren damals sogar eine spätere Fusion mit der Dresdner Bank nicht ausschließen.

Die Attacke aus München rief die Hüter des deutschen Wettbewerbs aus dem Berliner Bundeskartellamt auf den Plan, das die Allianz nach der erfolgten Aufstockung ihres Anteils an der Dresdner Bank wegen eines Verstoßes gegen die Fusionskontrolle abmahnte. Denn, so ermittelte das Kartellamt, die Allianz hatte mit ihren direkten und indirekten Anteilen an der Dresdner Bank in der Hauptversammlung der Dresdner Bank im Jahre

1991 die faktische Mehrheit von 52 Prozent der Stimmen. Das Amt forderte deshalb die Allianz auf, sich von den jüngst erworbenen Anteilen an der Dresdner Bank wieder zu trennen. Die Herren aus München reagierten verärgert. Die Vorwürfe seien »unbegründet«. Schließlich halte man weniger als 25 Prozent an der Dresdner Bank, und, so die Logik der Allianz-Führung, die anderen beteiligten Unternehmen seien vollkommen selbständige Unternehmen mit einer eigenständigen Beteiligungspolitik. Die Münchener Rück sei ein unabhängiges Unternehmen, mit dem es »allenfalls in Versicherungsfragen gemeinsame Interessen geben« könne. Und mit den drei Lebensversicherungsunternehmen, die ebenfalls Anteile an der Dresdner Bank erworben hatten, der Hamburg-Mannheimer, der Karlsruher Leben und der Berlinischen Leben, stehe die Allianz in einem »intensiven Wettbewerb«. Es sei deshalb vollkommen unzutreffend, die von diesen »unabhängigen« Versicherungsunternehmen gehaltenen Anteile an der Dresdner Bank denen der Allianz zuzurechnen. Lehrstück in Sachen Wettbewerb in der Definition der Deutschland AG. Denn alle drei »Konkurrenten« gehörten mit Beteiligungsquoten zwischen 74 und 94 Prozent den siamesischen Zwillingen Allianz und Münchener Rück.

Die Allianz zeigte keine Bereitschaft, sich von ihren Anteilen an der Dresdner Bank wieder zu trennen. Statt dessen inszenierten die beiden Zwillinge einen furiosen Ringtausch. Die Allianz reduzierte ihren Anteil an den drei Lebensversicherern, und die Münchener Rück stockte ihre Beteiligungen entsprechend auf. Nach diesen eindrucksvollen Umschichtungen im Beteiligungsbesitz wollte das Kartellamt den Münchnern dann auch nicht länger im Wege stehen: Am 29. September 1992 erklärte ein Sprecher des Kartellamts, sein Amt werde die Aufstockung der Dresdner-Bank-Anteile nicht untersagen. Das bewährte Schauspiel wiederholten die Zwillinge im Sommer 1996. Das Kartellamt hatte die Allianz aufgefordert, die Vereinte Versicherung, die zweitgrößte Krankenversicherung des Landes, zu verkaufen.

Die »Münchner Lösung« sah so aus, daß die Allianz statt dessen ihre DKV-Anteile von 51 Prozent an die Münchener Rück abtrat, die damit über das gesamte Kapital des größten deutschen Krankenversicherers verfügt. Im Gegenzug erhielt die Allianz von der Münchener Rück deren 25 Prozent an der Vereinte Krankenversicherung AG sowie 50,3 Prozent am Industrieversicherer Hermes Kreditversicherungs-AG und alle Anteile der Münchener Rück an österreichischen Versicherungsunternehmen. »Die Vereinte bleibt in der Familie«, überschrieb die *Börsen-Zeitung* den erneuten Coup.

In der Zentrale der Deutschen Bank hatten die Banker 1992 zur planmäßigen Gegenoffensive gerüstet. Wenn sich die Allianz die Dresdner Bank kauft, dann kauft die Deutsche Bank eben Versicherungsunternehmen. 1992 erwarb die Deutsche Bank 30 Prozent des Kölner Gerling-Konzerns, dem größten Industrieversicherer des Landes. »Deutsche Bank greift Allianz an«, kommentierte die *Welt* diesen Schachzug. Nur zwei Monate nach dem Einstieg beim Gerling-Konzern übernahm die Deutsche Bank die Kapitalmehrheit der Nummer 15 in der deutschen Assekuranz, den Deutschen Herold. Zusammen mit der hundertprozentigen Tochter Deutsche Bank Leben verfügte die Deutsche Bank damit über ein stattliches Versicherungsimperium.
Die erwartete Schlacht der beiden Finanzgiganten blieb jedoch aus. Warum sollte man sich streiten, der Kuchen war und ist groß genug. Heute sind Deutsche Bank und Allianz längst zu einer friedlichen Koexistenz übergegangen. Schließlich gehört man doch zusammen. Gemeinsam lenkt man seitdem die Deutschland AG. Die Harmonie der beiden zeigt sich immer mehr in der fein abgestimmten Beteiligungspolitik und der nicht minder harmonischen Aufteilung von Schlüsselpositionen in wichtigen Aufsichtsräten. So gehört ihnen mittlerweile gemeinsam mit den anderen Freunden der drittgrößte Versicherungskonzern des Landes, die Aachener und Münchener Versiche-

rungsgruppe (AMB). Noch heute blickt Allianz-Chef Schulte-Noelle stolz auf die erfolgreiche Abwehr des Versuchs der französischen Versicherungsgruppe Assurances Générales de France (AGF), die AMB in ihren Besitz zu übernehmen, zurück. Gegen den französischen Eindringling schloß die Deutschland AG schnell die Reihen.

Ganz ohne Pulverdampf und Säbelrasseln hatte die vereinigte Deutschland AG damals die Offensive der Franzosen ins Leere laufen lassen. Ein Blücher hätte seine Freude am strategischen Geschick der Herren gehabt. Zwar gehören der AGF heute 33,5 Prozent der AMB, gegen die 37,8 Prozent von Allianz, Münchener Rück, Deutsche und Dresdner Bank können die Franzosen jedoch nichts ausrichten.

Ähnlich heldenhaft hatte die Deutsche Bank in den siebziger Jahren den Griff der arabischen Ölmilliardäre nach der Daimler-Benz AG abgewehrt. So liegt es nahe, daß sich die Herren aus Frankfurt und München inzwischen als die Gralshüter der deutschen Wirtschaft verstehen.

Briefkastenfreundschaften

Sie heißen Zenon, Lupia oder Vermo. Namen, die nach antiken Sagengestalten, Zauberern oder riesenhaften Urtieren klingen. Aber diese Fabelwesen sind real in der Deutschland AG. Sie sind eher klein, zumeist nicht größer als ein Briefkasten. Die Rede ist von sogenannten Vorschaltgesellschaften, gegründet zum Zweck, Anteile an Industrieunternehmen zu halten, Immobilien zu verwalten oder schlicht um Steuern zu sparen. Spätestens hier verwischen sich die Spuren der Deutschland AG endgültig. Wie viele dieser Gesellschaften in Deutschland existieren, weiß niemand genau. Und wer alles an welcher Gesellschaft beteiligt ist, bleibt ebenso im dunkeln wie die Frage nach dem Umfang der gesammelten Besitztümer.

Da gibt es beispielsweise die FGC Frankfurter Gesellschaft für Chemiewerte mbH, die Anfang 1991 von der Dresdner Bank und einigen befreundeten Unternehmen, der Münchener Rück, der Deutschen Krankenversicherung DKV (die damals zu 51 Prozent der Allianz und zu zehn Prozent der Münchener Rück gehörte) und dem Gerling-Konzern (ein Jahr später zu 30 Prozent von der Deutschen Bank übernommen) gegründet wurde. Einziger Zweck der FGC war es, ein gemeinsames Aktienpaket von zehn Prozent der Hoechst AG zu halten. Im Gegenzug ist Hoechst mit einigen Partnern aus der deutschen Versicherungswirtschaft an der Frankfurter Gesellschaft für Finanzwerte mbH beteiligt, die zehn Prozent des Aktienkapitals der Dresdner Bank besitzt. Weitere elf Prozent der Aktien von Deutschlands zweitgrößter Bank hält eine Gesellschaft namens Vermo, an der neben der Bayerischen Hypo-Bank, der Deutschen Krankenversicherung und der Victoria Versicherung, die alle drei zum Imperium der Münchner Versicherungsgiganten gehören, auch die Linde AG beteiligt ist, die zu gut zehn Prozent der Commerzbank, rund elf Prozent der Allianz und zu zehn Prozent der Deutschen Bank gehört. Und auch die Dresdner Bank selbst hält an der Vermo einen zwölfprozentigen Anteil.

Bei diesen Gesellschaften verlieren dann auch schon mal ihre Schöpfer den Überblick. Zwar konnte Dresdner-Bank-Chef Sarrazin in der Hauptversammlung der Bank am 10. Mai 1996 bestätigen, daß die von der Bank jüngst erworbene britische Investmentbank Kleinwort Benson nicht direkt gehalten wird, sondern aus »rein steuerlichen Gründen« über eine Tochtergesellschaft, aber deren Name war dem Dresdner-Bank-Chef just entfallen. »Jetzt muß mir nur noch einer den Namen sagen«, bat er um Verständnis. Als ihm fleißige Zuarbeiter einen Zettel zuschoben, stellte er sichtlich überrascht fest: »Oh, das sind ja sogar zwei.« Hundert Prozent der Anteile von Kleinwort Benson hält die Dresdner Investment UK, führte er aus, und die wiederum, so Sarrazin weiter, »wird gehalten von der, wie heißt die, das ist ja unaussprechlich! Zeon, nein Zenon«. Die Verwirrung Sarrazins ist verständlich. Durch das vielschichtige Dikkicht blickt eben keiner mehr durch.

Investment nichts Neues

Immer mehr Sparer, die sich mit den mageren Renditen von Sparbüchern und -briefen nicht zufrieden geben, versuchen ihrer Bank mit anderen Anlageformen ein Schnippchen zu schlagen. Immer öfter spaziert der kritische Kunde in diesem Fall mit Fondsanteilen nach Hause. Zu reizvoll klingen die Versprechungen, die ihm die Kundenberater der Banken machen: Hohe Rendite bei gleichzeitig minimiertem Risiko, jederzeitige Verfügbarkeit ohne Verluste und einen Ausgabeaufschlag von nur drei bis fünf Prozent, wer läßt sich da nicht gerne zum Abschluß überreden. Vor allem für potentielle Aktionäre ist ein Aktienfonds eine echte Alternative, da die direkte Anlage in Aktien von den deutschen Banken durch hohe Mindest- und Depotgebühren systematisch behindert wird. Die Kapitalanlagegesellschaften dürfen – vorgeblich, um Mißbrauch zu vermeiden – die Gelder ihrer Kunden nicht selbst verwahren; sie bedienen sich daher »unabhängiger« Depotbanken. Das sind meist die Banken, deren Fängen mancher Kunde mit der Fondsanlage gerade entgehen wollte. Die Rolle der Depotbank ist nicht nur gut für das Renommee eines Kreditinstituts, sondern auch für die Provisionserträge und den Einfluß der Bank.

Das wachsende Engagement der Banken bei der Vermittlung von Fondsanteilen wird um so verständlicher, wenn man sich vor Augen hält, daß in Deutschland fast alle großen Kapitalanlagegesellschaften in direktem Besitz von Banken und Versicherungskonzernen sind. Denn im Gegensatz zu anderen Rechtssystemen ist es in Deutschland Banken und Versicherungen erlaubt, Anteile an Kapitalanlagegesellschaften in beliebiger Höhe zu halten. Das führt dazu, daß der in Deutschland boomende Markt für Investmentfonds ausschließlich von bank- oder versicherungseigenen Gesellschaften dominiert wird. So ist die größte deutsche Investmentgesellschaft, die Deutsche Gesellschaft für Wertpapiersparen (DWS), natürlich eine hundertprozentige Tochter des Marktführers Deutsche Bank. 1995 verwaltete die DWS ein Fondsvermögen von rund 48,5 Milliarden DM. Zweitgrößte deutsche Kapitalanlagegesellschaft ist der Deutsche Investment Trust (DIT), ein hundertprozentiges Tochterunternehmen der Dresdner Bank, der 1995 über ein Fondsvermögen von 27,6 Milliarden DM verfügte, gefolgt von der DEKA, einer Tochter der öffentlich-rechtlichen Landesbanken, mit einem Fondsvolumen von 25,6 Milliarden DM, der Allgemeinen Deutschen Investment Gesellschaft (ADIG), die zu jeweils 41,7 Prozent der Commerzbank und der Bayerischen Vereinsbank gehört, sowie der Union-Investment-Gesellschaft der Genossenschaftsbanken.

Im Prinzip sind Investmentfonds eine vernünftige Anlageform für den Kunden. Die Palette der angebotenen Fonds reicht von den klassischen Aktien- und Rentenfonds über Immobilienfonds und Geldmarktfonds bis hin zu Spezial- und Mischfonds aller Art. Die Kapitalanlagegesellschaft verwaltet das von den Kunden angelegte Kapital gemäß der Anlagestruktur des jeweiligen Fonds. Liegt der Anlageschwerpunkt zum Beispiel im Bereich deutscher Aktien, so investieren die Fondsmanager das Geld ihrer Kunden in deutschen Aktien. Für den Kunden bietet dies im Vergleich zur Direktanlage in Aktien den Vorteil einer größeren Risikostreuung selbst bei einem geringen Anlagebetrag. 1995 haben deutsche Sparer den offenen Investmentfonds deutscher Kapitalanlagegesellschaften einen Betrag von fast 17 Milliarden DM anvertraut. Das verwaltete Fondsvermögen stieg damit auf insgesamt rund 250 Milliarden DM an. Neben diesen allen Sparern zugänglichen offenen Fonds (Publikumsfonds) verwalten die Kapitalanlagegesellschaften sogenannte Spezialfonds. Das sind Sonderfonds, beschränkt auf maximal zehn Anleger, die keine natürlichen Personen sind. Diese Anlageform wird von Banken, Versicherungen, Unternehmen, Vereinen, Pensions- und Unterstützungskassen, Stiftungen oder kirchlichen und karitativen Einrichtungen genutzt. Die Auslagerung von Vermögensteilen in Spezialfonds wird nicht zuletzt betrieben, um die Gewinnausweisung beliebig steuern zu können. Die Fondsanteile selbst werden in der Bilanz zum Buchwert ausgewiesen, Wertsteigerungen, Zins- und Dividendenerträge werden dann ausgeschüttet, wenn es steuerlich paßt und zur optischen Aufbesserung des Jahresabschlusses aus Sicht des Managements opportun scheint. Laut Bundesbankstatistik gab es Ende 1995 in Deutschland 2624 Spezialfonds mit einem Gesamtvermögen von 310 Milliarden DM.

Die Versprechungen, die die Fondsmanager den Kunden in ihren Hochglanzbroschüren machen, klingen verlockend. Die Praxis deckt sich jedoch nicht ganz mit diesen schönen Worten. In internationalen Renditevergleichen von Investmentfonds sind deutsche Fonds nicht unter den besten zu finden. Ein Grund für das mäßige Abschneiden deutscher Fonds liegt – neben den Defiziten des Finanzplatzes Deutschland – vermutlich in der engen Verquickung der Anlagepolitik der Fondsmanager mit ihrer Mutter- bzw. Depotbank. Deutsche Fonds dürfen das Geld ihrer Anleger offenbar nicht immer dort investieren, wo die meiste Rendite lockt, sondern dort, wo es die Banken am liebsten sehen. Und sie bezahlen meist unnötig hohe Depotgebühren und Provisionen an ihre Depotbank, in deren Wahl sie logischerweise nicht wirklich frei sind.

Die Banker überwachen nicht nur als Aufsichtsräte ihre Investmenttöchter, sondern sitzen bei den Spezialfonds auch selbst in den sogenannten Anlageausschüssen, deren Empfehlungen sie kontrollieren sollen. Bei Publikumsfonds verzichtet der Gesetzgeber denn auch gleich auf die Anlageausschüsse, dort sollen die

Aufsichtsräte – die Eigentümervertreter – auch die Anlegerinteressen wahrnehmen. Soweit die Theorie. Die Käufer der Fondsanteile, deren Geld die Vermögensverwalter mehren sollen, bleiben in der Praxis stets außen vor. Weil die Banken und nicht die Anleger Anteilseigner der Investmentgesellschaften sind, sind die Interessenkonflikte programmiert. »Das kann nicht gutgehen«, konstatiert der Direktor des Instituts für Handels- und Wirtschaftsrecht der Universität Osnabrück, Professor Theodor Baums. Er weist in einer empirischen Untersuchung nach, daß Investmentfonds in Deutschland regelmäßig Börsenemissionen unterstützen, die von der Mutterbank geleitet werden, unabhängig davon, ob diese rentabel erscheinen oder nicht. Und manche Kapitalgesellschaften erhöhen schon mal überproportional ihren Aktienbestand an einer bestimmten Gesellschaft, um gemeinsam mit der Mutterbank wichtige Stimmrechtsschwellen zu überschreiten. Eine derartige Anlagestrategie dient nicht den Kunden, sondern den Interessen der Deutschland AG. In ungewohnter Offenheit räumt etwa Ulrich Ramm von der Commerzbank ein, daß die ADIG »genau in die Strategie der Großaktionäre eingebunden« wird.

Besonders pikant ist, daß die bankeigenen Investmentgesellschaften auch in den Hauptversammlungen der Mutterbanken abstimmen. Denn das Aktienrecht schreibt eindeutig vor, daß die Banken in ihren eigenen Hauptversammlungen nur aufgrund ausdrücklicher Weisungen zu den einzelnen Punkten der Tagesordnung die Stimmrechte ihrer Kunden vertreten dürfen. Diese Einschränkung des § 135 Aktiengesetz wird dadurch umgangen, daß die Fondsmanager der bankeigenen Kapitalanlagegesellschaft mit zum Teil nicht unerheblichen Aktienpaketen in den Hauptversammlungen ihrer Mutterbank zum Beispiel über die Entlastung eines Vorstandes entscheiden, der ihrem Aufsichtsrat vorsitzt.

Christian Strenger, Chef des Marktführers unter den deutschen Investmentgesellschaften, der Deutsche-Bank-Tochter DWS, gilt als Vordenker der Branche. Geschickt hat Strenger die Kritik am Anlageverhalten der Investmentgesellschaften aufgenommen. Beharrlich verweist er auf die »Unabhängigkeit« seiner Gesellschaft. Die DWS, deren Aktivitäten sich in den Hauptversammlungen deutscher Aktiengesellschaften bis vor einem Jahr bestenfalls auf den Kampf ums kalte Büfett beschränkten, wird in Strengers Worten zum aufrechten Kämpfer für Aktionärsinteressen. »Das Engagement der Publikumsfondsgesellschaften zur Wahrung der Anlegerinteressen hat in den letzten Jahren Bewegung in die strategische Ausrichtung der Unternehmen gebracht«, behauptet Strenger vollmundig. Die deutschen Unternehmen seien jetzt zunehmend »dialogbereit«, um damit »besseren Einblick in die Weichenstellungen und somit in die zukünftige Performance zu geben«. Und schließlich habe er sich bereits höchstpersönlich in einigen Hauptversammlungen zu Wort gemeldet, verkündet der Manager stolz. Die Praxis seiner und der meisten anderen deutschen Investmentgesellschaften bleibt jedoch weit hinter Strengers Phantasien zurück. Fast immer stimmen sie mit den Banken und der Verwaltung. Und wenn sich die Fondsmanager einmal zu Wort melden, dann vertreten sie zumeist die Interessen ihrer Mutterbank – geheuchelte Unabhängigkeit und scheinbare Kritik statt echter Interessenvertretung der Anleger. Eine eigenständige Stimmrechtswahrnehmung durch eine Investmentgesellschaft der großen deutschen Banken ist in Deutschland bislang die Ausnahme.

Manch Aktionär staunte nicht schlecht, als DWS-Chef Strenger 1996 in der Hauptversammlung der Daimler-Benz AG das Wort ergriff. Wortmeldungen der DWS-Manager sind in deutschen Hauptversammlungen eine Seltenheit. Aber die Hauptversammlung der Daimler-Benz AG war auch etwas Besonderes. Schließlich mußte der Daimler-Vorstand seinen Aktionären die Hintergründe des Rekordverlustes von 5,7 Milliarden DM im abgelaufenen Geschäftsjahr erklären. Ein Jahr zuvor hatte der damalige Daimler-Chef Edzard Reuter den Aktionären noch einen Gewinn von einer Milliarde DM in Aussicht gestellt. Schon damals hatten die meisten Aktionäre den schönen Worten des Edzard Reuter nicht glauben wollen – im Gegensatz zum prominent besetzten Daimler-Aufsichtsrat, der die Verkündung der geschönten Zahlen damals mitgetragen hatte. Ebenso wie die Geschäftspolitik der Jahre zuvor, in denen die Daimler-Benz AG bereits Milliardenverluste nur durch die Aktivierung stiller Reserven auszugleichen vermocht hatte. Dabei sitzen im Aufsichtsrat der Daimler-Benz AG die Spitzenmänner aller drei Frankfurter Großbanken. Von der Deutschen Bank Hilmar Kopper als Aufsichtsratsvorsitzender und sein Vorstandskollege Michael Endres, von der Dresdner Bank deren Chef Jürgen Sarrazin und von der Commerzbank der Vorstandsvorsitzende Martin Kohlhaussen. Und wie fast immer, wenn in Deutschlands Aktiengesellschaften Verantwortung für Fehlleistungen übernommen werden muß, waren sich auch die Daimler-Aufsichtsräte keiner Mitschuld bewußt. Dennoch verzichteten die drei Großbanken und die Bayerische Vereinsbank in der Hauptversammlung bei der Entlastung von Vorstand und Aufsichtsrat auf die Ausübung ihrer Depotstimmrechte. Ihren Aktionären teilte die Deutsche Bank mit: »Wir empfehlen Ihnen dringend, die Versammlung selbst zu besuchen, damit Sie sich persönlich ein Urteil bilden und Ihr Stimmrecht unmittelbar ausüben können ... Falls Sie nicht an der Hauptversammlung teilnehmen können und wünschen, daß wir Sie aufgrund Ihrer Vollmacht vertreten, bitten wir Sie, uns ausdrückliche Weisungen für die Stimmrechtsausübung« zu erteilen.

Wer von DWS-Mann Strenger jedoch Kritisches zur Geschäftspolitik der vergangenen Jahre erwartete, in denen der Kurswert der Daimler-Aktie immerhin von über 1100 DM auf nur noch rund 800 DM abgerutscht war, der wurde enttäuscht. Statt dessen sprach Strenger so, wie man es von einem Mitarbeiter der Deutschen Bank hätte erwarten können. Ein Vertreter einer anderen Kapitalanlagegesellschaft, der Union-Investment-Gesellschaft, machte dem DWS-Chef vor, wie man in einer Hauptversammlung die Interessen von Fondsanlegern vertritt. Sachlich rechnete er den Daimler-Managern vor, daß der Kurs der Daimler-Aktie seit 1986 stagniere. Im selben Zeitraum hätten die Aktionäre von VW oder BMW dagegen Kurssteigerungen von 41 und 144 Prozent verbuchen können. Trotz der Aufdeckung stiller Reserven habe sich die Konzerneigenkapitalquote in den letzten zehn Jahren halbiert. Angesichts dieser Bilanz werde die Union-Investment dieser »unbefriedigenden Entwicklung Rechnung tragen« und Vorstand und Aufsichtsrat nicht entlasten.

Seit Anfang 1996 tritt die Union-Investment in deutschen Hauptversammlungen immer häufiger als Vorreiter einer unabhängigen Stimmrechtsausübung auf. Den Startschuß hierzu gaben die kritischen Wortmeldungen in den Hauptversammlungen der Bayerischen Vereinsbank und der Dresdner Bank. In beiden Gesellschaften kritisierten die Fonds-Manager die enttäuschende Aktienkursentwicklung. In der Hauptversammlung der Dresdner Bank am 10. Mai 1996 in Frankfurt erklärte Union-Geschäftsführer Günter Reibstein kritisch: »Der Anteil an Dresdner-Bank-Aktien könnte höher sein, wenn die Performance der Aktie nicht so schlecht wäre.« Um diese zu verbessern sei ein Abbau, der »nicht nachvollziehbaren Beteiligungspolitik« der Dresdner Bank notwendig. Darüber hinaus mahnte der Union-Investment-Geschäftsführer Verbesserungen hinsichtlich einer konsequenten Shareholder-Value-Strategie der Bank an. Die Ausführungen Reibsteins wurden von den Aktionären im Saal mit großem Applaus kommentiert; Dresdner-Bank-Chef Sarrazin dagegen runzelte vielsagend die Stirn.

Kritisches Engagement von Fondsmanagern in den Hauptversammlungen von Aktiengesellschaften ist in anderen Ländern, wie beispielsweise den USA, an der Tagesordnung. Dort spielen die unabhängigen Fonds eine gewichtige Rolle. Daß gerade die Union-Investment in Deutschland Vorreiter für diese neue

Qualität der Interessenvertretung von Fondsanlegern ist, verwundert nicht. Denn die Union-Investment gehört nicht, wie viele andere Kapitalanlagegesellschaften, direkt oder indirekt den Mitgliedern des Kartells, sondern befindet sich im Besitz der Genossenschaftsbanken.

IV

Old boys

Die Herren der Ringe

Drastische Worte fand der Kienbaum-Personalberater Heinz Everts 1989 im *Spiegel:* »Die deutsche Industrie und ihr Kontrollsystem ist eine einzige versippte Gesellschaft.« Sieben Jahre später hat sich an diesem Befund nichts geändert. Rund drei Dutzend Herren dominieren die Schaltstellen der deutschen Wirtschaft. In den Kontrollgremien der wichtigsten deutschen Unternehmen wachen die Mitglieder dieses illustren Herrenclubs wechselseitig in einem akribisch gesponnenen Netzwerk über die Vorstandsarbeit der anderen Clubmitglieder.

Allein die Vorstandsmitglieder der sieben Kerngesellschaften der Deutschland AG bringen es auf mehr als 400 Mandate in den Aufsichts- und Beiräten deutscher Unternehmen. Kaum ein wichtiger Aufsichtsrat in Deutschland, in dem nicht Vertreter der Frankfurter Großbanken oder der München-Connection sitzen.

Angesichts der Aufgabenfülle verlieren selbst erfahrene Multi-Aufsichtsräte gelegentlich den Überblick. So in der Hauptversammlung des RWE im Dezember 1992. Langsam geriet Hilmar Kopper in Rage, Gesichtsfarbe und Körpersprache verrieten höchste Anspannung. Mit mühsamer Beherrschung verlas er die Liste, die ihm ein Mitarbeiter soeben zugesteckt hatte. Was war geschehen? Ein Aktionär hatte den neubestellten Aufsichtsräten eine scheinbar harmlose Frage gestellt: Die Herren sollten den Aktionären die von ihnen derzeit wahrgenommenen Aufsichtsratsmandate nennen. Schon bald geriet Kopper ins Stocken. Seine Aufzählung blieb unvollständig, bis er den schriftlichen Beistand bekam. Der Aktionär war ein Mitstreiter des »Hauptversammlungsschrecks« Ekkehard Wenger, Universitätsprofessor aus Würzburg. Die Szene war der Beginn einer innigen Feindschaft zwischen dem mächtigen Bankier und dem streitbaren Professor. Die verbalen Duelle zwischen ihnen zählen seitdem zu den alljährlichen Höhepunkten der Hauptversammlungssaison. Bei nächstbester Gelegenheit, in der Hauptversammlung der Daimler-Benz AG am 26. Mai 1993, ließ der Aufsichtsratsvorsitzende Kopper den Professor kurzerhand von Sicherheitsmännern aus dem Saal schleifen. Vorwand für die handgreifliche Aktion war die beharrliche Weigerung Wengers, das Rednerpult auf Geheiß des Bankiers zu räumen. Noch heute schütteln nicht nur Wengers Anhänger den Kopf über diese Machtdemonstration des Bankers, einen Stilbruch in der Geschichte der feinen Daimler-Benz AG.

Koppers Aussetzer haben stets Symbolcharakter. Wie die »Peanuts« steht auch seine temporäre Amnesie in der RWE-Hauptversammlung für ein strukturelles Problem der Banker: die Anhäufung von Aufsichtsratsmandaten. Kopper sitzt neben seinem Job an der Spitze von Deutschlands größter Bank in elf Aufsichts- und Beiräten deutscher Unternehmen, ein paar Mandate in ausländischen Gesellschaften kommen hinzu. Neben dem Aufsichtsratsvorsitz bei Daimler-Benz leitet Kopper auch das Kontrollgremium von Mannesmann, darüber hinaus ist er Mitglied in den Aufsichtsräten von Münchener Rück, Lufthansa, Bayer, RWE, Linde und VEBA – allesamt führende deutsche Unternehmen – und leitet die Beiräte von drei mittelständischen Firmen. Die Spitzenmänner der beiden anderen Großbanken und der Münchner Regionalbanken stehen dem Marktführer nur graduell nach. Dresdner-Bank-Chef Jürgen Sarrazin bringt es auf neun Aufsichtsrats- und Beiratsmandate, sein Commerzbank-Kollege Martin Kohlhaussen auf sieben, der Vorstandssprecher der Bayerischen Vereinsbank, Albrecht Schmidt, auf zehn und Hypo-Bank-Chef Eberhard Martini auf stattliche 14 Mandate.

Die führenden Manager der beiden Münchner Versicherungsgiganten, Allianz-Chef Henning Schulte-Noelle mit elf und
der Vorstandsvorsitzende der Münchener Rück, Hans-Jürgen
Schinzler, mit zehn Mandaten tun es den Bankern bei der
Anhäufung von Aufsichtsrats- und Beiratsmandaten gleich.
Schulte-Noelle sitzt nicht nur in den Aufsichtsräten von Allianz-
Tochterunternehmen wie der Allianz Versicherungs-AG und
der Allianz Lebensversicherungs-AG, sondern auch in den Kontrollgremien so prominenter Firmen wie BASF, Metallgesell-
schaft, Dresdner Bank, VEBA, Mannesmann und Schering.
Und sein Kollege Schinzler vertritt die Interessen der München-
Connection unter anderem in den Aufsichtsräten von Dresdner
Bank, Hoechst, MAN oder Degussa. Ihre 16 Kollegen aus den
Vorständen der beiden Schwestern schrauben die Gesamtzahl
der von Vertretern der Münchner Zwillinge besetzten Mandate
auf 65. Im Gegensatz zu den Bankern wirken die Versicherungs-
manager aber in Deutschlands Aufsichtsräten lieber im stillen.
Keiner von ihnen nimmt in konzernfremden Unternehmen den
Posten des Aufsichtsratsvorsitzenden ein. Anders sah dies bei
Wolfgang Schieren, dem Patriarchen der Allianz, aus, der bis zu
seinem Tode neben dem Aufsichtsrat seiner Allianz auch die
Kontrollgremien von Beiersdorf und Linde leitete, sowie bei
Siemens, Thyssen und der Münchener Rück als stellvertretender
Aufsichtsratsvorsitzender fungierte.
So wie die Banken und Versicherungen ihre Vertreter in den
Aufsichtsräten der führenden deutschen Industrie- und Han-
delsunternehmen plazieren, so haben sie geschickt deren Reprä-
sentanten in ihre Aufsichtsräte oder die umfangreichen Beiräte
der Banken eingebunden. So gibt es bei der Deutschen Bank
neben dem Aufsichtsrat noch einen 24köpfigen Beraterkreis, der
der Bank 1995 immerhin einen Betrag von 644 000 DM wert
war. Die Dresdner Bank weist in ihrem Geschäftsbericht einen
Verwaltungsbeirat mit 47 Mitgliedern sowie zehn regionale
Beiräte aus, in denen noch einmal insgesamt 548 Repräsentan-

ten der deutschen Wirtschaft sitzen. Und die Commerzbank verfügt neben ihrem mit 22 Personen besetzten Zentralen Beirat sogar über 14 Landesbeiräte mit insgesamt 338 Mitgliedern. Die Landesbeiräte waren der Bank im Geschäftsjahr 1995 die stattliche Summe von 1,4 Millionen DM wert; der Zentrale Beirat noch einmal 700 000 DM. Diese Ausgaben seien »kein Luxus«, entgegnete Commerzbank-Chef Martin Kohlhaussen zweifelnden Fragestellern am 24. Mai 1996 in der Hauptversammlung der Bank. Die Beiräte seien »außerordentlich wichtig«, sie böten die »Brücke zu vielen Kunden«.

Diese Beiräte haben zwar de jure nichts zu sagen, aber sie bedeuten für die handverlesenen Mitglieder Renommee und den Eintritt in die Community. Richtig dazu gehört jedoch erst derjenige, der den Sprung in einen der Aufsichtsräte der Deutschland AG geschafft hat. So sitzen im illustren, zudem mit insgesamt mehr als 2,1 Millionen DM opulent entlohnten Aufsichtsrat der Deutschen Bank prominente Vertreter der Deutschland AG. Marcus Bierich, der langjährige Vorsitzende der Geschäftsführung und jetzige Aufsichtsratschef der Robert Bosch GmbH gehört ebenso dazu wie Hermann Otto Franz, der ehemalige Vorstandsvorsitzende und jetzige Aufsichtsratschef von Siemens, Klaus Liesen, ehemaliger Vorstandsvorsitzender der Ruhrgas AG, zugleich Aufsichtsratsvorsitzender von VW und seit April 1996 auch von der Allianz, Otto-Versand-Chef Michael Otto oder der Henkel-Aufsichtsratsvorsitzende Albrecht Woeste. Und bis zum Mai 1996 saß in der Runde auch der allgegenwärtige Allianz-Chef Henning Schulte-Noelle. Doch nach dem Tode seines Vorgängers Wolfgang Schieren im Februar 1996 trat Schulte-Noelle dessen Nachfolge im Aufsichtsrat der Dresdner Bank an; das Mandat bei der Deutschen legte er daraufhin »aus internen Gründen« nieder.

Die zehn von den Aktionären in den Aufsichtsrat der Deutschen Bank gewählten Herren bringen es nach offiziellen Angaben der Bank neben ihrem Mandat bei der Deutschen Bank auf insgesamt

48 weitere Vorstands-, Aufsichtsrats- oder Beiratsmandate. Auf diese Weise hat die Bank ihr Netz von personellen Verbindungen und Abhängigkeiten gesponnen. Besonders auffällig ist die enge Verknüpfung zur Allianz. Denn Horst Burgard, Marcus Bierich, Hermann Otto Franz und Klaus Liesen sitzen nicht nur im Kontrollgremium der Deutschen Bank, sondern auch in dem der Allianz. Marcus Bierich ist zudem ein guter Bekannter der Allianz, schließlich arbeitete er bis zu seinem Wechsel an die Spitze der Robert Bosch GmbH als Finanzvorstand der Versicherung. Daneben sitzen im Allianz-Aufsichtsrat zwei andere enge Vertraute der Deutschen Bank, der Vorsitzende ihres Beraterkreises, Werner H. Dieter, und der Ex-Daimler-Chef und Kopper-Vertraute Edzard Reuter, bis vor kurzem auch Mitglied des Beraterkreises der Deutschen Bank. Komplettiert wird der Allianz-Aufsichtsrat durch Friedhelm Gieske, den ehemaligen RWE-Chef und treuen Fahrensmann der Deutschen Bank, den Vorstandsvorsitzenden der Bayerischen Vereinsbank, Albrecht Schmidt, sowie Dresdner-Bank-Aufsichtsrats-Chef Wolfgang Röller.

In den Aufsichtsräten der anderen G-7-Gesellschaften setzt sich dieses Muster in ähnlicher Weise fort. So sitzen im Dresdner-Bank-Aufsichtsrat Allianz-Chef Schulte-Noelle, der Münchener-Rück-Vorstandsvorsitzende Schinzler und der Allianz- und Deutsche-Bank-Aufsichtsrat Gieske. Und bei der Commerzbank geben sich ebenfalls Vertreter führender deutscher Unternehmen die Ehre: die Aufsichtsratsvorsitzenden von Hoechst, VW und Bayer Leverkusen sowie Vorstandsmitglieder von VEBA, Thyssen und RWE.

Wir gehören zur Familie

Der erste Sprecher der Deutschen Bank hieß Georg Siemens. Zwischen 1870 und 1900 leitete der Jurist die aufstrebende Bank und machte sie mit viel Geschick zu einem der führenden

Bankhäuser seiner Zeit. 1899 wurde Siemens für seine Verdienste um den Bau der Bagdadbahn geadelt. Schon damals mischte die Deutsche Bank erfolgreich in der deutschen Außenpolitik mit. Der Bau der Bagdadbahn war ein wichtiger Baustein für die traditionelle deutsch-türkische Achse. Georg von Siemens' Vater war ein Vetter von Werner von Siemens, dem Gründer des gleichnamigen Elektrokonzerns. 1847 hatte Werner von Siemens in Berlin die Telegraphen Bau-Anstalt Siemens & Halske gegründet, aus der später die Siemens AG entstehen sollte. Seit dem Ende des Zweiten Weltkrieges hat die Siemens-Hauptverwaltung ihren Sitz in München.

Die Siemens AG ist das nach Umsatz zweitgrößte Unternehmen Deutschlands und beschäftigt weltweit 376 000 Mitarbeiter. Nicht ohne Stolz verweist Siemens-Chef Heinrich von Pierer darauf, daß in Deutschland rund eine Million Menschen von seinem Unternehmen abhängig sind. Siemens produziert fast alles, was es im Bereich von Elektronik und Elektrotechnik zu verkaufen gibt, von Computern über Audio- und Videosysteme bis zur Kernenergie, und gilt aufgrund seiner gigantischen Rücklagen als »Bank mit angeschlossenem Elektronikgeschäft«.

Aus den familiären Banden zwischen dem Siemens Konzern und der Deutschen Bank erwuchs über die Jahrzehnte eine enge Kooperation. Bis heute gehört die Siemens AG zum engsten Umfeld der Deutschen Bank – auch ohne Anteilsbesitz und wechselseitige Verflechtungen. Mit Ulrich Cartellieri sitzt ein Mitglied des Bankvorstands im Aufsichtsrat von Siemens, im Gegenzug ist der Siemens-Aufsichtsratsvorsitzende, Hermann Oskar Franz, Mitglied des Kontrollgremiums der Deutschen Bank. Die enge Verbundenheit zwischen der Deutschen Bank und der Siemens-Familie bewies die Bank auch in der Siemens-Hauptversammlung von 1993. Auf Antrag des Würzburger Professors Wenger mußten die Aktionäre der Siemens AG damals über die Abschaffung oder Beibehaltung der anachronistischen Mehrfachstimmrechte der Siemens-Familie entscheiden. Die Siemens-Erben verfügen neben normalen Aktien im Wert von 5,29 Prozent des Grundkapitals auch über stimmberechtigte Vorzugsaktien im Wert von 1,65 Prozent des Grundkapitals, die bei allen »unternehmensstrategisch entscheidenden« Fragen das sechsfache Stimmrecht erhalten. Der Stimmrechtsanteil der Siemens-Erben erhöht sich damit nach Konzernangaben auf 14,03 Prozent. Das ist zwar nicht die Mehrheit, aber angesichts der bei Siemens üblichen Hauptversammlungspräsenz von rund 50 Prozent immerhin für die Sperrminorität von 25 Prozent der vertretenen Stimmen und eine Aktie ausreichend. Die Hauptversammlung 1993 sollte nun darüber entscheiden, ob diese aktienrechtliche Besonderheit – üblicherweise gilt bekanntlich »one share – one vote« (eine Aktie – eine Stimme) – abgeschafft oder beibehalten werden sollte. Die Banken, die in der Hauptversammlung die Mehrheit der Stimmrechte vertraten, stellten sich konsequent auf die Seite der Siemens-Erben. Der Antrag wurde mit knapp 97 Prozent der Stimmen abgelehnt; auch heute noch genießen die Siemens-Erben die Privilegien ihrer Vorzugsaktien.

Die Siemens AG ist nicht nur mit der Deutschen Bank durch eine enge personelle Verflechtung verbunden. Im Siemens-Aufsichtsrat sind auch andere Spitzenmänner der Deutschland AG präsent: alte Bekannte wie Henning Schulte-Noelle, Wolfgang Roeller oder Albrecht Schmidt sowie Thyssen-Chef Heinz Kriwet oder Hermann Josef Strenger, der Vorsitzende des Aufsichtsrats von Bayer. Im Gegenzug sind die Männer aus der Siemens-Zentrale in die Aufsichtsräte der Deutschland AG eingebunden. Siemens-Chef Heinrich von Pierer sitzt in den Kontrollgremien von Bayer, Volkswagen und Hochtief. Der Siemens-Aufsichtsratsvorsitzende, Hermann Oskar Franz, hat neben seinem Sitz bei der Deutschen Bank auch noch Mandate in den Aufsichtsräten von Allianz, Thyssen und der Deutsche Bahn AG.

Und natürlich ist Siemens auch an den anderen Großen der

Deutschland AG beteiligt. Wie viele andere Aktiengesellschaften zeigt sich Siemens zugeknöpft, wenn es um die Offenlegung ihres Beteiligungsbesitzes geht. 1993 mußte Siemens nach einem rechtskräftigen Urteil des Kammergerichts Berlin Beteiligungen von mindestens zehn Prozent des Grundkapitals oder einem Marktwert von mehr als 100 Millionen DM offenlegen. Darunter waren auch kleinere Beteiligungen an der Allianz und der Münchener Rück.

Siemens ist nicht das einzige deutsche Unternehmen, das auch ohne wesentliche direkte Kapitalbeteiligungen in die Deutschland AG zur Familie gehört. Auch die Robert Bosch GmbH ist fest in das Netzwerk eingebunden. Das sechzehntgrößte deutsche Unternehmen ist einer der wenigen führenden deutschen Wirtschaftskonzerne, der nicht als Aktiengesellschaft, sondern in der Rechtsform der Gesellschaft mit beschränkter Haftung firmiert, die üblicherweise von mittelständischen Unternehmen genutzt wird. Für Bosch hat dies den Vorteil, daß das Unternehmen im Gegensatz zu den börsennotierten Aktiengesellschaften weder von feindlichen noch von befreundeten Gesellschaften aufgekauft werden kann. Und der Erfolg des Unternehmens kann sich sehen lassen. Für das Geschäftsjahr 1995 präsentierte es einmal mehr einen ausgezeichneten Abschluß.
Aus der 1886 in Stuttgart von Robert Bosch gegründeten »Werkstatt für Feinmechanik und Elektrotechnik« ist inzwischen ein weltweit tätiges Unternehmen geworden, dessen Angebotspalette von Anti-Blockier-Systemen und Autoradios (Blaupunkt) bis zu Elektrowerkzeugen und Küchengeräten reicht. Das Grundkapital der Robert Bosch GmbH ist heute zu rund 92 Prozent im Besitz der Robert Bosch Stiftung GmbH. Die restlichen acht Prozent gehören der Familie Bosch.
Auch zur Robert Bosch GmbH pflegen die Herren der Deutschland AG intensive Beziehungen. Der langjährige Vorsitzende der Geschäftsführung der Robert Bosch GmbH, Marcus Bierich,

kam 1984 von der Allianz zu Bosch. Zwischen 1976 und 1980 hatte Bierich zuvor schon für die Allianz im Aufsichtsrat (AR) von Bosch gesessen. Später wechselte der von Allianz-Chef Schieren entmachtete Friedrich Schiefer in Bierichs Spuren ebenfalls aus dem engsten Führungszirkel der Allianz zu Bosch. Marcus Bierich ist heute AR-Vorsitzender der Robert Bosch GmbH und zählt zu den wichtigen Männern im »Old-boys-Network« der Deutschland AG. Bierich sitzt in den Aufsichtsräten der Allianz, der Deutschen Bank und der VEBA, außerdem leitet er den Beirat von Deutschlands zweitgrößtem Buchverlagsimperium, dem Holtzbrinck-Konzern, und den Aufsichtsrat der J. M. Voith GmbH.

Fest eingebunden in die Deutschland AG sind auch die drei großen Chemieunternehmen des Landes, Bayer, Hoechst und BASF. Die drei Chemiegiganten entstanden nach dem Zweiten Weltkrieg im Zuge der alliierten Entflechtungsmaßnahmen aus dem I.G.-Farben-Konzern, der im Dritten Reich stark in die nationalsozialistische Kriegs- und Vernichtungsmaschinerie verstrickt war. Bereits damals hatte die Deutsche Bank enge Beziehungen zur I.G. Farben gepflegt. Als einziger Bankier saß Hermann Josef Abs im Aufsichtsrat des Chemiekonzerns. Zudem spielte in jener Zeit keine andere deutsche Bank eine so große Rolle in den Hauptversammlungen der I.G. Farben; im Kriegsjahr 1943 vertrat die Bank immerhin 38,1 Prozent der Stimmrechte. Und schon damals funktionierte das Wechselspiel der gegenseitigen Einbindung: Hermann Schmitz, der Vorstandsvorsitzende der I.G. Farben, saß natürlich im Aufsichtsrat der Deutschen Bank. Nach Kriegsende gehörte Abs zu dem handverlesenen Kreis derjenigen, die bei der zwischen der Regierung Adenauer und den Alliierten ausgehandelten Entflechtung der I.G. Farben beratend mitwirken durften.
Noch heute stimmt die Chemie zwischen Banken und den drei I.G.-Farben-Nachfolgeunternehmen, die sich mehrheitlich im

Besitz in- und ausländischer Banken, Versicherungen und Kapitalanlagegesellschaften befinden. Es ist schon bezeichnend, daß Deutsch-Bankier Ronaldo H. [Hermann] Schmitz seine Karriere bei der I.G.-Farben-Nachfolgerin BASF begann und heute im Vorstand der Bank tätig ist, deren Aufsichtsrat Hermann Schmitz zu NS-Zeiten angehörte. Mit rund elf Prozent Beteiligung an der BASF AG und fünf Prozent an der Bayer AG ist die Allianz größter Einzelaktionär an den beiden Chemiekonzernen. An der Hoechst AG ist mit zehn Prozent des Grundkapitals eine Vorschaltgesellschaft namens Frankfurter Gesellschaft für Chemiewerte beteiligt, an der die Dresdner Bank mit rund 27 Prozent, die Münchener Rück und der Gerling-Konzern, der zu 30 Prozent der Deutschen Bank gehört, sowie andere namhafte Versicherungsunternehmen beteiligt sind. Im Gegenzug ist die Hoechst AG mit einigen Partnern aus der Versicherungswirtschaft an der Frankfurter Gesellschaft für Finanzwerte mbH beteiligt, die rund zehn Prozent des Grundkapitals der Dresdner Bank besitzt. Außerdem verfügen die Banken in den Hauptversammlungen (HV) aller drei Unternehmen regelmäßig über die Mehrheit der Stimmrechte. 1992 vertraten die Banken in der HV von Bayer gut 91 Prozent, bei BASF rund 94 Prozent und in der Hoechst-Hauptversammlung sogar über 98 Prozent der Stimmen, wobei fast 70 Prozent auf die drei Frankfurter Großbanken entfielen.

Ein Jahr später, in der Hoechst-HV des Jahres 1993, nutzten die Banken ihre Depotstimmen in gewohnter Weise. Hoechst hatte zuvor unrühmliche Schlagzeilen gemacht. Ein Störfall reihte sich an den anderen, und Bundesumweltminister Klaus Töpfer und sein hessischer Kollege Joschka Fischer drohten dem Konzern mit Betriebsschließungen. In der Hauptversammlung am 27. April 1993 mußte sich der damalige Hoechst-Chef Wolfgang Hilger heftiger Kritik stellen. Die Aktionäre schimpften, aber die Banken hielten zu ihm. Mit den üblichen Mehrheiten wurde Hilger für seine umstrittene Geschäftsführung entlastet.

Dennoch schied Hilger noch 1994 aus dem Vorstand der Hoechst AG aus, sein Nachfolger wurde Jürgen Dormann. Die Freunde haben Hilger jedoch nicht vergessen; er gehört unverändert zum Club. Heute sitzt er in den Aufsichtsräten von Dresdner Bank, Philipp Holzmann, IBM Deutschland und Mannesmann sowie im Wirtschaftsbeirat des RWE.

Auch in den Aufsichtsräten der drei Chemieunternehmen haben natürlich die Herren der Deutschland AG Sitz und Stimme. Bei Bayer sind es Hilmar Kopper, Commerzbank-Chef Martin Kohlhaussen und Siemens-Chef von Pierer, bei BASF der Vorstandsvorsitzende der Allianz, Henning Schulte-Noelle, Ulrich Weiss aus dem Vorstand der Deutschen Bank, Marcus Bierich von Bosch sowie Helmut Werner, der Chef der Daimler-Tochter Mercedes-Benz, und bei Hoechst Jürgen Sarrazin von der Dresdner Bank, Jürgen Schinzler von der Münchener Rück, Dietrich-Kurt Frowein aus dem Vorstand der Commerzbank und der ehemalige Mannesmann-Chef Werner H. Dieter. Im Gegenzug haben die Spitzenmänner der Chemiegiganten Mandate in den Kontrollgremien führender Gesellschaften der Deutschland AG.

Genauso eingebunden wie die Chemieunternehmen sind auch die deutschen Energiekonzerne. Acht Stromkonzerne, die untereinander durch das übliche Muster von Beteiligungen und gemeinsame Tochtergesellschaften eng verflochten sind, teilen sich in trauter Eintracht den deutschen Strommarkt. Mittels Demarkationsverträgen haben die Energiekonzerne ihre Versorgungsgebiete abgesteckt. Durch die mit den Gemeinden dieser Gebiete abgeschlossenen Konzessionsverträge sorgen sie dafür, daß ihnen keine Konkurrenten das Geschäft verderben. Und das läuft in diesem wettbewerbsfreien Raum ausgezeichnet. Die Konzerne verdienen sich »dumm und dämlich«, so der Tübinger Rechtswissenschaftler Wernhard Möschel, Mitglied der Monopolkommission.

Die großen Drei unter Deutschlands Energiekonzernen sind das Rheinisch-Westfälische Elektrizitätswerk (RWE), die VEBA mit ihrer Tochter PreussenElektra AG (Preussag) und das inzwischen zum VIAG-Konzern gehörende Bayernwerk. Die Allianz ist an allen drei Unternehmen direkt beteiligt, an RWE und VEBA hält sie jeweils stattliche zehn Prozent des Grundkapitals, an der VIAG immerhin 3,5 Prozent. An der VIAG sind darüber hinaus die Bayerische Hypo-Bank und die Bayerische Vereinsbank mit jeweils rund fünf Prozent beteiligt. Wichtiger als der direkte Anteilsbesitz sind aber auch bei den Energiegiganten die personellen Verflechtungen. Die Spitzenmänner der drei Konzerne sind in bekannter Weise in den Herrenclub der Deutschland AG eingebunden. So ist VEBA-Chef Ulrich Hartmann Aufsichtsratsvorsitzender der Ruhrkohle AG und sitzt in den Kontrollgremien von Daimler-Benz, Hapag-Lloyd und Münchener Rück sowie im Beraterkreis der Deutschen Bank. Im VEBA-Aufsichtsrat geben sich Hilmar Kopper, Henning Schulte-Noelle, Hermann Josef Strenger und Marcus Bierich die Ehre, im Kontrollgremium der VIAG sitzen Eberhard Martini, Edzard Reuter und Deutsche-Bank-Vorstand Jürgen Krumnow. Und RWE-Chef Dietmar Kuhnt hat ein Mandat im Kontrollgremium der Metallgesellschaft; sein Vorgänger und jetziger RWE-Aufsichtsrat Friedhelm Gieske sitzt neben seinem Mandat im Aufsichtsrat der Allianz auch in den Aufsichtsräten von Dresdner Bank, Karstadt, MAN und Thyssen.

Das Netz dieses Herrenclubs läßt sich noch weiter fortspinnen. Nach demselben Muster, mit dem Siemens, Bosch, Hoechst oder die VEBA in die Deutschland AG integriert sind, werden auch die großen Handelsketten oder der Waschmittel- und Chemiekonzern Henkel und ihre Führungsmänner eingebunden. Sie alle gehören zur Familie.

Deutschlands Aufsichtsräte – der Gesetzgeber hat ihnen im Aktienrecht eine verantwortungsvolle Rolle bei der Aufgabenverteilung in deutschen Aktiengesellschaften zugedacht. Der Aufsichtsrat (AR) ist das zwingend vorgeschriebene Kontrollorgan der Gesellschaft, Instrument der Überwachung der Tätigkeit des Vorstandes und der Mitbestimmung der Arbeitnehmer. Seine gesetzlichen Hauptaufgaben sind die Bestellung und Abberufung der Vorstandsmitglieder sowie die laufende Überwachung der Geschäftsführung. Gewählt werden die Mitglieder des Aufsichtsrats in der Hauptversammlung der Gesellschaft. Seit Einführung der quasi-paritätischen Mitbestimmung 1976 entsenden zudem in Gesellschaften mit mehr als 2000 Angestellten die Arbeitnehmer eine gleich große Zahl von Vertretern in den Aufsichtsrat. Durch das Doppelstimmrecht des AR-Vorsitzenden wird jedoch die Mehrheit der Kapitalseite im Kontrollgremium gesichert.

Die Praxis deutscher Aufsichtsräte kommt dem gesetzlichen Auftrag nur partiell nach. Nicht selten beschränkt sich die Tätigkeit der Räte auf die Teilnahme an den in den meisten Gesellschaften vierteljährlich stattfindenden Aufsichtsratssitzungen und der Hauptversammlung. Für einen Multi-Aufsichtsrat mit zehn Mandaten sind dies 50 Sitzungen im Jahr. Hinzu kommen die bei großen Aktiengesellschaften üblichen Aufsichtsratsausschüsse und die entsprechende Vorbereitung. Bei manchem Multi-Aufsichtsrat kann dies schon einmal eng werden. So bleiben in den Hauptversammlungen deutscher Aktiengesellschaften immer häufiger ein paar gepolsterte Sessel am Aufsichtsratstisch frei; gelegentlich fehlen sogar neu zu wählende Aufsichtsräte.

Wie wenig ernst es den Mitgliedern der Community mit der Wahrnehmung ihrer Kontrollfunktion ist, stellen manche Räte freimütig zur Schau. So prahlte Hypo-Bank-Chef Eberhard

Martini offen, daß er sich noch nie länger als einen Abend auf eine Aufsichtsratssitzung vorbereitet habe. Und auch Hilmar Kopper legte kürzlich ein eindrucksvolles Bekenntnis zur Arbeitsmoral deutscher Aufsichtsräte ab. In der Hauptversammlung der Daimler-Benz AG am 22. Juni 1996 in Stuttgart wollte Kopper die heftige Kritik am Aufsichtsrat so nicht stehenlassen. »Der Aufsichtsrat hat sich 1995 viermal getroffen«, entgegnete er den Kritikern, um stolz hinzuzufügen: »Teilweise dauerten die Sitzungen bis in den Nachmittag.« Erst das höhnische Gelächter der Aktionäre signalisierte Kopper, daß er einmal mehr schneller gesprochen als gedacht hatte. »Neben den informellen Gesprächen und sonstigen Treffen«, schob er wenig überzeugend nach. »Wenn wir es für nötig befunden hätten, dann hätten wir uns natürlich öfter getroffen.« Die Aktionäre waren schockiert. Im Rekordkrisenjahr der Daimler-Benz AG mit einem Gesamtverlust von 5,7 Milliarden DM hielt es der Aufsichtsrat des Konzerns gerade mal für nötig, sich viermal zu den turnusmäßigen Sitzungen zu treffen und dort ein paar Stunden zusammenzuhocken. Bei derart engagierter Kontrollarbeit sind die entsprechenden Resultate keine Überraschung.

»Man ist nett zueinander, und man freut sich, wenn man anschließend zum kollegialen Mittag- oder Abendessen gehen kann«, beschrieb der langjährige Bertelsmann-Chef Reinhard Mohn die Praxis deutscher Aufsichtsräte im *Manager-Magazin*. Der Herrenclub der Deutschland AG gibt sich die Ehre zum freundlichen Small talk. Die Einbindung der befreundeten Herren führt zu dem gewünschten Ergebnis: Statt der vom Aktienrecht geforderten Kontrolle dienen Deutschlands Aufsichtsräte der Abschirmung einer kleinen Gruppe von Konzernfunktionären vor eben dieser Kontrolle.

So gilt beispielsweise der Allianz-Aufsichtsrat in der Branche seit Jahren als »prominentestes Ja-Sager-Gremium Europas«. Denn zu sagen hatte bei der Allianz bis vor kurzem nur einer: Wolfgang Schieren. Bis zu seinem Tode im Februar 1996 war Schieren zunächst als Vorstandschef und seit 1991 als Aufsichtsratsvorsitzender der alleinige Herrscher im Hause Allianz. »Bei uns«, klagte ein Insider 1991 im *Spiegel*, »überwacht eben entgegen dem Gesetz der Vorstand den Aufsichtsrat.« Und ein Aufsichtsrat der Allianz bekannte offen: »Der regiert wie Ludwig XIV.« Im Gegensatz zu seinen Kollegen aus anderen Unternehmen soll Schieren keine Sitzung seines Aufsichtsrats ausgelassen haben. Und kurz vor seinem Wechsel in den Allianz-AR düpierte Schieren die dort versammelten Spitzenmänner aus der deutschen Wirtschaft nach Strich und Faden.

Schieren hatte angekündigt, mit Ablauf seines zwanzigsten Dienstjahres an der Spitze der Allianz, zur Hauptversammlung am 1. Oktober 1991, seine aktive Dienstzeit zu beenden und den Vorsitz des Aufsichtsrats zu übernehmen. Am 27. November 1990 präsentierte der Allianz-Chef dem Aufsichtsrat seine Nachfolgelösung. Sein Erbe im Allianz-Konzern sollte der bisherige Finanzvorstand der Allianz, Friedrich Schiefer, antreten. Uwe Haasen, der bisherige Chef der Allianz Lebensversicherungs-AG, sollte das neugeschaffene Amt des stellvertretenden Vorstandsvorsitzenden übernehmen, ein Posten, den es zu Zeiten Schierens überhaupt nicht gab. Die Bestellung Schiefers zum neuen Allianz-Chef galt damals als Sensation. Viele hatten damit gerechnet, daß ein anderer, nämlich Henning Schulte-Noelle, den General beerben würde. Doch der entschied sich für seinen langjährigen Finanz-Adjutanten. Friedrich Schiefers Karriere verlief Allianz-untypisch. Denn Schiefer kam weder aus der Assekuranz-, noch aus der Bankenbranche. Der promovierte Betriebswirt arbeitete nach einem Intermezzo beim Institut für Mittelstandsforschung 15 Jahre lang bei der internationalen Unternehmensberatungsfirma McKinsey. 1984 avancierte der Seiteneinsteiger zum Finanzvorstand der Allianz Versicherungs-AG, ein Jahr später auch zum Finanzchef der Allianz AG Holding. Seitdem assistierte Schiefer dem General bei seinen weltweiten Akquisitionen, die den Allianz-Konzern von einem überwiegend national tätigen Versicherungsunternehmen zu einem Global Player machten. Dabei hatte sich Schiefer auch außerhalb der Allianz-Zentrale einen hervorragenden Namen gemacht. Denn Schiefer galt als der eigentliche Architekt der weltumfassenden Expansion der Allianz, deren Aufstieg in die Weltliga war sein Meisterstück.

So überraschend wie die Ernennung Schiefers teilte Schieren dem Allianz-Aufsichtsrat am 24. Juli 1991 seinen abrupten Sinneswandel mit. Friedrich Schiefer sollte nun doch nicht sein Nachfolger werden. Schiefer stehe »aus persönlichen Gründen, über die man nichts Näheres mitteilen« könne, »leider nicht mehr zur Verfügung«. Die deutsche Wirtschaft erlebte, so die *Zeit*, »mitten im Sommerloch einen beispiellosen Eklat«. Als offizielle Begründung für die Demission des designierten Chefs wurden aus Reihen der Allianz-Spitze familiäre Gründe vorgeschoben, wegen derer Schiefer auf den Allianz-Chefsessel verzichtet habe. Aber wahrscheinlich hatte Schiefer zu früh zu viel haben wollen. Denn der Kronprinz hatte schon vor seiner offiziellen Amtsübernahme am 2. Oktober 1991 bei wichtigen Fragen über die künftige Geschäftspolitik mitreden und mitentscheiden wollen. Das paßte dem passionierten Alleinherrscher Schieren offensichtlich nicht. Zudem hatte sich in den langen Fluren der Allianz-Zentrale Kritik über die Berufung eines Seiteneinsteigers geregt. Ein Unmut, der den General zunächst kalt ließ, bis Schiefer durch seine Mitsprachewünsche bei Schieren in Ungnade fiel. Im Stile eines mittelalterlichen Potentaten ließ Schieren seinen Schiefer fallen und präsentierte dem Allianz-Aufsichtsrat einen neuen Nachfolger: Henning Schulte-Noelle. Und der Aufsichtsrat, der erst vor einem guten halben Jahr Schiefer einstimmig zum kommenden Allianz-Chef bestimmt hatte, beschied nun ebenso einstimmig, daß Schiefer doch nicht der Richtige sei und Schulte-Noelle der geeignetere Nachfolger des Generals Schieren. Noch-Allianz-Aufsichtsrats-Chef Herbert Grünewald hatte nun die delikate Aufgabe zu übernehmen, dem geschaßten Schiefer die trübe Botschaft zu verkünden. Grünewald fügte sich klaglos in sein Schicksal. Schiefer verließ die Allianz und fand bei der Robert Bosch GmbH des ehemaligen Allianz-Vorstands Marcus Bierich eine neue Betätigung. Dort avancierte er bald zum stellvertretenden Vorsitzenden der Geschäftsführung und galt bis zu seinem Tode im Juni 1996 als designierter Nachfolger auf den Bosch-Chefsessel. Über die Hintergründe der sonderbaren Vorgänge bei der Allianz hat sich Schiefer nie öffentlich geäußert.

Der Allianz-Aufsichtsrat steht exemplarisch für deutsche Aktiengesellschaften, bei denen der Aufsichtsrat längst keine Kontrolle mehr über den Vorstand hat. Ein anderes Beispiel ist die Deutsche Bank. In einem Interview mit der britischen Zeitschrift *Euromoney* plauderte Hilmar Kopper in aller Offenheit über die Aufgabenverteilung zwischen Vorstand und Aufsichtsrat in der Deutschen Bank. Aufsichtsräte wie Altbankier Wilfried Guth und selbst der Aufsichtsratsvorsitzende Christians würden bei der Deutschen Bank »überhaupt nicht« in die Führung eingreifen, berichtete Kopper. »Wir haben bei der Deutschen Bank«, so Kopper stolz, »eine ganz besondere Unternehmenskultur. Sie hat sich im Laufe der Jahre entwickelt, und beide Gremien halten sich exakt daran ... Neuernennungen von Vorstandsmitgliedern werden traditionsgemäß dem Vorstand überlassen. Wir legen die Entscheidung dann dem Aufsichtsrat zur Genehmigung vor. Bisher hat der Aufsichtsrat noch nie seine Zustimmung verweigert. Ich bin überzeugt, daß der Vorstand die richtige Stelle dafür ist. Wir müssen ja schließlich mit dem Menschen auskommen.«

Die »Unternehmenskultur«, die Kopper hier preist, ist eine Kultur der Nichteinmischung, die in vielen deutschen Aufsichtsräten inzwischen zur Perfektion gebracht wurde. Viele Räte könnten aufgelöst werden, ohne daß es jemand merkt, spotten Kritiker seit Jahren. Denn statt zu kontrollieren, beschränken die Räte ihre Tätigkeit oftmals auf die physische Präsenz in Sitzungen, in denen sie die vom Vorstand vorgelegten Informationen wohlwollend zur Kenntnis nehmen. »Wir wurden nicht ausreichend informiert«, lautet entsprechend die stereotype Erklärung, die deutsche Aufsichtsräte zur Entschuldigung ihrer Fehlleistungen vorbringen. Der Stuttgarter Rechtsanwalt Volker Grub, der sich als einer der führenden deutschen Konkursverwalter häufig mit den Resultaten solcher Fehlleistungen auseinandersetzen muß, sieht die Aufsichtsräte »häufig als Schlafwagenabteilung einer Aktiengesellschaft«. Aufsichtsräte, so Grubs Fazit aus der Praxis deutscher Unternehmenssanierungen, verstünden sich oft nicht als kritische Kontrolleure. Statt dessen fühlten sie »sich geehrt und geschmeichelt, vom Vorstand für das erlauchte Gremium auserkoren worden zu sein. Einmal berufen, vertrauen sie dem Vorstand und nicken Entscheidungen nur noch ab.«

Acht Jahre lang konnte der Vorstandsvorsitzende der Daimler-Benz AG, Edzard Reuter, bei Deutschlands Vorzeigeunternehmen schalten und walten, wie er wollte. Der selbsternannte Visionär wollte aus dem traditions- und erfolgreichen Automobilkonzern einen »integrierten Technologiekonzern« schmieden. Gigantische Beträge steckte Reuter in immer neue Akquisitionen, doch statt eines integrierten Technologiekonzerns schuf Reuter lediglich einen Gemischtwarenladen. Der angestrebte Erfolg des neuen Technologiekonzerns Daimler-Benz blieb aus. Statt dessen ging es bergab mit »dem Daimler«. Als Reuter 1995 den Vorstandsvorsitz an seinen Nachfolger Jürgen E. Schrempp übergab, hinterließ er ein trauriges Erbe. Jeder fünfte Angestellte, fast 80 000 Menschen, hatte in der Ära Reuter seinen Arbeitsplatz im Daimler-Benz-Konzern verloren. Mehr als 10 Milliarden DM hatte der Konzern in die umfangreiche Diversifikation investiert, doch der Kauf von AEG, MBB, Dornier und Fokker sowie die großangelegte Umstrukturierung brachten statt der von Reuter prognostizierten Synergieeffekte nur Verluste. Lediglich der traditionelle Automobilbau in der Mercedes Benz AG

erwirtschaftete schwarze Zahlen, mit denen der Konzern not-
dürftig die Verluste aus der defizitären DASA und dem AEG-
Engagement auszugleichen vermochte. Ungeniert griff Reuter
darüber hinaus in die gigantischen Rücklagen des Konzerns, um
die Bilanzen auszugleichen und den unzufriedenen Aktionären
Dividenden auszuschütten.

All dies hatte der Aufsichtsrat einmütig abgenickt. Alle »wichtigen Entscheidungen« seien unter seinem Vorsitz im Daimler-
Aufsichtsrat einstimmig gefällt worden, verkündete Kopper in
der Hauptversammlung der Daimler-Benz AG im Mai 1996. Zu
diesen Entscheidungen gehörte auch die Vertragsverlängerung
mit Reuter im Jahre 1992. Damals hatten die Börsianer längst
ihr Urteil über den Manager Reuter gefällt. Der Kurs der
Daimler-Benz-Aktie war seit der Amtsübernahme Reuters von
gut 1100 DM auf unter 700 DM abgerutscht. Doch Reuter
konnte sich des uneingeschränkten Vertrauens der Aufsichtsräte
erfreuen. Im Mai 1995 ließen sie ihn gar in den Aufsichtsrat des
Konzerns wählen. »Herr Reuter ist ausgesprochen eine positive
Bereicherung«, entgegnete Kopper auf die zweifelnde Frage eines
Aktionärs, was von der Berufung Reuters in den Aufsichtsrat zu
erwarten sei.

Neun Monate später war es vorbei mit dieser Bereicherung des
Daimler-Aufsichtsrats. Am 13. Februar 1996 schied Edzard
Reuter aus dem Gremium aus. Zu groß war der Druck auf die
Daimler-Führungsspitze geworden, nachdem der Konzern im
abgelaufenen Geschäftsjahr 1995 statt des von Reuter bei seinem
Ausstieg angekündigten Gewinns von einer Milliarde DM einen
Verlust von 5,7 Milliarden DM erwirtschaftet hatte. Aber der
Ausstieg beim Daimler bedeutete für den Ex-Manager keines-
wegs das Ende seiner Mitgliedschaft im illustren Herrenclub der
Deutschland AG. Ein paar Stunden nach seinem Ausstieg aus
dem Aufsichtsrat saß Reuter im Kanzleramt neben dem Bundes-
kanzler, um seine neue Funktion als Sprecher des Initiativkreises
Wirtschaft und Sport bekanntzugeben. Auch andere Freunde

haben Reuter nicht vergessen. So sitzt der Pensionär unverändert in den Aufsichtsräten namhafter Unternehmen. Bei der Allianz und der Berliner Bank, hier sogar als Aufsichtsratsvorsitzender, wacht der Mann, der nach Einschätzung seiner Kritiker die »größte Kapitalvernichtung aller Zeiten« zu verantworten hat, über die Vorstandstätigkeit bei zwei renommierten Finanzunternehmen. Und in der Daimler-Benz-Zentrale in Stuttgart-Möhringen hat der Ex-Manager immer noch ein kleines Büro, und »natürlich«, so Aufsichtsratschef Hilmar Kopper, bezieht Reuter auch ein angemessenes Ruhegeld von Daimler. Nach Presseberichten soll es bei rund 64 000 DM liegen – pro Monat, versteht sich.

In den Aufsichtsratssitzungen der Allianz trifft Reuter auf einen alten Bekannten, der sich ebenso wie der ehemalige Daimler-Chef jahrelang der »Kultur der Nichteinmischung« deutscher Aufsichtsräte erfreuen konnte.

Am 8. Juli 1994 sollte in Düsseldorf eine Karriere in der Deutschland AG gekrönt werden. Werner H. Dieter sollte nach neun erfolgreichen Jahren an der Spitze der Mannesmann AG in den Aufsichtsrat wechseln, dessen Vorsitz er anschließend als Nachfolger des Deutsch-Bankiers Friedrich Wilhelm Christians übernehmen sollte. Eine große Ehre für Dieter, denn der Aufsichtsratsvorsitz der Mannesmann AG ist seit fast hundert Jahren – abgesehen von einem kurzen Intermezzo zwischen 1957 und 1966 – ein traditioneller Erbhof der Deutschen Bank. Doch es kam anders.

Der gelernte Maschinenbau-Ingenieur Werner H. Dieter begann seine berufliche Laufbahn bei Bosch. 1960 wechselte Dieter zum Hydraulikhersteller Rexroth, der unter seiner Leitung zum führenden Hydraulikunternehmen der Welt aufstieg. Acht Jahre später stieg Mannesmann bei Rexroth ein. 1985 wurde Dieter von der Mannesmann-Tochter Rexroth überraschend zum Vorstandsvorsitzenden des kriselnden Mannesmann-Konzerns berufen, den er mit »beinharter Strategie« (*Handelsblatt*) binnen weniger Jahre wieder auf Vordermann brachte. 1990 kürte *Capital* den inzwischen von der Ruhr-Universität Bochum mit einem Ehrendoktorhut versehenen Dieter zur »neuen Leitfigur an Rhein und Ruhr«. Vier Jahre später begann der Abstieg. Seit Februar 1994 kursierten Gerüchte, daß Dieter seine Arbeit bei Mannesmann in erquicklicher Form mit privaten Geschäften verbunden haben soll. Im Juni 1994 veröffentlichte der *Spiegel*, offensichtlich mit Insider-Informationen aus der Mannesmann-Zentrale versorgt, einen detaillierten Bericht über erstaunliche Geschäfte des Werner H. Dieter.

Denn nebenbei hatte sich der dynamische Manager Dieter sein privates Reich geschaffen: die 1963 gemeinsam mit den ehemaligen Rexroth-Familieneignern gegründete Hydac-Gruppe. Der *Spiegel* warf Dieter vor, seinen Einfluß auf die Einkaufspolitik von Rexroth genutzt zu haben, um die Hydac zum Hauptlieferanten für Rexroth zu machen. Und dies, obwohl die Hydac angeblich zu Preisen geliefert haben soll, die deutlich über denen der Konkurrenz lagen.

Der Mannesmann-Aufsichtsrat, in dem neben Christians auch Hilmar Kopper und Ruhrgas-Chef Klaus Liesen sowie Klaus Zwickel, Ulf Fink und Friedhelm Farthmann als Arbeitnehmervertreter saßen, beschloß, die gegen Dieter erhobenen Vorwürfe durch die KPMG Deutsche Treuhand-Gesellschaft prüfen zu lassen. Dieter selbst sprach von einer gezielten Kampagne gegen seine Person, wollte aber zu den Vorwürfen zunächst nicht detailliert Stellung nehmen. Später äußerte er sich doch: »Was wir getan haben, geschah zum Wohle beider Unternehmen.« Andere sahen dies offenbar anders. Ein Arbeitnehmervertreter bei Rexroth beklagte gegenüber dem *Spiegel* bitter: »Im letzten Jahr sind bei Rexroth ungefähr 1000 Arbeitsplätze abgebaut worden.« Die Vorstellung sei für ihn unerträglich, daß zur gleichen Zeit »durch überhöhte Preise Millionen an die Hydac geflossen« sein könnten.

In einer außerordentlichen Aufsichtsratssitzung am 6. Juli 1994 – zwei Tage vor der Hauptversammlung – beriet der Aufsichtsrat über den »Fall Dieter«. Neue belastende Hinweise waren hinzugekommen. Auch das vom Aufsichtsrat in Auftrag gegebene Wirtschaftsprüfer-Gutachten hatte die Vorwürfe eher bestätigt als entkräftet. Ein zweites Gutachten, nun von der C & L Deutsche Revision, sollte endgültige Klarheit verschaffen. Inzwischen ermittelte auch die Staatsanwaltschaft Düsseldorf wegen des Verdachts der Untreue gegen Dieter. Dennoch hielten die Kontrolleure zu ihrem Manager. Nach dem Willen des Aufsichtsrats sollte Dieter wie geplant in das Kontrollgremium des Unternehmens wechseln. Aktionärssprecherin Anneliese Hieke von der Schutzgemeinschaft der Kleinaktionäre schimpfte in der Hauptversammlung, der »Fall Dieter« sei längst zur »Affäre Mannesmann« geworden und fragte: »Warum tritt denn hier immer noch keiner zurück?« Christians stellte sich vor Dieter und beklagte, hier würden doch nur alte Rechnungen beglichen. Und resigniert ergänzte er: »In diesem Land ist nichts mehr vertraulich.«

Eine besonders pikante Regelung hatten sich die Mannesmann-Führungsmänner in der heiklen Frage der Entlastung Dieters für das Geschäftsjahr 1993 einfallen lassen. Da eine Entlastung wegen der laufenden Ermittlungen schlecht möglich war, Dieter aber ohne Entlastung schwerlich in den Aufsichtsrat des Unternehmens einziehen konnte, wurde der Manager von der Hauptversammlung »teilentlastet«. Und wie geplant wurde Dieter mit mehr als 99 Prozent der Stimmen zum Mitglied des Aufsichtsrats der Mannesmann AG gewählt. Die anvisierte Wahl Dieters zum Vorsitzenden dieses Gremiums wurde jedoch erst einmal verschoben. Im Dezember 1994 hob die Elfte Kammer des Landgerichts Düsseldorf die Teilentlastung von Dieter als nichtig auf und gab damit einer Anfechtungsklage der Schutzgemeinschaft der Kleinaktionäre statt. Eine derartige Teilentlastung sei »aktienrechtlich unzulässig«. Über die Entlastung Dieters für das

Geschäftsjahr 1993 müsse nun neu befunden werden. Die Begründung der Gerichtsentscheidung war nach Einschätzung der *Rheinischen Post* »so einleuchtend, daß man sich nur erneut darüber wundern kann, warum der Mannesmann-Aufsichtsrat überhaupt der Versuchung nachgab, Dieter eine derart fragwürdige Fahrkarte in dieses Gremium auszustellen«. Das Urteil bestätige »voll und ganz die Blamage, die sich die Banken bei Mannesmann als Ratgeber und Aufsichtsratsmitglieder geleistet haben«. Inzwischen wurde das Urteil vom Oberlandesgericht Düsseldorf in Zweiter Instanz bestätigt.

Am 24. Februar 1995 erklärte Dieter in der Aufsichtsratssitzung, daß er sein Aufsichtsratsmandat bei Mannesmann mit sofortiger Wirkung niederlege. In seiner offiziellen Begründung verwies er auf die lange Dauer der Untersuchung der erhobenen Vorwürfe gegen ihn. Aufsichtsratchef Christians soll Dieter den Rücktritt nahegelegt haben, nachdem auch das Gutachten der C & L Treuhand die Vorwürfe nicht entkräftet hatte. Die C & L hatte festgestellt, so berichtete die *Süddeutsche Zeitung*, daß es bei der Auftragserteilung von Rexroth an die Hydac-Gruppe nur in eingeschränktem Maße zu »streng wettbewerbsorientierten Preisvereinbarungen« kam. Vielleicht lag dies an der Ämterhäufung von Werner H. Dieter. Der Mannesmann-Chef war zugleich auch Aufsichtsratsvorsitzender der Mannesmann-Tochter Rexroth und Beiratsvorsitzender seiner Hydac-Gruppe.

Am 2. September 1996 kam es zu der in diesen Kreisen üblichen außergerichtlichen Einigung. Die Staatsanwaltschaft Düsseldorf stellte das Ermittlungsverfahren gegen Werner H. Dieter ein, nachdem dieser sich zur Zahlung von einer Million DM bereit erklärt hatte. Nach Berichten der *FAZ* ging die Staatsanwaltschaft nach ihren Ermittlungen davon aus, daß der ehemalige Mannesmann-Chef »die Straftat der Untreue begangen habe, die Schwere der Tat aber nicht groß sei«. Angesichts des »begrenzten Schadens« und der Tatsache, daß Dieters ehemaliger Arbeitgeber, die Mannesmann AG, keine Schadenersatzforderungen gegen Dieter geltend gemacht hatte, schlug die Staatsanwaltschaft Dieter die »Einstellung des Verfahrens nach Erfüllung von Auflagen« vor. Dieter willigte ein. Die Geldzahlung sei jedoch »kein Eingeständnis von Schuld«, erklärte Dieter am 3. September 1996 in einem *FAZ*-Interview. Unverändert sitzt Dieter im Aufsichtsrat der Allianz und leitet den Beirat der Deutschen Bank. In der diesjährigen Hauptversammlung der Deutschen Bank war er ein gerngesehener Ehrengast. Dort verfolgt er das Geschehen aus der ersten Reihe – fast so wie früher.

Friedrich Wilhelm Christians schied am 30. Juni 1995 aus dem Aufsichtsrat der Mannesmann AG aus. Zu seinem Nachfolger als Aufsichtsratsvorsitzenden wählten die Aufsichtsräte Hilmar Kopper. So blieb der Posten doch im Hause der Deutschen Bank. Der Dieter-Nachfolger an der Spitze des Mannesmann-Konzerns, Joachim Funk, würdigte den nach 18 Jahren aus dem Amt ausscheidenden Christians: »Durch Ihre noble Haltung ... gewährten Sie dem Vorstand einen unternehmerischen Freiraum, der beispielhaft ist.« Wie der Vorsitzende des derart (un-)kontrollierten Vorstands diesen Freiraum genutzt hatte, ist inzwischen bekannt. In der Hauptversammlung der Metallgesellschaft (MG) am 4. April 1996 wurde Joachim Funk in den Aufsichtsrat der MG gewählt. Mit seiner Vorstellung von »beispielhafter Aufsichtsratsarbeit« paßt Funk gut in das Kontrollgremium der MG.
Dort ist Joachim Funk, der ausgewiesene Befürworter eines »großen unternehmerischen Freiraums« für Manager gegenüber ihrem Aufsichtsrat, einer von denen, die über die Sanierung des Unternehmens wachen sollen, das in der Ära Schimmelbusch aufgrund von Managementfehlern und eines ganz besonders zurückhaltend agierenden Aufsichtsrats in eine existenzbedrohende Krise geraten war. Funk trat damit die Nachfolge des Hoechst-Chefs Jürgen Dormann an, der, obwohl erst nach dem Desaster des Jahres 1993 in den Aufsichtsrat berufen, sein Amt

zur MG-Hauptversammlung am 4. April 1996 wieder zur Verfügung stellte. Als offizielle Begründung für diese Demission nannte MG-Aufsichtsratsvorsitzender Ronaldo Schmitz die »vielfältigen Verpflichtungen als Vorstandsvorsitzender der Hoechst AG«. »Sehr vernünftig«, kommentierte ein Aktionär den Rückzug Dormanns: »Sollten sich andere ein Beispiel nehmen.« Trotz dieses Zuspruchs bedauerten einige Aktionäre den Rückzug Dormanns. Schließlich sei Dormann der einzige Aufsichtsrat, der nicht in die Vorgänge des Jahre 1993 verwickelt gewesen sei. Und Funks Start in die neue Aufgabe bei der MG war nicht dazu geeignet, die Aktionäre von sich einzunehmen. Joachim Funk nahm an der Hauptversammlung erst gar nicht teil.

Alles für die Bank

Die Banker und die Freunde aus dem Kartell sind die öffentliche Diskussion über das Thema Aufsichtsräte verständlicherweise ziemlich leid. Am liebsten würden sie sich von den Mandaten zurückziehen, erklären ihre Repräsentanten unentwegt. Aufsichtsratsmandate machten lediglich Arbeit, und den unterstellten Einfluß auf die Unternehmenspolitik habe man ohnehin nicht. »Ich habe das Kunststück noch nicht gelernt, wie man in Aufsichtsräten, in denen wir eine von 20 Stimmen haben, anders Einfluß nehmen kann als durch guten Rat und durch überzeugende Argumente«, erklärte Allianz-Vorstand Diethart Breipohl treuherzig. Und dennoch kleben die Herren an ihren Mandaten. Und immer dann, wenn sie ein Mandat abgeben, rücken in der Regel Herren aus befreundeten Unternehmen oder Männer aus der zweiten Reihe, Justitiare oder Direktoren, nach.
In seinem *Euromoney*-Interview hat Kopper dokumentiert, worauf es ihm bei seinen Aufsichtsratsmandaten besonders ankommt: »Dem Finanzchef von Daimler steht es frei, mit der

Bank zusammenzuarbeiten, die ihm die besten Konditionen einräumt – mit Ausnahme von aufsehenerregenden Geschäften wie Bezugsrechtsemissionen.« Bei derart »aufsehenerregenden« und lukrativen Geschäften muß Daimler-Benz also auch dann mit einer bestimmten Bank zusammenarbeiten, wenn diese nicht die günstigsten Konditionen anbietet. Welche Bank dies sein dürfte, liegt auf der Hand. Was Kopper hier beiläufig einräumt, bestätigt die alte Hypothese, daß Banker ihre Aufsichtsratsmandate dazu nutzen, um mit den jeweiligen Unternehmen Geschäftsbeziehungen zu pflegen oder deren Fortsetzung zu sichern – alles für die Bank.

Die Mitglieder der Community spielen ihre Bedeutung gerne herunter. »Es ist nicht unser dringender Wunsch, Aufsichtsratsmandate zu übernehmen, wir werden dazu verpflichtet«, erläutert Multi-Aufsichtsrat Hilmar Kopper arglos. Gerufen würden sie, die Banker, fragt sich nur von wem? Die Kleinaktionäre der Gesellschaften können es wohl kaum sein. Ihre Rufe klingen anders: Donnerstag, 24. Februar 1994 im Frankfurter Zoo-Gesellschaftshaus. Außerordentliche Hauptversammlung der Metallgesellschaft. Am Rednerpult steht ein älterer Herr, Vertreter einer Aktionärsvereinigung. »Was muß denn noch passieren, bis hierzulande Aufsichtsräte ihre Konsequenzen ziehen und zurücktreten?« fragt er resigniert und fordert den Aufsichtsrat auf, geschlossen zurückzutreten. Donnernder Applaus folgt auf die Ausführungen des Aktionärs. »Gauner« ruft ein anderer Aktionär in die Runde und erntet rege Zustimmung. Doch die Rufe der Aktionäre verhallen ungehört. Der Aufsichtsrat der Metallgesellschaft ist auch heute noch in Amt und Würden. Ebenso wie alle anderen Aufsichtsräte, die in den letzten Jahren durch Fehlleistungen von sich reden machten. Ein Rücktritt ziemt sich nicht im Herrenclub der Deutschland AG.

Eingebunden in die Deutschland AG sind auch ein paar Gewerkschafter. Denn in Deutschlands Aufsichtsräten spielen die Arbeitnehmervertreter zumindest auf dem Papier eine wichtige Rolle. Als Folge der Mitbestimmungsgesetze der sozialliberalen Koalition entsenden die Arbeitnehmerinnen und Arbeitnehmer in den größeren deutschen Unternehmen eigene Vertreter in die Aufsichtsräte. Dort haben die Arbeitnehmervertreter seitdem Sitz und Stimme, aber dennoch oftmals nichts zu sagen. Selbst dann nicht, wenn sie formal dazu das Recht haben oder gar dazu verpflichtet wären. Hagen Findeisen ist Vorsitzender des Gesamtbetriebsrats der Deutschen Bank, für die Arbeitnehmer sitzt er zudem im Aufsichtsrat der Bank und ist dort Stellvertretender Vorsitzender. Die Hauptversammlung der Deutschen Bank am 28. Mai 1996 verfolgt der Gewerkschafter jedoch als Zuschauer; reden dürfen hier nur der Aufsichtsratsvorsitzende Christians, Vorstandssprecher Kopper und die fragenden Aktionäre. Nach zehnstündiger Sitzung mußte sich Versammlungsleiter Friedrich Wilhelm Christians, inzwischen immerhin 73 Jahre alt, für ein paar Minuten hinter die Bühne zurückziehen. Eine Pause entstand. Während eigentlich die stellvertretenden Aufsichtsratsvorsitzenden die Sitzungsleitung für unpäßliche Versammlungsleiter übernehmen müßten, wandte sich bei der Deutschen Bank nach einigen wortlosen Minuten Vorstandssprecher Hilmar Kopper an die unruhig werdenden Aktionäre. Die Versammlung werde für einige Minuten unterbrochen, verkündete der Manager, der hier eigentlich nichts zu reden gehabt hätte. Der verhinderte Interims-Sitzungsleiter Hagen Findeisen hörte sich die eigenmächtige Wortmeldung ungerührt an. Er weiß, wer im Hause Deutsche Bank das Sagen hat.

Die Arbeit der Aufsichtsräte habe sich durch die Einführung der Mitbestimmung verschlechtert, verkünden Vertreter der Deutschland AG allenthalben. In seinem offenherzigen *Euro-*

money-Interview erklärte Hilmar Kopper: »Wichtige richtung-weisende Maßnahmen sind mit dem Aufsichtsrat zu besprechen. Das geschieht jedoch immer weniger, da in Deutschland die Hälfte der Aufsichtsratsmitglieder Angestellte oder Gewerk-schafter sind. Seit Einführung der Mitbestimmung sind die Aufsichtsräte lange nicht mehr so kompetent ... Es ist alles zu weit gegangen. Wir haben die Mitbestimmung jetzt seit 20 Jah-ren, und es ist zu spät, eine Änderung herbeizuführen.« Als Folge dieser verbreiteten Einschätzung werden in den Aufsichtsräten viele wichtige Fragen heute zwischen dem Aufsichtsratsvorsit-zenden und dem Vorstand informell entschieden. Das hindert die Herren der Deutschland AG nicht daran, Fehlentscheidun-gen und unangenehme Entwicklungen auch auf die Arbeitneh-mervertreter abzuwälzen. So werden die Arbeitnehmervertreter in den Aufsichtsräten zwar zu Mitwissern gemacht, aber noch lange nicht zum mitbestimmenden Faktor.

Geschickt haben die Herren des Kartells darüber hinaus Ge-werkschaftsvertretern ein Zugehörigkeitsgefühl vermittelt. Franz Steinkühler zum Beispiel, der Metaller in Nadelstreifen, paßte gut in den Herrenclub der Banker und ihrer Konzernchefs. Der ehemalige IG-Metall-Chef saß als Arbeitnehmervertreter in ei-ner Fülle von Aufsichtsräten; unter anderem als stellvertretender Vorsitzender bei Volkswagen und Thyssen sowie als einfaches Mitglied im Kontrollgremium von Daimler-Benz. Die dort gewonnenen Einblicke sollten Steinkühler im Mai 1993 zum Verhängnis werden. Der *Stern* berichtete, Steinkühler habe seine Kenntnisse aus dem Daimler-Aufsichtsrat für Insidergeschäfte an der Börse genutzt. Steinkühler geriet daraufhin massiv un-ter Druck, auch von seiten seiner Gewerkschaftskollegen. Am 25. Mai 1993 trat Steinkühler vom Amt des IG-Metall-Vorsit-zenden zurück. Als Entschädigung für die angeblichen Spekula-tionsgewinne zahlte er einen Betrag von 67 000 DM an die Streikkasse der Metallarbeiter. Nach Schätzung von Wissen-schaftlern war Steinkühler bei weitem nicht der einzige, der bei der Daimler-Benz AG durch Insidergeschäfte Spekulationsgewinne erzielt hatte. Eine Indiskretion seiner Depotbank dürfte Steinkühler zu Fall gebracht haben. Sonst halten sich die Kreditinstitute an das Bankgeheimnis.

Wolfgang Schultze, der ehemalige stellvertretende Vorsitzende der IG Chemie Papier Keramik, ist ein anderer jener Gewerkschafter, die dazu gehören. Schultze, seit 1980 Vorstandsmitglied der IG Chemie, ist in vielen Aufsichtsräten deutscher Unternehmen als Arbeitnehmervertreter aktiv. So sitzt er beispielsweise in den Kontrollgremien der Continental AG, der Metallgesellschaft AG, der Leuna-Werke GmbH und der Expo 2000 Hannover GmbH. Daß die Arbeitnehmer von der Aufsichtsratsarbeit von Wolfgang Schultze nicht immer begeistert waren, erfuhr der Gewerkschafter nach dem Beinahe-Zusammenbruch der Metallgesellschaft. In einer nichtöffentlichen Betriebsversammlung mußte das Aufsichtsratsmitglied Schultze verbale Prügel einstecken. Hunderte Mitarbeiter der Metallgesellschaft (MG) bedachten den Auftritt ihres Aufsichtsrates mit gellenden Pfiffen. Die stereotypen Schuldzuweisungen an den inzwischen ausgewechselten MG-Vorstand reichten den Versammelten nicht. Wozu gäbe es schließlich einen Aufsichtsrat, schimpften einige. Und schließlich seien »die Herren ja noch im Amt«, erzürnten sich die Arbeitnehmer, während sie selbst nicht wüßten, ob sie als Folge des Desasters ihren Arbeitsplatz verlieren würden. »Wieso sollen wir ausbaden, was andere zu verantworten haben?« fragte ein junger Ingenieur unter dem Beifall der Anwesenden. Schultze sitzt noch heute im Aufsichtsrat der MG, während einige tausend MG-Beschäftigte nach der Sanierung auf der Straße stehen. Bei der Bewertung des Falles Metallgesellschaft hält sich Schultze verständlicherweise bedeckt: »Wer hier immer welche Fehler begangen hat, sei dahingestellt.«

So kann es nicht verwundern, daß das SPD-Mitglied Schultze den Initiativen der SPD-Bundestagsfraktion zur »Beschränkung der Macht der Banken« nicht viel abgewinnen kann. Die »Idee«, den Banken ihre Beteiligungen an Industrieunternehmen »strittig zu machen«, kann Schultze »nur als Unkenntnis der wirklichen Machtverhältnisse in der Wirtschaft bewerten«. Denn seiner Auffassung nach hätten die Banken »beim Erhalt von Arbeitsplätzen mehr getan als internationale Spekulanten, die nur die ›schnelle Mark‹ verdienen wollen und sich dann zurückziehen«. Ohne »die Mitbestimmung der Banken im Beteiligungsbesitz« hätten in der Vergangenheit verschiedene »schwerwiegende Spekulationen Erfolg gehabt«. So rät der Gewerkschafter der SPD-Fraktion, sich mit »weiteren Sachverständigen aus der Banken-, Versicherungs- und Industriewelt« über ihre Absichten zu unterhalten, bevor aus »lauter Populismus Strukturen aufgebaut werden, über die sich die wirklichen Kapitalisten nur freuen dürften«. Heute ist Wolfgang Schultze Arbeitsdirektor bei der VEBA-Tochter Preussag.

Andere Gewerkschafter widersetzen sich der Umgarnungsstrategie, so der bayerische IG-Metall-Chef Werner Neugebauer. Aus Protest gegen den aufgrund der Unternehmenspolitik der Siemens AG zu erwartenden Arbeitsplatzabbau kündigte der Gewerkschafter an, sein AR-Mandat zum 30. September 1996 niederzulegen. Der Aufsichtsrat, so sein deprimierendes Urteil, werde vom Vorstand ohnehin nur »nach Lust und Laune informiert« und in der Wahrnehmung seiner Kontrollpflichten »ständig ausgebremst«. Angesicht dieser Umstände sehe er sich nicht in der Lage, sein »Mandat der Kontrolle« auszuüben.

Verläßliche Verbündete der Deutschland AG sind eine ganze Reihe von Wissenschaftlern, Rechtsanwälten und Notaren. 1991 hatte sich Allianz-Patriarch Wolfgang Schieren in der Hauptversammlung seines Konzerns besorgt über den Zustand deutscher Hochschulen geäußert. Nach einem Beitrag des Würzburger Professors Wenger schimpfte er: »Ich bin froh, daß meine Kinder nicht mehr studieren müssen.« Angesichts solcher Professoren hätte er befürchtet, daß sein Nachwuchs an Deutschlands Hochschulen in einer Weise »erzogen werde«, die »mir nicht passen würde«. Dabei war die Sorge des um die Qualität der Hochschulausbildung besorgten Allianz-Bosses unnötig. Schließlich tummeln sich an Deutschlands Universitäten genügend Hochschullehrer, die sich in besonderem Maße um die Verkündung der reinen Lehre der Deutschland AG verdient gemacht haben und dabei auch nicht schlecht verdient haben dürften. Denn im Umfeld der Großbanken und der großen deutschen Unternehmen müssen viele Gutachten geschrieben, eine Fülle von Prozessen ausgefochten und viele beratende Tätigkeiten ausgeübt werden. Einige hundert Rechtsanwälte, Notare und Wissenschaftler verdienen sich auf diese Weise ein lukratives Zubrot und feilen dabei erfolgreich an ihrer Karriere. Denn bei der Berufung in wichtige Kuratorien oder Lehrstühle spielt Protektion im heutigen Deutschland eine wichtige Rolle.

Einer dieser Herren ist der Frankfurter Rechtsanwalt und Notar Martin Peltzer. Der promovierte Jurist gilt nach Einschätzung der *FAZ* als »Bankenanwalt«. Die Banken seien, so die *FAZ* weiter, »sein Schicksal«. Peltzer gehöre zu dem »Dutzend von Wirtschaftsanwälten in Deutschland, auf die man immer stößt, wenn ein großer Fall die Gemüter bewegt«. Der 1931 geborene Peltzer erlernte zunächst bei der Deutschen Bank das Bankgeschäft, bevor er sich dem Studium der Jurisprudenz verschrieb. Nach dem Studium kehrte Peltzer zu seiner Bank zurück, für Hermann Josef Abs leitete er mehrere Jahre dessen Aufsichtsratsbüro. Nach fünf Jahren Zuarbeit für den Bankmanager stieg Peltzer aus dem Bankhaus aus und in den Vorstand von Zellstoff Waldhof in Mannheim auf. Deren spätere Fusion mit den Aschaffenburger Zellstoffwerken bedeutete für Peltzer das Ende seiner Karriere in der deutschen Industrie. Nach einer Weltreise ließ sich Peltzer als Rechtsanwalt in Frankfurt nieder; laut *FAZ* von »vornherein mit dem Ziel, ein Anwalt der Unternehmen zu werden. Mit Erfolg.«

Eines der Unternehmen, dessen Interessen der Rechtsanwalt Peltzer offensichtlich mit besonderem Engagement vertritt, ist sein alter Arbeitgeber, die Deutsche Bank. Und dies tut der Anwalt nicht nur in seinem angestammten Berufsfeld, sondern auch in Wissenschaft und Publizistik. In einem wissenschaftlichen Streitgespräch im Herbst 1995 an der Bonner Universität mit dem Osnabrücker Kapitalmarktexperten Theodor Baums focht Peltzer für die Position der Großbanken ebenso eloquent und pointiert wie in entsprechenden Artikeln und Kolumnen. In der *FAZ* verteidigte Peltzer im September 1994 mit scharfer Feder die Aufsichtsräte der Metallgesellschaft. Der Aufsichtsrat dürfe keine »Schnüffelpolizei und keine Nebenregierung sein«, lautet sein Credo. Bei der MG habe der Aufsichtsrat in der Krise »mit beispielhafter Effizienz und Energie zugepackt. Mit großer Wahrscheinlichkeit wäre die Gesellschaft ohne den Aufsichtsrat in Konkurs gegangen.« Angesichts dieser Interpretation ist Peltzers abschließende Wertung nur konsequent: »Ist es eigentlich angesichts dessen gerechtfertigt, von einem Versagen der ›Institution Aufsichtsrat‹ zu sprechen? Bei den vielen Vor- und Nachteilen des Standortes Deutschland ist die perfekt und bis ins letzte ausgefeilte Organisationsform Aktiengesellschaft – inklusive ihres Aufsichtsrates – sicherlich ein Plus.« Sicher, für die Community allemal.

Die Herren bitten zum Testat

Immer dabei, wenn ein Unternehmen negative Schlagzeilen macht, ist auch ein einst angesehener Berufsstand in Deutschland: die Wirtschaftsprüfer. Einer von ihnen, der Frankfurter Rolf Muscat, muß sich seit dem April 1996 im Balsam-Prozeß verantworten. Dem Wirtschaftsprüfer wird vorgeworfen, mit seinen uneingeschränkten Bestätigungsvermerken für die manipulierten Bilanzen die Luftbuchungen bewußt werthaltig gemacht zu haben. Die betroffenen Banken haben Muscat und seine Wirtschaftsprüfungsgesellschaft Price Waterhouse auf 250

Millionen DM Schadenersatz verklagt, die mit Abstand größte Klage, die in Deutschland gegen eine Wirtschaftsprüfungsgesellschaft bislang erhoben wurde.

Daß selbst in Betrugs- oder Konkursfällen die Unternehmen bis zuletzt uneingeschränkte Testate erhielten, ist nicht die Ausnahme, sondern die Regel. Beim Bremer Vulkan war es die Coopers & Lybrand (C & L) Deutsche Revision, die von den Bilanztricks der Vulkan-Manager nichts mitbekommen hatte. Bei den frisierten Bilanzen der KHD-Tochter Humboldt-Wedag war es ebenfalls die C & L Deutsche Revision, die sich von den Kölner Bilanzjoungleuren düpieren ließ. Aber der Eindruck, daß hier ein bestimmtes Wirtschaftsprüfungsunternehmen besonders leicht zu übertölpeln ist, täuscht. Die anderen sind auch nicht besser. Marktführer Klynveld Peat Marwick Goerdeler (KPMG) Deutsche Treuhand, von Spöttern längst in »Keiner Prüft Mehr Genau« umbenannt, hat dies bei Deckel Maho, der Metallgesellschaft und Daimler-Benz hinlänglich bewiesen. Und bei der nach KPMG und C & L drittgrößten deutschen Wirtschaftsprüfungsgesellschaft, der Schitag Ernst & Young hat das Landgericht Stuttgart die von der Schitag bei der Südmilch AG testierten Jahresabschlüsse 1991 und 1992 für nichtig erklärt. Hintergrund waren erhebliche Fehlbuchungen in der Bilanz. Besonders interessant am Fall Südmilch: Die Schitag beriet das Stuttgarter Milch- und Joghurtunternehmen auch in Steuerfragen.

Denn Deutschlands Wirtschaftsprüfer fungieren nicht nur als Abschlußprüfer. Darüber hinaus stehen sie gerne für lukrative Gutachten und sonstige Beratungen zur Verfügung. Und gerade bei derartigen Gutachten haben die Prüfer ihren Auftraggebern oftmals die gewünschten Ergebnisse geliefert. So verwies MG-Chef Neukirchen stolz auf ein Gutachten der Wollert-Elmendorff Deutsche Industrie-Treuhand über die Vorgänge beim Beinahe-Zusammenbruch der Metallgesellschaft. In dem Gutachten war die Position der neuen MG-Führung um Neukirchen voll und ganz unterstützt worden. Aktionärsvertreter Horst Steinharter, sonst eher ein Mann moderater Töne, schimpfte in der Hauptversammlung 1994 über das damals gerade vorgelegte Gutachten: »Meine Herren Wirtschaftsprüfer, was Sie sich da erlaubt haben, halte ich, gelinde gesagt, für eine Unverschämtheit.« Steinharter monierte »viele schwammige Formulierungen, auslegungsfähige Verlautbarungen und zum Teil widersprüchliche Angaben«.

Nicht minder zweifelhaft sind oftmals die Bewertungsgutachten von Wirtschaftsprüfern über die Abfindung von Minderheitsaktionären bei Unternehmenskäufen bzw. -verkäufen. So hatte beispielsweise die KPMG den Wert der Central Krankenversicherung AG festzustellen. Hintergrund des Gutachtens war die Absicht der Aachen Münchener Beteiligungsgesellschaft (AMB), der Volksfürsorge AG, einem von der AMB mehrheitlich beherrschten Unternehmen, eine Beteiligung an der Central Krankenversicherung AG zu verkaufen. Neben dem Mehrheitseigentümer AMB waren an der Volksfürsorge noch eine Reihe von Minderheitsaktionären beteiligt. Entsprechend hatte die AMB ein Interesse daran, auf Kosten der Minderheitsaktionäre der Volksfürsorge einen möglichst hohen Preis zu erzielen. Vor diesem Hintergrund hatte die mit dem Bewertungsgutachten beauftragte KPMG die prognostizierten Überschüsse der Central Krankenversicherung AG mit einem ungewöhnlich niedrigen Kalkulationszinsfuß von 2,9 Prozent diskontiert. Ein erstaunlich niedriger Zinssatz im Vergleich zu den ansonsten üblichen Sätzen, mit denen in Abfindungsfällen die Unternehmenswerte berechnet werden. Besonders dubios war, daß die KPMG zum selben Zeitpunkt in einem anderen Bewertungsgutachten für ein vergleichbares Unternehmen, die Nordstern-Allgemeine Versicherungs-AG, einen Kalkulationszinsfuß von 8,25 Prozent angesetzt hatte. Bei diesem Gutachten ging es um die Ermittlung einer – möglichst niedrigen – Abfindung, mit der Minderheitsaktionäre entschädigt werden sollten. Alleine durch die Verwendung der unterschiedlichen Zinssätze ließ sich der Unternehmenswert um den Faktor drei manipulieren.

Im April 1995 erläuterte die KPMG Deutsche Treuhand in einer Stellungnahme im Spruchstellenverfahren vor dem Landgericht Köln zur Überprüfung der Abfindung der Minderheitsaktionäre der Nordstern Allgemeine Versicherungs-AG die Hintergründe dieser erstaunlichen Flexibilität in der Bewertungspraxis. Die Wirtschaftsprüfer erklärten, daß jede Unternehmensbewertung »in einer bestimmten Funktion, also zu einem bestimmten Zweck« stattfinde. Folglich könnten »unterschiedliche Bewertungszwecke zu unterschiedlichen Werten ein und desselben Unternehmens« führen. Angesichts eines solchen Bekenntnisses zum Wesen von Auftragsgutachten erstaunt es nicht, daß außenstehende Aktionäre bei der Ermittlung von Abfindungen üblicherweise mit erschreckend niedrigen Beträgen abgespeist werden. Denn, so Wernhard Möschel, »mit Gutachten ist es wie mit der Liebe: Wenn man dafür bezahlt wird, verändert sich die Sicht.«

Nach den spektakulären Unternehmenszusammenbrüchen in der Weimarer Republik hatte der Gesetzgeber die Verpflichtung zur unabhängigen Prüfung der Jahresabschlüsse verbindlich vorgeschrieben, um Gläubiger, Aktionäre und Arbeitnehmer von Unternehmen besser vor Pleiten zu schützen. In der alltäglichen Praxis deutscher Abschlußprüfungen scheint dieser Ansatz inzwischen stark gelitten zu haben. Eine wichtige Ursache für die offenbar abnehmende Qualität der Prüfungen dürfte in der zu großen Nähe einzelner Wirtschaftsprüfungsgesellschaften zu ihren Kunden liegen. Viele Gesellschaften prüfen bestimmte Unternehmen bereits seit Jahrzehnten. Auch hier kennt man sich und ist nett zueinander. Zudem fehlt der rechte Druck auf eine gewissenhafte Ausübung der Prüfungsmandate. Die Haftung ist nach deutschem Recht bei gesetzlichen Abschlußprüfungen auf den lächerlichen Betrag von maximal 500 000 DM begrenzt. Dies ist selbst den Wirtschaftsprüfern inzwischen zu niedrig. Ein Partner der Wollert-Elmendorff Deutsche Industrie-Treuhand bezeichnete die Regelung offen als »Witz«.

V

Enteignete Eigentümer

Kleine Würstchen

Hauptversammlungssaison in Deutschland. Aktionäre rüsten zur Tournee. Viele sind es nicht, die sich Jahr für Jahr auf die beschwerliche Reise von Hauptversammlung zu Hauptversammlung machen. Für sie gibt es kostenlose Würstchen und eine perfekte Inszenierung, bei der nichts dem Zufall überlassen wird. Zum Wohle der Aktionäre, versteht sich.

Nach Sicherheitskontrollen und Anmeldung hat der Aktionär das Gröbste geschafft. Bei Kaffee, belegten Brötchen, manchmal gar einem Frühstücksbüfett kann jetzt erst mal durchgeatmet werden. Derart gestärkt schlendern die Aktionäre in die Versammlungshalle, flinke Hände reichen unterwegs die Versammlungsunterlagen; jetzt noch ein guter Platz mit Blick auf das Podium, und einem gelungenen HV-Besuch steht nichts mehr im Wege. Den einleitenden Worten des Aufsichtsratsvorsitzenden der Gesellschaft folgt der traditionelle Höhepunkt der Hauptversammlung, der Bericht des Vorstandsvorsitzenden. Diese Berichte folgen immer demselben Strickmuster: Dank an Mitarbeiter und Aktionäre, ein umfangreicher, wohlklingender Rechenschaftsbericht und ein knapper unkonkreter Ausblick – für den Laien zu kompliziert und für den Fachmann zu seicht. Nach Abschluß des Vorstandsberichts beginnt die Aussprache über die einzelnen Tagesordnungspunkte, zumeist in einer verbundenen Debatte, in der sich die Redner zu allen Tagesordnungspunkten gleichermaßen äußern können. Die Eröffnung der Aussprache ist für viele Aktionäre Grund genug, den Saal zu verlassen und sich dem Mittagessen zu widmen. Verdenken kann man es ihnen kaum, denn was in deutschen Hauptversammlungen nun folgt, ist üblicherweise eine (fast) skurrile Mischung aus eitlen Selbstdarstellungsversuchen, rührender Hilflosigkeit und gezielter Aktionärsverdummung.

Das beginnt mit der Zusammenstellung der Rednerliste und endet mit befremdlichen Auszählungsverfahren bei den Abstimmungen. Natürlich wird die Reihenfolge der Redner nicht dem Zufall überlassen, sondern vom versammlungsleitenden Aufsichtsratsvorsitzenden zusammengestellt. Bekannte Kritiker werden gezielt an das Ende der Veranstaltung verbannt, wenn die meisten Aktionäre und viele Pressevertreter die Versammlung längst verlassen haben. Schließlich sei der Aufsichtsratsvorsitzende »im Interesse aller Aktionäre für einen zügigen und angemessenen Ablauf der Hauptversammlung verantwortlich«, heißt die wohlklingende Begründung für solche Manipulationen. Die medienwirksamen ersten Redebeiträge werden ganz besonderen Aktionären zugeteilt, den Vertretern bestimmter Aktionärsvereinigungen oder anderen Personen, bei denen sich die Organisatoren auf ausgesprochen wohlwollende Redebeiträge verlassen können. Einer von diesen »konstruktiven Aktionären« ist der Unternehmensberater Horst Steinharter aus Recklinghausen. Er reist seit Jahren von Hauptversammlung zu Hauptversammlung und zählt stets zu den ersten Rednern. Denn Steinharter genießt inzwischen auch bei den Unternehmensverwaltungen Sympathie. Als der Aufsichtsratsvorsitzende der Commerzbank, Walter Seipp, Steinharter in der Hauptversammlung der Bank erst ganz am Ende zu Wort kommen läßt, entschuldigt er sich eilfertig für diese ungewohnte Zurückstufung. Er habe die Wortmeldung erst sehr spät erhalten, erklärt Seipp dem Aktionärssprecher, der die Entschuldigung gelassen zur Kenntnis nimmt. Er habe sich doch gar nicht beschwert, beruhigt Steinharter den Banker. Steinharter ist einer von den Aktionärssprechern, deren Funktion in der gezielten Kanalisierung von Aktionärskritik liegt. Immer moderat, nie ganz unkritisch, aber noch weniger richtig kritisch, richtet er den Blick der Aktionäre weg von den unliebsamen Fragen. Die Vergangenheit könne man nicht mehr ändern, betont er stets, um die Diskussion dann auf die ungewisse Zukunft zu lenken. Derartige Sätze werden von den Herren der Deutschland AG dankbar aufgenommen, auch sie reden nicht gerne über die Fehler von gestern. Ganz besonders versöhnlich gibt sich Aktionärssprecher Steinharter im Umfeld der Deutschen Bank. Während er in der Hauptversammlung der Commerzbank am 24. Mai 1996 die Fehlleistung des Vorstandsmitglieds Klaus Müller-Gebel in dessen Funktion als Aufsichtsrat beim Bremer Vulkan in ungewohnter Schärfe geißelt, ist ihm vier Tage später in der Deutsche-Bank-HV das nicht minder eklatante Versagen der Deutsch-Bankiers Hilmar Kopper und Michael Endres im Aufsichtsrat der Daimler-Benz AG keine Silbe wert. Dort verliert sich Steinharter lieber in Komplimenten für das Management der Bank.

Andere Aktionärsvertreter berichten von einer erstaunlichen Wandlung im Verhältnis des Herrn Steinharter zur Deutschen Bank mitten in den Auseinandersetzungen um die Verantwortung für das Desaster bei der Metallgesellschaft. Von einem Tag auf den anderen habe sich der zuvor durchaus kritische Steinharter in einen Schönredner verwandelt. Über die Gründe kann man nur spekulieren.

Kurt Fiebich ist ein anderer dieser Herren, die in Deutschlands Hauptversammlungen an exponierter Stelle Rederecht erhalten. Im Gegensatz zu Steinharter ist Fiebich ein Original der alten Garde der Aktionärsvertreter, deren herausragender Vertreter der unvergessene Emil Nold war. Rhetorisch brillant, launig und unterhaltsam sind Fiebichs halbstündige oder gelegentlich auch längere Hauptversammlungsbeiträge ein weiterer traditioneller Höhepunkt vieler Hauptversammlungen. Nach seinen Beiträgen leeren sich die Versammlungen noch einmal beträchtlich. Aber auch Fiebich ist inzwischen ruhiger geworden. Er hat sich, so die *FAZ*, »teilweise auch arrangiert«. Aber vielleicht liegt es am

Alter, schließlich ist der große alte Mann der Aktionärsvertreter inzwischen 75 Jahre alt. Bei seiner Geburtstagsfeier zum Fünfundsiebzigsten gab sich die Crème de la crème der deutschen Wirtschaft die Ehre. VEBA-Chef Ulrich Hartmann hielt vor der versammelten Prominenz von Banken und Industrie die Laudatio über das Thema »Shareholder Value«. Edzard Reuter soll sich telefonisch wegen einer Ostasienreise entschuldigt haben. Nicht ohne Stolz berichtet Fiebich, daß er die wichtigen Männer der Deutschland AG persönlich kenne. »Das sind alles nette, liebe Menschen«, erklärt er den Aktionären gelegentlich, »zumindest zu mir.«

In der zweiten Rednerreihe trifft man dann auf eher exotische Beiträge, verhinderte Büttenredner ebenso wie rührende Kleinaktionäre. Redner, die nicht mit Kritik sparen und doch unkritisch bleiben. Da wird das Ausufern der Anglizismen oder die zu kleine Schrift in den Geschäftsberichten ebenso beklagt wie die schlechte Ausschilderung der Hauptversammlung, das Fehlen frischer Brötchen in der Cafeteria oder die »unzumutbaren« Sicherheitskontrollen beim Zugang zur Hauptversammlung. Alles Fragen, die die Manager ausführlich beantworten; solche Aktionäre lieben sie, vor allem dann, wenn sie ganz andere Fragen zu fürchten haben. Aber am liebsten sind den Herren natürlich diejenigen Aktionäre, die wie zufällig an passender Stelle eine Lanze für die verdienstvolle Tätigkeit deutscher Banker und Aufsichtsräte brechen. Da meldet sich dann schon mal ein Aktionär in der Hauptversammlung einer Großbank, um das umstrittene Depotstimmrecht in den höchsten Tönen zu loben. Der Dank der Banker ist ihm gewiß: »Schön, daß Sie das mal an dieser Stelle sagen«, freut sich Commerzbank-Aufsichtsratchef Seipp über diesen Beitrag.

Die wirklichen Kritiker kommen erst danach zu Wort. Und natürlich zunächst diejenigen, die die Hauptversammlungen deutscher Aktiengesellschaften dazu nutzen, wirtschafts- und gesellschaftspolitische Themen anzusprechen. Der Dachverband der Kritischen Aktionäre ist so eine Organisation, die in den Hauptversammlungen eine Umkehr der Unternehmenspolitik fordert, weg von Umweltzerstörung und Ausbeutung der sogenannten Dritten Welt und hin zu einer ethisch vertretbaren Geschäftspolitik und dem Bekenntnis zu einer sozialen Verpflichtung der Unternehmen. Bei Siemens kämpfen diese Aktionäre für einen Ausstieg aus der Kernenergie, bei Bayer, BASF und Hoechst gegen Umweltverschmutzung und Tierversuche, bei Daimler-Benz gegen die Rüstungsproduktion und bei der Deutschen Bank gegen die Finanzierung derartiger Geschäfte. Hehre Ziele und ernstgemeinte Anliegen, die in dieser Runde trotzdem deplaziert wirken. Die noch verbliebenen Aktionäre kümmern sich in der Regel mehr um die Höhe der ausgeschütteten Dividende als darum, wie diese erwirtschaftet wurde. Wer Siemens-Aktien kauft, so ihre Position, der weiß, womit dieses Unternehmen seinen Profit erwirtschaftet. Und wer das nicht will, der sollte seine Aktien verkaufen, statt die Hauptversammlung »unnötig« in die Länge zu ziehen. Offensichtlich genervt, aber dennoch überraschend langmütig stehen die Herren der Deutschland AG diesen Aktionären Rede und Antwort für ihre Fragen. Da bittet Hilmar Kopper in der Hauptversammlung von Daimler-Benz einen dieser kritischen Aktionäre zwar mehrfach darum, irgendwie einen Zusammenhang zu der Tagesordnung dieser Hauptversammlung zu konstruieren, aber trotz deutlicher Überschreitung der Redezeit läßt er den Redner gewähren und seine wirtschaftspolitischen Thesen verkünden. Erst ganz am Ende der Hauptversammlung werden dann diejenigen Aktionäre und Aktionärsvertreter aufgerufen, die die Manager heute fürchten. Ekkehard Wenger gilt in Deutschlands Aktiengesellschaften als Vorreiter dieser Kritiker, die mit unermüdlicher Streitlust gegen die Phalanx des Machtkartells kämpfen. Der Universitätsprofessor, Inhaber des Lehrstuhls für Bank- und Kreditwirtschaft an der Universität Würzburg, tourt seit Jahren zu den Hauptversammlungen deutscher Aktiengesellschaften und sorgt dort mit spektakulären Auftritten für erheblichen Wirbel. Begleitet wird Wenger dabei in aller Regel von einigen seiner Studenten und von akademischen Mitarbeitern, denen er die »Exkursionen« zu den Hauptversammlungen als »Anschauungsunterricht« empfiehlt. Lehrstücke aus der realen Welt deutscher Aktiengesellschaften. »Denn der auf Eigennutz bedachte Manager, der die Aktionäre über den Löffel balbiert, wo er nur kann, erscheint dem arglosen Nachwuchsakademiker zunächst einmal als Zerrbild aus der kabarettistischen Phantasie seines Hochschullehrers«, erläutert der Professor seinen ungewöhnlichen Lehrplan. Dies ändere sich jedoch »unversehens, wenn der angehende Betriebswirt durch Konfrontation mit selbsterlebten Tatsachen zu der Einsicht gezwungen wird, daß unterhaltsame Einlagen in Vorlesungen durch die Realität in den Unternehmen spielend überboten werden«.

Mit beißender Ironie und seinem Hang zu drastischer Wortwahl geißelt er in den Hauptversammlungen die Fehlleistungen deutscher Manager und Aufsichtsräte. Die deutsche Industrie bezeichnet er als »sowjetisiert«, in den Führungspositionen der großen deutschen Gesellschaften sieht er eine »Vielzahl verbündeter Flaschen«. Die Daimler-Führungsmänner Kopper und Reuter bezeichnete er als das »Alptraumduo« schlechthin, ihre Bilanz bei Daimler sei die »größte Kapitalvernichtung in Deutschland« seit dem Ende des Zweiten Weltkrieges. Entsprechend unbeliebt ist Wenger bei den derart attackierten Herren der Deutschland AG. Der Allianz-Aufsichtsratsvorsitzende Schieren beschimpfte ihn als »Störer« und Daimler-Chef Edzard Reuter warf ihm die Verbreitung von »Latrinenparolen« vor, Commerzbank-Chef Seipp empfahl Wenger, »sein Weltbild zu ändern«; in der Siemens-Hauptversammlung 1993 wurde ihm das Mikrophon ausgeschaltet, und bei Daimler ließ ihn Versammlungsleiter Kopper bekanntlich durch Sicherheitskräfte aus dem Saal entfernen.

Aber Wenger ist mehr als der streitsüchtige Hauptversammlungsquerulant, als den ihn die Manager der Deutschland AG gerne hinstellen. Als Fachmann für deutsches Aktienrecht kennt er sich aus mit den Tricks und Kniffen, mit denen sich das Management deutscher Aktiengesellschaften vor Antworten auf unliebsame Fragen zu schützen versucht. Treffsicher macht der Professor die Schwachstellen ihrer Argumentation aus, entdeckt Widersprüche und Unwahrheiten. Der ehemalige Daimler-Finanzchef Gerhard Liener räumte unumwunden ein, daß »Wenger mit seiner sachlichen Kritik fast immer richtig liegt«. Und Kurt Fiebich, der große alte Mann der Aktionärsvertreter, konstatiert, Wenger sei viel einflußreicher als er selbst. Dieser Einfluß resultiert auch daraus, daß Wenger sich nicht scheut, die Gerichte zu bemühen, um fadenscheinige Auskunftsverweigerungen oder die Übervorteilung von Kleinaktionären prüfen zu lassen. Und bislang hat er dabei erstaunliche Erfolge verbuchen können.

So erfolgreich der Professor gegen die Macht des Kartells streitet, so umstritten sind seine wirtschaftspolitischen Schlußfolgerungen und Forderungen. Er will anstelle des bankenorientierten deutschen Sonderwegs im Aktienrecht eine marktorientierte Aktionärsherrschaft nach angelsächsischem Vorbild etablieren. Statt der Herrschaft des Kartells strebt Wenger die der Aktionäre an. Wenger predigt, so die *Zeit,* »Kapitalismus pur«. Der Einfluß der Gewerkschaften ist ihm ebenso ein Dorn im Auge wie die Macht der Banken. Die Gesetze des Marktes könnten sich nur dann frei entfalten, wenn kein Regelwerk bestimmte Richtungen diktiere. Die »Kritischen Aktionäre«, die für eine neue Ethik in der Unternehmenspolitik streiten, wollte er entsprechend in der letzten Hauptversammlung von Daimler-Benz auf den Abend verbannt sehen. Zunächst sollten nach seiner Vorstellung die Aktionäre zu Wort kommen, denen es um die »für Aktionäre relevanten Fragen« gehe: die Mehrung des Unternehmens- und Aktienwerts.

Der Höhepunkt der Hauptversammlungssaison des Jahres 1996 fand am 22. Mai 1996 in der Hanns-Martin-Schleyer-Halle in Stuttgart statt: Die 100. Hauptversammlung der Daimler-Benz AG. Noch nie stand in Deutschland die Hauptversammlung einer Aktiengesellschaft derart im Zentrum des öffentlichen Interesses, rund 10 000 Aktionäre und 300 Pressevertreter füllten die Hanns-Martin-Schleyer-Halle bis auf den letzten Platz. In der Halle, in der sonst berühmte Tennisprofis um Spiel, Satz und Sieg kämpfen, geht es auch an diesem Mittwoch um viel Geld. Zu gewinnen gibt es freilich nichts, und die Verlierer des Spiels stehen längst fest. Mehr als 20 000 Arbeitsplätze wurden abgebaut, zwei europäische Traditionsunternehmen, der holländische Flugzeugbauer Fokker und die deutsche AEG, stehen unmittelbar vor dem Aus, und das deutsche Vorzeigeunternehmen Daimler-Benz hat im letzten Geschäftsjahr den Rekordverlust von 5,7 Milliarden DM verwirtschaftet. Und die Börse quittierte die jahrelange Mißwirtschaft an der Spitze des Konzerns mit rasant fallenden Aktienkursen.

Ein Jahr zuvor, am 24. Mai 1995, hatte der damals aus dem Vorstand ausscheidende Daimler-Benz-Chef Edzard Reuter den Aktionären einen Konzerngewinn von rund einer Milliarde DM in Aussicht gestellt. Und dies, obwohl zumindest die Finanzabteilung des Konzerns die aus dem Februar 1995 stammende Prognose längst deutlich nach unten korrigiert hatte. In einem inzwischen bekanntgewordenen internen Papier gingen die Daimler-Finanzexperten bereits Mitte Mai 1995 von einem Verlust von rund 300 Millionen DM für 1995 aus. Das hinderte Reuter nicht daran, wenige Tage später in der Daimler-Hauptversammlung die längst überholten Gewinnprognosen zu verkünden. Gegen Reuter, dessen damaligen Vorstandskollegen und jetzigen Nachfolger im Daimler-Chefsessel, Jürgen Schrempp, und den Aufsichtsratsvorsitzenden des Unternehmens, Hilmar Kopper, läuft inzwischen ein staatsanwaltschaftliches Ermittlungsverfahren wegen des Verdachts einer bewußten Täuschung der Aktionäre.

Reuters Nachfolger Schrempp hatte wenige Wochen nach der damaligen Hauptversammlung die Gewinnprognose seines Vorgängers drastisch nach unten korrigiert und »erhebliche Verluste« für das Geschäftsjahr 1995 angekündigt. Und diese Prognose stimmte, im Gegensatz zu den vollmundigen Versprechungen in der Hauptversammlung wenige Wochen zuvor. Peinlich für den Aufräumer Schrempp, daß er schon damals als Chef des Hauptverlustbringers im Daimler-Imperium, der DASA, entscheidende Verantwortung für die Geschäftspolitik des Konzerns trug. Der dynamische Manager Schrempp schultert diese Verantwortung bekanntlich gerne.

Viel war im Vorfeld der 100. Hauptversammlung der altehrwürdigen Daimler-Benz AG geschrieben und spekuliert worden, ein »Aufstand der Kleinaktionäre« wurde erwartet. Für derart revolutionäre Gefühle hatten die Aktionäre auch allen Grund. Schließlich hatten die Daimler-Aktionäre in den acht Jahren der Ära Reuter an der Börse eine Summe von 36 000 000 000 DM verloren, wenn man die Entwicklung des Deutschen Aktienindexes (DAX) zum Vergleich nimmt. Wer bei Reuters Amtsantritt eine Daimler-Aktie für rund 1100 DM gekauft und bis zu dessen Ausscheiden im Mai 1995 gehalten hatte, der verlor in dieser Zeit über 400 DM. Entsprechend groß war der Ärger der Aktionäre. Doch aus dem angekündigten Aufstand wurde nichts, dafür sorgten die Banken und ihre Freunde.

Als Hilmar Kopper am 22. Mai 1996 um 10.15 Uhr die Hauptversammlung eröffnet, ist das weite Rund der Hanns-Martin-Schleyer-Halle bis auf den letzten Platz gefüllt. Der Beginn der Veranstaltung hat sich verzögert. Ordner mußten zusätzliche Stühle in die Arena schleppen. Vorne auf dem völlig neu gestalteten Podium herrscht unübersehbare Nervosität. Zur

Beruhigung der erregten Gemüter haben sich die Verantwortlichen von Deutschlands größtem Industriekonzern allerlei einfallen lassen. Erstmals in der Hauptversammlungsgeschichte der letzten Jahrzehnte verschanzen sich Vorstand und Aufsichtsrat nicht hinter den in deutschen Hauptversammlungen üblichen kremlartigen Aufbauten, dank derer sie meterhoch über den gemeinen Aktionären thronen, sondern begeben sich mit ihnen auf gleiche Ebene. Und die ersten Reihen der Sitze sind nicht für die gerngesehene Prominenz und die gewohnt unauffälligen Sicherheitskräfte reserviert, sondern allgemein zugänglich. Neunzig Minuten vor Beginn der Hauptversammlung, gegen 8.30 Uhr, standen die Vorstandsmitglieder des Konzerns den Aktionären zudem im »Meeting point« zum direkten Gespräch zur Verfügung. Die gutgemeinte Aktionärsnähe glückte jedoch nicht recht. Zur frühen Stunde blieb der Meeting point leer. Fast verloren standen die Daimler-Vorstände und ein paar müde Journalisten herum. Ein mürrischer Jürgen Schrempp machte sich nach einigen sprachlosen Minuten in den katakombenartigen Fluren der Schleyer-Halle persönlich auf die Suche nach den Aktionären, fand aber schließlich nur Herrn Steinharter; andere Aktionäre blieben aus. Als diese nach 9.00 Uhr endlich den Meeting point füllten, waren die mächtigen Manager längst entschwunden.

Achtzig Minuten später donnert zum ersten Mal begeisterter Applaus durch das weite Rund. Kopper hat den Aktionären in seinen einleitenden Worten noch einmal vom »freiwilligen« Ausscheiden Edzard Reuters aus dem Aufsichtsrat des Unternehmens berichtet. Ein Jahr zuvor hatte Kopper den scheidenden Topmanager Reuter noch als »treibende Kraft für die Modernisierung des Konzerns« gerühmt und dafür spärlichen Beifall geerntet. Schon damals hatten die Aktionäre heftige Kritik an der Geschäftspolitik des Reuter-Vorstands geübt und die Gewinnprognosen angezweifelt. Diese Kritik war vehement zurückgewiesen worden und blieb dennoch zutreffend. Und zwei der Herren, die damals schweigend neben Reuter und Kopper die Hauptversammlung verfolgt hatten, Jürgen Schrempp und sein Finanzchef Manfred Gentz, müssen sich heute den Fragen stellen, wieso sie die falsche Unternehmenspolitik so lange stillschweigend mitgetragen haben.

Als Schrempp mit energischen Schritten zum Mikrophon schreitet, ist die Stimmung explosiv in der vollbesetzten Halle. Gegen 10.25 Uhr an diesem 22. Mai 1996 steht Schrempp vor den Aktionären seines Konzerns. Als er mit seinem Rechenschaftsbericht beginnt, herrscht absolute Stille. Das abgelaufene Geschäftsjahr sei das »dramatischste Jahr in der Unternehmensgeschichte« gewesen, erläutert Schrempp den Aktionären. Es sei durch tiefgreifende Einschnitte gekennzeichnet gewesen, »die keinem der Beteiligten leichtgefallen sind. Und vor allem war es geprägt durch einen äußerst empfindlichen Verlust von 5,7 Milliarden DM.« Einen Schuldigen für das desolate Geschäftsergebnis hat der Manager auch parat, »die Verwerfungen der Währungslandschaft«. »Für heute machen wir Ihnen keine Versprechungen«, erklärt Schrempp zum Abschluß seiner 45minütigen Rede. »Außer einem: Sie werden auf Ihren Konzern, die Daimler-Benz AG, bald wieder stolz sein können.«

Unmittelbar darauf ergreift Ekkehard Wenger unter großem Applaus zum ersten Mal das Wort. Sonst sei er um diese Zeit noch gar nicht anwesend, erklärt der Professor. Alleine daran könne man die Bedeutung dieser Hauptversammlung ablesen. Der Grund seiner frühen Wortmeldung seien die laufenden staatsanwaltschaftlichen Ermittlungen gegen den Versammlungsleiter Kopper. Da diese »Hauptversammlung den Untersuchungen auf die Sprünge helfen« solle, so Wenger, sei es nicht akzeptabel, daß Kopper »über seine eigene Untersuchung präsidiert«. Deshalb stelle er den Antrag, daß der Neue im Aufsichtsrat, VEBA-Chef Ulrich Hartmann, »der einzige, der nicht zu den Versagern zählt«, die Versammlungsleitung übernehmen solle. Kopper weist diesen Antrag seines Intimfeindes Wenger als

»besonders heimtückisch« zurück. Er habe nicht vor, »die nach Recht und Satzung geforderte Leitung der Versammlung abzugeben«. Und wegen der vielen Wortmeldungen beschränkt Kopper als erste weitere Amtshandlung die Redezeit auf fünfzehn Minuten.

Während der folgenden Aussprache erweist sich Aufsichtsratschef Hilmar Kopper als Fachmann einer »geordneten« Rednerliste. So scheut sich Kopper nicht, die Aussprache ausgerechnet mit Christian Strenger, dem Geschäftsführer der Investmentgesellschaft DWS, bekanntlich eine hundertprozentige Tochtergesellschaft der Deutschen Bank, beginnen zu lassen. Und Strenger enttäuscht seinen obersten Chef nicht. Geschickt definiert er sich als »konstruktiv denkenden Aktionär«, für den es »ein Gebot der Stunde sei, nach vorne zu schauen«, und impliziert damit einen Gegensatz zu den dementsprechend »destruktiven« Aktionären, in deren Interesse auch die Frage nach der Verantwortung für die Fehler der Vergangenheit ist. Auf Strenger folgen andere, mäßig kritische Aktionäre. Auch Steinharter betont, daß jetzt das »besondere Augenmerk auf die Zukunft« gerichtet werden müsse. »Publizitätswirksame Effekthascherei« sei der Situation »nicht angemessen«. Nach Steinharter tritt der Stuttgarter Rechtsanwalt Klaus Keßler von der Deutschen Schutzvereinigung für Wertpapierbesitz ans Mikrophon. Der Geschäftsbericht dokumentiere den »Bankrott der Politik der letzten Jahre«. Der »Vorstand sollte in Sack und Asche kommen und von sich aus auf die Entlastung verzichten«, schimpft er und erntet prasselnden Applaus. Seine Organisation werde gegen die Entlastung von Vorstand und Aufsichtsrat votieren. Schließlich sei die dramatische Kurskorrektur des vergangenen Jahres das Eingeständnis, daß viel zu lange falschen Visionen gefolgt worden sei. In wenigen Jahren seien die seit dem Zweiten Weltkrieg erwirtschafteten Reserven des Konzerns verpulvert worden. »Das Familiensilber ist für nichts und wieder nichts verspielt worden«, erklärt der Aktionärsvertreter bitter.

Auch der zweite Block von Fragestellern beginnt mit einem Mann der Deutschen Bank. Ein Direktor der Deutschen Bank in Stuttgart meldet sich zu Wort und zeigt eindrucksvoll, zu welch wegweisenden Debattenbeiträgen »konstruktive Aktionäre« fähig sind. Detailliert fragt der nette Banker das Management, »auch im Auftrag von Belegschaftsaktionären«, nach komplizierten Finanzgeschäften des Konzerns. Fragen, denen sich Daimler-Chef Schrempp und danach auch noch sein Finanzvorstand Gentz ganz besonders ausführlich widmen. Über 20 Minuten dauert die Beantwortung seiner Fragen. Klar, daß nach soviel »Aktionärsfreundlichkeit« später die Zeit knapp wird und die Redezeit weiter beschränkt werden muß. Auf die strategisch günstige Plazierung seiner Angestellten in der von ihm »systematisch« geordneten Rednerliste angesprochen, bezeichnet Kopper die Tatsache, daß in beiden Diskussionsrunden ein Vertreter seines Hauses als erster ans Mikrophon darf, später als »reinen Zufall«.

Über 60 Wortmeldungen machen die Hauptversammlung zur Marathonsitzung. Zahlreiche Kleinaktionäre und mehrere Belegschaftsaktionäre der Daimler-Benz AG melden sich zu Wort und machen ihrem Unmut über die Konzernführung Luft. Betriebsräte des Unternehmens schimpfen auf ihre Arbeitnehmervertreter im Daimler-Aufsichtsrat. Ganz besonders empört sich ein Daimler-Betriebsrat über den stellvertretenden Aufsichtsratschef und Arbeitnehmervertreter im Aufsichtsrat, Karl Feuerstein, der gesagt haben soll, er habe mit den Verlusten bei Daimler nichts zu tun. Kopper stellt sich schließlich vor seinen Stellvertreter: Herr Feuerstein habe ihn gebeten, den Aktionären zu sagen, er hätte dies nicht gesagt.

Richtig ernst wird es für Schrempp und Kopper erst, als Ekkehard Wenger und seine Schüler zu Wort kommen. In aufwendiger Kleinarbeit pirschen sich der Universitätsprofessor und seine Studenten an die geschickt versteckten Wahrheiten heran. Sie wollen wissen, wieso der Vorstand unter Edzard Reuter den

Aktionären Ende Mai 1995 Gewinnprognosen aus dem Februar 1995 präsentiert hatte, obwohl in dem internen Papier der Finanzabteilung des Konzerns von Mitte Mai 1995, das dem Würzburger Professor anonym zugespielt worden war, längst eine nach unten korrigierte Prognose für das Geschäftsjahr 1995 vorlag. Ein Spiel der Nerven. Während Schrempp auf Zeit spielt: »Ich verstehe die Frage nicht«, und Kopper die Offensive sucht: »Normale Leute schmeißen anonyme Briefe in den Papierkorb«, verstrickt sich Daimler-Finanzchef Gentz bald in Widersprüche. Erst räumt er ein, daß es vor der letztjährigen Hauptversammlung korrigierte Prognosen gab; dann gibt er zu, daß es sogar ein Papier gab, und schließlich bestätigt er die Authentizität des anonymen Schriftstückes. Es habe jedoch nur »inoffiziellen« Charakter gehabt; seinem damaligen Chef Reuter habe er es deshalb auch nicht vorgelegt. Gentz wirkt verunsichert. Heute ermittelt die Staatsanwaltschaft auch gegen ihn.

Gegen 23.00 Uhr, nach 13 Stunden Hauptversammlung, schließt Hilmar Kopper die Aussprache. Zum ersten Mal wirken der Banker und seine Manager entspannt. Die abschließenden Abstimmungen über die Entlastung von Vorstand und Aufsichtsrat waren zuvor von den Medien zu einer echten Abstimmung über die Geschäftspolitik von Daimler-Benz hochstilisiert worden. Denn die Großbanken und die Bayerische Vereinsbank hatten erklärt, das Depotstimmrecht bei den Abstimmungen über die Entlastung von Vorstand und Aufsichtsrat nur bei Vorliegen einer expliziten Weisung auszuüben. Koppers entspannte Miene während der Abstimmung dokumentiert eindrucksvoll, wie wenig spannend diese Abstimmung in Wahrheit ist. Bei einer Präsenz von 67,84 Prozent vertritt alleine die Großaktionärin Deutsche Bank rund 37 Prozent der anwesenden Stimmrechte. Die anderen Großaktionäre und die bankeigenen Investmentgesellschaften hieven das Stimmenpotential der Freunde auf rund 80 Prozent. Entsprechend fällt das Abstimmungsergebnis aus.

Ein letztes Mal an diesem Tag greift Hilmar Kopper in die

Trickkiste des Aktiengesetzes. Bei der Berechnung des Abstimmungsergebnisses zählen die Enthaltungen nicht mit. Immerhin gibt es bei den Tagesordnungspunkten Entlastung von Vorstand und Aufsichtsrat knapp 20 Prozent Enthaltungen. Den Hauptteil davon dürften die Depotstimmen ausmachen, auf deren Ausübung die Großbanken und die Bayerische Vereinsbank verzichtet haben. Kurz vor Mitternacht präsentiert Kopper den Aktionären Entlastungsergebnisse von mehr als 98 Prozent. Eine knappe Woche später zieht Kopper vor den Aktionären seiner Deutschen Bank ein Resümee der Hauptversammlung des Jahres: Nachdem sich Aufsichtsrat und Vorstand 14 Stunden lang mit »einer Minderheit« herumgeschlagen hätten, seien sie mit eindrucksvollen 98 Prozent der Stimmen entlastet worden. »Das sind die Realitäten in deutschen Hauptversammlungen. 98 Prozent! Und das ohne Vollmachtsstimmrecht.«

Es geht also auch ohne Depotstimmrecht; dank einer geschickten Kombination der anderen Machtinstrumente. Das Beispiel macht deutlich, daß Korrekturen an einzelnen Einflußfaktoren nicht ausreichen, um die Herrschaft des Kartells zu brechen. Und es entlarvt die Strategie der Bank-Lobbyisten, nie über die Kumulation der Einflußfaktoren zu sprechen.

Schon einmal demonstrierte das Bankenkartell in der Hauptversammlung der Daimler-Benz AG, wessen Interessen es vertritt. Knapp zwei Wochen nach der Anhörung des Deutschen Bundestages zur »Macht der Banken«, am 20. Dezember 1993, wurden die Daimler-Aktionäre von den Banken um viel Geld gebracht. In Berlin hatten sie sich zur Hauptversammlung eingefunden. Ursprünglich sollte es bei der HV um die vorgesehene Verschmelzung der Daimler-Benz AG mit der Mercedes Aktiengesellschaft Holding gehen. Die Verschmelzung wurde jedoch während der Hauptversammlung rasch zur Nebensache. Auf Antrag eines Aktionärs stand nun die Frage im Mittelpunkt, ob die sogenannten EK-56-Rücklagen des Konzerns – immerhin ein Betrag von rund 11,8 Milliarden DM – an die Aktionäre ausgeschüttet werden sollten. Beim EK-56 handelte es sich um Gewinn-Rücklagen, die zwischen 1977 und 1989 gebildet und mit dem damaligen Körperschaftssteuersatz von 56 Prozent belastet worden waren. Im Rahmen des Föderalen Konsolidierungsprogramms der Bundesregierung bestand nun die einmalige Gelegenheit für die Aktionäre, im Falle einer Ausschüttung die Differenz zwischen dem früheren Steuersatz und dem 1993 gültigen Satz für ausgeschüttete Gewinne von lediglich 36 Prozent erstattet zu bekommen. Die Ausschüttung hätte den Aktionären im Schnitt eine »Superdividende« von rund 340 DM pro Aktie gebracht. Damit die gigantische Ausschüttung für die Daimler-Benz AG nicht zu einem finanziellen Risiko würde, hatten Aktionärsvertreter die gleichzeitige Erhöhung des Daimler-Benz-Grundkapitals in entsprechender Höhe im Rahmen eines »Schütt-aus-hol-zurück-Verfahrens« vorgeschlagen. Damit hatten andere Gesellschaften bereits erfolgreich operiert. Gleichwohl hatte sich die Unternehmensverwaltung der Daimler-Benz AG gegen das Verfahren ausgesprochen, weil sie befürchtete, daß das Kapital nicht zu 100 Prozent wieder dem Unternehmen zufließen werde. Das Vertrauen des Managements in die Attraktivität des Unternehmens war offenbar nicht allzu groß. Für die Banken galt es nun, bei der Entscheidung über die Ausschüttung der EK-56-Rücklagen zwischen den Interessen der Aktionäre und denen des Managements von Daimler-Benz abzuwägen. Das Ergebnis war eindeutig. Der Antrag zur Ausschüttung der Rücklagen wurde mit mehr als 99,7 Prozent der Stimmen abgelehnt.

Ob EK-56 oder Mehrfachstimmrecht bei Siemens, die Fälle belegen exemplarisch, daß das Depotstimmrecht der Banken in Kombination mit eigenen Kapitalbeteiligungen und solchen verbündeter Unternehmen wirkt wie Wassergraben und Burgmauer. Es befestigt die Herrschaft des Kartells und blockt Angriffe auf dessen eigenmächtiges Handeln ab.

Kleinaktionäre und Scheinaktionäre

Der verbale Aufstand der Kleinaktionäre bei Daimler-Benz endet regelmäßig wie das sprichwörtliche Hornberger Schießen. Außer Würstchen und Spesen nicht viel gewesen. Und selbst die Würstchen liegen manchem Aktionär schwer im Magen. Andere, die sich selbst als Vertreter von Aktionärsinteressen verkaufen, werden zufriedener mit dem Ablauf der Veranstaltungen sein. Einer von ihnen verfolgt die Daimler-Hauptversammlung aus einer für Kleinaktionäre ungewöhnlichen Warte. Schräg hinter dem Präsidiumstisch der Herren Kopper und Schrempp sitzend, muß sich Roland Schelling sicher nicht mit Würstchen begnügen. Denn der Stuttgarter Rechtsanwalt und Notar Schelling ist Mitglied des Aufsichtsrats der Daimler-Benz AG und vertritt dort Deutschlands bekannteste Vereinigung von Kleinaktionären, die Deutsche Schutzvereinigung für Wertpapierbesitz e. V. (DSW).

Schelling ist Mitglied des Bundesvorstands der DSW, deren baden-württembergischen Landesverband zwei Rechtsanwälte lenken, mit denen Schelling gemeinsam eine Stuttgarter Anwaltskanzlei betreibt. Einer der beiden ist Klaus Keßler, der die Aktionäre der Daimler-Benz AG in der diesjährigen Hauptversammlung mit engagierten Worten zur Nichtentlastung seines Sozius aufgefordert hatte. Der hörte sich die Worte seines Partners und Vereinsfreundes gelassen an, einen freiwilligen Rücktritt oder ein erklärendes Wort des DSW-Funktionärs gab es nicht. Auf diesen Widerspruch angesprochen bleibt Keßler selbst gegenüber DSW-Mitgliedern die Antwort schuldig. Manches können auch Advokaten dieses Schlages öffentlich nicht erklären. Der emsige Notar und Rechtsanwalt Schelling hat es inzwischen auf weit mehr als zehn Mandate in den Aufsichtsräten und Beiräten deutscher Unternehmen gebracht, zumeist im Umfeld der Deutschen Bank. Zu seinen wichtigen Mandaten zählen neben Daimler-Benz die Aesculap AG, die Traub AG, die

Badenwerk AG und der Sitz im Aufsichtsrat der Metallgesell-schaft, bei der er ebenfalls nicht durch sonderlich engagierte Wahrnehmung seines Mandates aufgefallen war. Auch hier hat Schellings Verein bereits einmal die Entlastung für seine Kon-trollarbeit verweigert.

Die Deutsche Schutzvereinigung für Wertpapierbesitz ist Deutschlands älteste und mit ihren nach eigenem Bekunden rund 13 000 Mitgliedern größte Vereinigung von Kleinaktionä-ren. Laut Satzung hat der Verein die Aufgabe, »die schutzbedürf-tigen ideellen und materiellen Interessen der Wertpapierbesitzer wahrzunehmen«. Grundlegendes Ziel dieser Arbeit sei die »Er-haltung und der Schutz des Privateigentums«. Zur Erfüllung dieser Aufgabe ist die DSW nach eigenen Angaben auf folgenden Gebieten tätig: Vertretung der Mitglieder in Hauptversammlun-gen, Mitarbeit an der Gesetzgebung, Führung von Musterpro-zessen, Beratung der Mitglieder insbesondere durch die Zeit-schrift *Das Wertpapier,* Betreuung von Investmentclubs und Durchführung von Aktienseminaren.

Das Wertpapier ist die vierzehntägig erscheinende Publikation des Verbandes. Um die Hochglanzbroschüre regelmäßig zu lesen, muß man nicht DSW-Mitglied werden. Für sechs DM kann das Blatt auch am gutsortierten Kiosk erworben werden, 150 DM kostet das Jahresabo – genausoviel wie die Mitglied-schaft im Verein. *Das Wertpapier* ist die älteste deutsche Anle-gerzeitschrift, die erste Ausgabe erschien 1952. Heute ist *Das Wertpapier* eine Anlegerzeitschrift, so gut oder so schlecht wie die vielen anderen, die es am Zeitschriftenmarkt zum Thema Geld-anlage und Börse käuflich zu erwerben gibt. Das Blatt enthält eine Fülle der üblichen mehr oder minder nützlichen Anlagetips, einen umfassenden Teil mit Kursen, Kennzahlen und Bewertun-gen und die vergleichsweise schmale Rubrik »Die DSW berich-tet«. Für Abonnenten und DSW-Mitglieder hält die Zeitschrift einen ganz besonderen Service bereit: die Beilage »Männer der Wirtschaft – Reden und Berichte«. Mit diesem »in sich geschlossenen Anzeigenteil« bietet die Zeitschrift, so die Herausgeber, »als zusätzlichen Leserservice authentische Informationen aus Hauptversammlungen und Pressekonferenzen«. Die Anzeigenbeilage, die nicht selten den redaktionellen Teil der Zeitschrift deutlich übersteigt, bietet den »Männern der Wirtschaft« eine gern genutzte Plattform zur Verbreitung ihrer Hauptversammlungsreden. Verständlich, daß die betroffenen Unternehmen für diese Werbung gerne ein angemessenes Entgelt springen lassen. Schon Ende der siebziger Jahre argwöhnte der *Spiegel*, daß die DSW ohne derartige Zuwendungen und sonstige Spenden von großen Unternehmen nicht lebensfähig wäre.

Die Schutzvereinigung, die in Hauptversammlungen gelegentlich unzureichende Transparenz der Unternehmensvorstände anmahnt, gibt sich selbst ziemlich bedeckt, wenn es um ihre eigenen Belange geht. Das frischgebackene Neumitglied erhält zur Begrüßung zwar die Satzung und einen vorgefertigten Überweisungsträger, weitere Informationen gibt es jedoch erst auf Nachfrage. Dann erhält man den Geschäftsbericht des Vereins, der einen eher enttäuschenden Informationsgehalt bietet. Außer der Zusammensetzung des Vorstands, einem knappen Jahresbericht samt Presseschau und der Rede des Präsidenten erfährt man wenig über den Verein. Natürlich enthält der Bericht auch keine Angaben über die von DSW-Repräsentanten wahrgenommenen Aufsichtsratsmandate. Selbst auf Anfrage von Mitgliedern hüllt sich die DSW-Geschäftsführung darüber in Schweigen.

1947 wurde die Deutsche Schutzvereinigung für Wertpapierbesitz in Düsseldorf »auf Anregung einiger weitblickender Männer der Wirtschaft gegründet«, wie es in einem Rückblick des langjährigen Präsidenten der DSW, Johannes Semler – nicht zu verwechseln mit dem gleichnamigen Professor aus dem Daimler-Aufsichtsrat –, heißt. Die DSW war eine Gründung der deutschen Wirtschaftsbosse. Deutschland war damals, so Semler weiter, durch die Besatzungszonen zerrissen, und die »Banken standen noch unter Sonderrecht. Das Schicksal der den Wertpapierbesitzern gehörigen Aktien, Obligationen und anderen Titel war völlig ungewiß. Keine Stelle war vorhanden, sich in diesem Notstand der legitimen Interessen der Wertpapierbesitzer anzunehmen.« »In dieses Vakuum trat die Schutzvereinigung ein«, so Semler. Die Nähe zu Deutschlands Banken und der Industrie hat die DSW bis heute nicht verloren. Geschickt besetzt die angebliche Interessenvertretung von Kleinaktionären eine zentrale Position in der deutschen Aktionärsszene. Einbezogen in die politische und gesellschaftliche Willens- und Meinungsbildung fungiert sie als ein ganz besonderes Sprachrohr der Deutschland AG. Die innige Nähe zu den Großen aus Finanzwirtschaft und Industrie spiegelt sich bei der DSW traditionell in der Besetzung des Vereinsvorstandes wider. Kleinaktionäre findet man in diesem Gremium nicht, statt dessen stößt man auf führende Repräsentanten der Deutschland AG. So galt der langjährige Vorsitzende Johannes Semler, nach dem Kriege Mitbegründer der CSU und in den fünfziger Jahren für sie im Deutschen Bundestag, als »kritischer Mann der Industrie«. Als Wirtschaftsberater und Aufsichtsrat agierte Semler in einer ganzen Reihe von Sanierungsfällen wie dem der BMW AG Anfang der sechziger Jahre, wo er den Aufsichtsratsvorsitz innehatte. In seiner Funktion als DSW-Chef suchte Semler nach Einschätzung des Munzinger-Archivs die »Synthese zwischen den Bankwünschen und den Forderungen des Publikums nach Aktienrechts- und Börsenreform«.

Friedrich Wilhelm Christians saß in seiner aktiven Zeit als Vorstandsmitglied der Deutschen Bank ebenso im DSW-Vorstand wie VEBA-Chef Rudolf von Bennigsen-Foerder, Siemens-Finanzvorstand Heribert Näger oder der langjährige Commerzbank-Chef Walter Seipp. Nach einem internen Krach über die Befürwortung von Höchststimmrechten zur Abwehr feindlicher Übernahmen schieden Christians und andere Banker Mitte der siebziger Jahre aus dem DSW-Vorstand aus. Die verbliebenen Vorstände einigten sich damals darauf, daß die Großbanken

»wegen möglicher Interessenkollisionen« künftig der Schutzvereinigung fernbleiben sollten. Seitdem sichern andere den Einfluß der Banken auf die DSW.

Auch im heutigen Vorstand der Schutzvereinigung stößt man auf eine Fülle von Repräsentanten der Deutschland AG. Die ganz großen Namen haben sich jedoch aus dem aktiven Vereinsleben zurückgezogen. Heute wird der Vorstand von Rechtsanwälten aus dem Umfeld der Banken und Großunternehmen sowie Aufsichtsräten und Vorstandsmitgliedern aus den etwas kleineren Unternehmen dominiert. Ein paar Wissenschaftler – darunter die einzige Frau des 30köpfigen Vorstands – und zwei Bundestagsabgeordnete der Regierungskoalition komplettieren die Runde. Zum einen der Landesgruppenchef der CSU, Michael Glos, der sein Engagement für die Interessen von Kleinaktionären bei den entsprechenden Debatten im Deutschen Bundestag bislang konsequent verborgen hat. Und zum anderen Otto Graf Lambsdorff als Präsident der Schutzvereinigung. Im Gegensatz zu Glos ist Lambsdorff stets präsent, wenn im Parlament und sonstwo Fragen des Aktien-, Bank- und Versicherungsrechts zur Diskussion stehen. Ob der Graf dabei vornehmlich die Interessen der angeblich von seiner Schutzvereinigung vertretenen Aktionäre vertritt, ist jedoch mehr als fraglich. »Glauben Sie vielleicht, daß Otto Graf Lambsdorff, der Präsident dieses Vereins und Multi-Aufsichtsrat, die Interessen der Kleinaktionäre vertritt? Da lachen doch die Hühner«, erklärt Aktionärsschützer Kurt Fiebich gegenüber der *Woche*.

Lambsdorffs Stellvertreter sind der Berliner Anwalt Gerold Bezzenberger und der Geschäftsführende Gesellschafter der MERO-Gruppe Würzburg, Horst Klose. Gerold Bezzenberger ist einer der typischen Anwälte im DSW-Vorstand. So vertrat der ehrenamtliche Aktionärsschützer unter anderem die Aktiengesellschaft Siemens in dem schon erwähnten Prozeß gegen einen Kleinaktionär, der eine erweiterte Offenlegung der von der Siemens AG gehaltenen Beteiligungen gefordert hatte. Das

Berliner Kammergericht gab dem Kläger Recht. Siemens mußte Beteiligungen von mindestens zehn Prozent des Grundkapitals oder einem Marktwert von mehr als 100 Millionen DM zum Bilanzstichtag offenlegen. Das Urteil wurde damals von der Deutschen Schutzvereinigung für Wertpapierbesitz ausdrücklich als »gut und wichtig« begrüßt, da »Transparenz eine Frage des Anlegerschutzes« sei. Der unterlegene Anwalt und DSW-Vizepräsident Bezzenberger war verständlicherweise weniger begeistert. Er bezeichnete das Urteil lediglich als »sehr interessante Fortentwicklung des Auskunftsrechts«. Der flexible Berliner Anwalt Bezzenberger ist längst nicht der einzige DSW-Funktionär, der große deutsche Aktiengesellschaften in Rechtsstreitigkeiten gegen klagende Kleinaktionäre vertritt. So stritt die Münchner Rechtsanwaltskanzlei eines ehemaligen DSW-Vorstandsmitglieds im Auftrag der Allianz ebenfalls in einer Aktionärsklage gegen erweiterte Auskunftspflichten zum Beteiligungsbesitz. Und ein Mitglied der Stuttgarter Anwaltskanzlei des Daimler-Aufsichtsrats und DSW-Vorstands Schelling vertrat vor dem Landgericht Stuttgart die Interessen der Schwäbischen Zellstoff AG gegen klagende Minderheitsaktionäre.

Neben solchen Anwaltsmandaten nehmen Vertreter der Schutzvereinigung eine Fülle von Aufsichtsratsmandaten wahr. Manch Repräsentant der DSW steht den Bankern in der Zahl der wahrgenommenen Mandate kaum noch nach. So bringt es Vereinspräsident Otto Graf Lambsdorff inzwischen auf ein Dutzend Mandate, unter anderem bei Lufthansa, Volkswagen und Victoria Versicherungen. Auch die dreiköpfige Bundesgeschäftsführung und die Landeschefs der DSW sind in diversen Aufsichtsräten präsent. So sitzt beispielsweise der bremische DSW-Geschäftsführer, Hans-Jürgen Nölle, unter anderem auch beim Bremer Vulkan. Verständlich, daß die DSW bei den Diskussionen um eine Verbesserung der Aufsichtsratsarbeit in Deutschland ausgesprochen zurückhaltend agiert. Von einer Beschränkung der pro Person zulässigen Zahl der Aufsichtsratsmandate halten diese Aktionärsschützer im Gegensatz zu vielen Aktionären nichts. Statt dessen plädieren sie lediglich für ein paar kosmetische Korrekturen am geltenden Recht.

In ihrem Geschäftsbericht verweist die DSW stolz auf ihre »intensive« Mitarbeit an der Gesetzgebung des Deutschen Bundestages. Bei den letzten Gesetzesänderungen im Aktienrecht seien »zentrale Forderungen der DSW berücksichtigt« und »viele Neuerungen« eingebracht worden. Außerdem habe die DSW dem Wirtschaftsausschuß des Deutschen Bundestages eine »ausführliche Stellungnahme« zur Anhörung »Macht der Banken« am 8. Dezember 1993 übermittelt. Die »ausführliche Stellungnahme« auf mehr als 50 detaillierte Fragen hatte sich damals auf gerade mal sieben Seiten beschränkt, und wirkte eher lustlos. Vielleicht lag es am Thema. Denn in der Stellungnahme machten die DSW-Funktionäre deutlich, daß die »Macht der Banken« für sie kein Thema sei. Schon der Begriff sei nach Auffassung der Aktionärsschützer irreführend. Statt von »Macht« solle man lieber von »Einfluß« sprechen. Für die leidige Begriffsverwirrung seien die Banker mitverantwortlich. So sei die Deutsche Bank nicht gut beraten gewesen, als sie das Vorhandensein von »Macht« im Geschäftsbericht 1987 »aufgriff und philosophisch zu begründen versuchte, warum es entscheidend auf das ›Wie‹ bei der Machtausübung ankomme«.

Beim Depotstimmrecht der Banken bemängelt die DSW lediglich die falsche Begriffswahl. Die Public-Relations-Abteilungen des Bankenverbandes hätten »es nicht verstanden«, die Begriffe »Vollmachtsstimmrecht« oder »Auftragsstimmrecht« »gebräuchlich zu machen«, so daß gerade Kritiker gerne vom negativ besetzten Begriff »Depotstimmrecht« sprechen. Grundsätzlich sollte an dem »fälschlicherweise sog. Depotstimmrecht« festgehalten werden, um »Zufallsmehrheiten« in den Hauptversammlungen zu verhindern. Dennoch sei es aus DSW-Sicht ratsam, Teilaspekte zu verbessern, um das Depotstimmrecht funktionsfähig zu erhalten, zugleich aber bestehendes Mißtrauen in der

Öffentlichkeit im Interesse des Kapitalmarktes abzubauen. Hierzu sollten neben der Verbesserung einiger Teilaspekte vor allem Aktionärsvereinigungen »stärker in die Vertretung von Stimmrechten eingebunden werden«.

Kein Problem hat die DSW auch mit dem Anteilsbesitz der Banken. Bei diesem »vordergründig wichtigsten Thema« gelte es, von der »diffusen Diskussion um die Macht der Banken wegzuführen«. Denn es sei eine Tatsache, daß die zehn größten privaten Banken ihren Anteilsbesitz im letzten Jahrzehnt vermindert hätten. Die Zahlen, auf die sich die DSW-Funktionäre dabei stützen, erinnern stark an die Statistiken des Bundesverbandes deutscher Banken. Vielleicht lag es an dieser Stellungnahme, daß die beiden DSW-Geschäftsführer die öffentliche Anhörung des Deutschen Bundestages als Zuhörer verfolgen mußten. Ihnen wurden keine Fragen gestellt. Die Abgeordneten fragten lieber gleich die Banker.

Die DSW ist keineswegs die einzige Organisation von Kleinaktionären in Deutschland. Da gibt es unter anderem die »Frankfurter Gesellschaft für Wertpapierinteressen«, den »Verein zur Förderung der Aktionärsdemokratie« um den Würzburger Professor Wenger und die »Schutzgemeinschaft der Kleinaktionäre« (SdK) aus dem schwäbischen Esslingen. Die SdK ist nach der DSW die größte Vereinigung von Kleinaktionären in Deutschland, und sie ist die wichtigste. Die Schutzgemeinschaft der Kleinaktionäre wurde 1959 auf Initiative privater Anleger gegründet. Die neue Aktionärsvereinigung sollte dazu dienen, »die Interessen der Aktionäre, insbesondere des Streubesitzes, wirkungsvoller zu vertreten«, heißt es im Selbstdarstellungsfaltblatt der SdK. Hauptaufgabe der SdK ist die Sicherung des »Substanzerhalts des Kapitals« und die Durchsetzung einer »risikogerechten Verzinsung«. Außerdem sollen »zeitgerechte und umfassende Informationen über alle wichtigen Vorgänge in unseren Aktiengesellschaften für die Minderheitsaktionäre« erreicht werden. Denn die »Aufwertung und Verteidigung der Position des

Kleinaktionärs in unserer Wirtschaftsordnung« sei »ebenso bedeutend wie das Interesse des Kleinaktionärs an der Gewinnerzielung durch Kauf oder Verkauf von Aktien«.

50 DM kostet die Mitgliedschaft in der SdK pro Jahr. Dafür bietet die Schutzgemeinschaft ihren Mitgliedern den Service einer kostenlosen Stimmrechtsvertretung in Hauptversammlungen und eine monatlich erscheinende Mitgliederzeitschrift: den *AktionärsReport.* In nach eigenen Angaben rund 600 Hauptversammlungen pro Jahr vertreten SdK-Sprecher die Interessen der Kleinaktionäre. Und die Diskussionsbeiträge der SdK-Vertreter unterscheiden sich zumeist wohltuend von dem nur scheinbar kritischen Gerede der DSW-Funktionäre. So fordert die SdK konsequent eine Beschränkung der Macht der Banken in den Hauptversammlungen deutscher Aktiengesellschaften, plädiert für eine grundlegende Reform des Depotstimmrechts und für eine Beschränkung der pro Person zulässigen Aufsichtsratsmandate.

VI

Vertrauen ist der Anfang von allem

Rien ne va plus

Kaum eine Unternehmenskrise oder -pleite in den letzten Jahren, die der Aufsichtsrat nicht durch dezentes Wegschauen oder stilles Einvernehmen mitzuverantworten hatte. Und dies, obwohl die Aufsichtsräte meistens prominent mit führenden Männern der Deutschland AG besetzt sind. Gerade die Banker haben sich bei der Wahrnehmung ihrer Mandate nicht mit Ruhm bekleckert.

Deutschlands drei private Spitzenbankiers Kopper, Sarrazin und Kohlhaussen ließen bei Daimler-Benz jahrelang zu, daß Edzard Reuter Milliardenbeträge in die Luft jagte. Koppers Vorstandskollege Ronaldo Schmitz agierte als Aufsichtsratsvorsitzender der Metallgesellschaft spät und möglicherweise grundverkehrt. Andere Deutsche-Bank-Vorstände stehen ihren Kollegen nicht nach: Eine rabenschwarze Bilanz als Aufsichtsrat konnte auch der inzwischen aus dem Deutsche-Bank-Vorstand ausgeschiedene Herbert Zapp vorlegen. Wo Zapp aktiv wurde, da wurde es in der Tat zappenduster. So etwa bei Nino, 1984 von der Deutschen Bank an die Börse gebracht. Dividende gab es nur zweimal, und der Kurs der Nino-Aktie stürzte von 300 DM auf knapp 50 DM. Inzwischen ging das Unternehmen in Konkurs. Beim Grefrather Textilhersteller Girmes wurde Ulrich Cartellieri von aufgebrachten Aktionären vorgehalten, er und die anderen Aufsichtsräte hätten »tief und fest geschlafen«. Girmes mußte Vergleich anmelden. Dem Nachfolgeunternehmen Girmes GmbH geht es inzwischen wieder prächtig. Deutsche-Bank-Vorstand Rolf-E. Breuer hatte als Aufsichtsratschef bei MAHO die verfehlte Expansionspolitik des Pfrontener Unternehmens begleitet, das 1994 in Konkurs ging. Und 1996 wurde Breuer als Aufsichtsratsvorsitzender der DLW AG in Bietigheim-Bissingen auf der Hauptversammlung von Aktionärssprechern für den schlechten Abschluß mitverantwortlich gemacht.

Nicht besser als Breuer erging es seinem Kollegen Michael Endres in der Hauptversammlung von Klöckner-Humboldt-Deutz (KHD) am 10. September 1996. Auch Endres wurde mit heftigen Vorwürfen konfrontiert, weil das Kölner Unternehmen im Mai 1996 nach Bilanzmanipulationen bei einem Tochterunternehmen erneut am Rande des Konkurses stand. Am 24. Mai 1996, unmittelbar vor der Hauptversammlung der Deutschen Bank, hatte ein Vorstandsmitglied der KHD-Tochter Humboldt-Wedag jahrelange Bilanzfälschungen gestanden. Humboldt-Wedag, die vermeintliche Perle im ansonsten angeschlagenen Konzern, wurde zum Existenzrisiko.

KHD gehört seit Jahren zum engsten Umfeld der Deutschen Bank. Seit Ende der achtziger Jahre ist die Deutsche Bank Großaktionär des Kölner Unternehmens, sie ist Hauptkreditgeber und stellt den Aufsichtsratsvorsitzenden. Beraten läßt sich das KHD-Management von der Unternehmensberatungsfirma Roland Berger, die zu 75 Prozent der Deutschen Bank gehört, und viele ihrer Finanzgeschäfte wickelt KHD mit Tochterfirmen der Deutschen Bank ab: so die umfangreichen Leasinggeschäfte im Immobilienbereich mit einer Düsseldorfer Leasinggesellschaft, die sich zu jeweils 50 Prozent im Eigentum der Deutschen Bank und der Commerzbank befindet, oder Versicherungsgeschäfte mit der Gerling-Versicherung, bei der ebenfalls die Deutsche Bank das Sagen hat.

Die enge Bindung mag sich für die Deutsche Bank ausgezahlt haben, nicht jedoch für KHD. Trotz des zwischenzeitlichen Einsatzes des Top-Sanierers Neukirchen und eines großen Revirements an der KHD-Spitze im Sommer 1995 geht es nicht aufwärts mit dem Konzern. Hilmar Kopper hatte das Amt des

Aufsichtsratsvorsitzenden nach sechs Jahren an seinen Vorstandskollegen Endres übergeben, Anton Schneider wurde neuer Vorstandsvorsitzender. Schneider gehört ebenfalls zum Herrenclub der Deutschland AG. Zunächst arbeitete er als Vorstandsvorsitzender der Dörries Scharmann AG. Nach der Übernahme von Dörries Scharmann durch den Bremer Vulkan wechselte Schneider in den Vorstand des Bremer Werftenverbunds, in dem er für den Bereich Anlagen- und Maschinenbau und zeitweise auch für den Sektor Finanzen und Beteiligungen verantwortlich war. Im März 1995 schied Schneider aus dem Vulkan-Vorstand aus. Zwei Monate später wurde er von der Deutschen Bank zum neuen Vorstandsvorsitzenden von KHD berufen. Dort wollte er sich, so die *FAZ* damals, vor allem um die »operative Ertüchtigung aus eigener Kraft« konzentrieren. Die Abläufe und Kostenstrukturen sollten hierzu verbessert werden; daneben sollten Maßnahmen zur »Steigerung der Motivation und Kreativität der Mitarbeiter Priorität genießen«. Besondere Kreativität legten die Vorstandsmitglieder der KHD-Tochter Humboldt-Wedag bei der Frisierung ihrer Bilanzen an den Tag. Schneider, immerhin Aufsichtsratsvorsitzender der Humboldt-Wedag, merkte davon nach eigenem Bekunden nichts. Ebensowenig wie zuvor von den dreisten Manipulationen beim Bremer Vulkan Verbund.

Bei Deutschlands größtem Werftenverbund hatte der Vorstandsvorsitzende, Friedrich Hennemann, den kontrollfreien Raum, den ihm der dortige Aufsichtsrat einräumte, weidlich genutzt. Hennemann, der seit 1987 an der Spitze des Konzerns stand, vergleicht sich noch heute gerne mit dem Ex-Daimler-Chef Edzard Reuter. Auch der selbsternannte Visionär Hennemann hatte große Pläne. Aus dem Bremer Werftenkonzern wollte er einen »maritimen Technologiekonzern« schmieden. Über wiederholte Erhöhungen des Aktienkapitals beschaffte sich der Vulkan Verbund die finanziellen Mittel für eine gigantische Akquisitionspolitik. 1987 hatte Hennemann zunächst die Bremer Werften zum Bremer Werftverbund unter Führung des Vulkan zusammengefaßt. Später folgte die Übernahme der ostdeutschen Werften in Stralsund, Wismar und Rostock von der Treuhand. Neben dem Schwerpunktgeschäft Schiffbau expandierte der Vulkan in die Bereiche Elektronik und Systemtechnik sowie Anlagen- und Maschinenbau. Von der DASA übernahm der Konzern 1990 deren Schiffbauelektronikunternehmen, die gemeinsam mit der von Krupp erworbenen Atlas Elektronik GmbH zur STN Atlas Elektronik GmbH zusammengefaßt wurden. 1992 kaufte Hennemann von der Voith-Gruppe den Werkzeugmaschinenbauer Dörries Scharmann GmbH in Mönchengladbach, die mit der 1993 von der Metallgesellschaft erworbenen Schiess AG zur Dörries Scharmann AG fusioniert wurde. Schiess galt zuvor als Hauptverlustbringer im MG-Konzern, und die neue Vulkan-Tochter Dörries Scharmann AG brachte dem Vulkan ebenfalls kräftige Verluste. So kam der »maritime Technologiekonzern« Bremer Vulkan trotz dauerhafter Akquisitionen und Umstrukturierungen nicht auf Erfolgskurs.

Am 14. November 1995 endete die Ära Hennemann bei der Bremer Vulkan Verbund AG. Als Hennemann die Kommandobrücke des größten deutschen Werftenkonzerns verließ, hinterließ er ein überschuldetes und kaum zu durchschauendes Firmenkonglomerat. Am 21. Februar 1996 stellte der neue Vorstand unter dem Vorsitzenden Udo Wagner den Vergleichsantrag. Fast 23 000 Arbeitnehmerinnen und Arbeitnehmer in Norddeutschland fürchteten nun um ihre Arbeitsplätze. Am 24. Februar 1996 erstattete die Treuhand-Nachfolgerin Bundesanstalt für vereinigungsbedingte Sonderaufgaben (BvS) Strafanzeige gegen Verantwortliche beim Bremer Vulkan wegen des Verdachts der gemeinschaftlichen Untreue zum Nachteil von ehemaligen Treuhandunternehmen in den neuen Bundesländern. Den Verantwortlichen beim Bremer Vulkan wurde vorgeworfen, Fördergelder der Europäischen Union und Mittel der

Treuhand bzw. der BvS, die für die ostdeutschen Werften des Konzerns bestimmt gewesen waren, in die westdeutschen Vulkan-Betriebe umgeleitet zu haben. EU-Wettbewerbskommissar Karel Van Miert schimpfte, einen solchen Fall von Subventionsmißbrauch wie beim Vulkan habe es in Europa noch nie gegeben. Und BvS-Präsident Heinrich Hornef sah beim Vulkan-Aufsichtsrat eine erhebliche Mitverantwortung: »Der Aufsichtsrat hatte die Pflicht zu prüfen.« Es werde sich »kaum jemand herausreden können, der Hennemann habe das alles allein gemacht«. Am 1. Mai 1996 eröffneten die Amtsgerichte in Bremen und Bremerhaven das Anschlußkonkursverfahren für den Bremer Vulkan. Am 19. Juni 1996 wurde Friedrich Hennemann vorläufig festgenommen. Zwei Tage später erließ ein Bremer Richter Haftbefehl wegen dringenden Tatverdachts sowie Flucht- und Verdunkelungsgefahr. Die Staatsanwaltschaft verdächtigt den Ex-Manager, einen Betrag von 859 Millionen DM im Vulkan Verbund »vorsätzlich, aber nicht eigennützig« fehlgeleitet zu haben.

Von all dem nichts gemerkt hatte nach eigenem Bekunden der Aufsichtsrat der Gesellschaft, in dem mit Louis Graf von Zech von der BHF-Bank, Bernd W. Voss von der Dresdner, Nikolaus Schmidt von der Commerzbank Bremen und Klaus Müller-Gebel aus dem Vorstand der Commerzbank-Zentrale gleich vier Banker vertreten waren. Auch Voss und Müller-Gebel sind Multi-Aufsichtsräte. Voss sitzt neben seinem Mandat beim Bremer Vulkan auch in den Aufsichtsräten von Stinnes und VEBA. Bei Müller-Gebel reicht die Palette der Mandate vom Beirat der Holsten-Brauerei in Hamburg über die Aufsichtsräte der Rheinischen Hypothekenbank, der Deutschen Schiffsbank, der Ruberoid Aktiengesellschaft und des Cornflakes-Produzenten Kellogg's bis zu seinem Mandat beim Bremer Vulkan. Und für seine dortigen Leistungen mußte Müller-Gebel am 24. Mai 1996 auf der Hauptversammlung der Commerzbank von den Aktionären heftige Kritik einstecken. Hohn und Spott ergoß sich über den Banker. Ein Aktionär zitierte genüßlich aus der Seminararbeit eines Bremer Studenten, der bereits 1994 die verfehlte Finanzierung des Bremer Vulkan Konzerns detailliert herausgearbeitet hatte. Dem Kontrolleur Müller-Gebel empfahl er den Besuch eines Volkshochschulkurses zum Thema »Bilanzen«. Besonders unverständlich fanden die Aktionäre, daß Müller-Gebel noch im September 1995 – zu einem Zeitpunkt, als das Desaster des Bremer Vulkan längst unübersehbar war – öffentlich erklärt hatte: »Hier war ein Problemchen, und dieses Problemchen können wir lösen.« Ein Aktionärsvertreter empfahl dem Banker, nach derartigen Fehlleistungen auch die Verantwortung dafür zu übernehmen. Seine Forderung, Müller-Gebel solle sich selbst zu den Vorgängen beim Bremer Vulkan äußern, wurde von den Aktionären mit lautem Applaus bedacht. Doch der Gescholtene hörte sich die Kritik in aller Ruhe an. Erwartungsgemäß stellte sich Aufsichtsratschef Walter Seipp vor den Commerzbank-Manager. Nur der Vorstand einer Aktiengesellschaft in seiner Gesamtheit sei in einer Hauptversammlung auskunftspflichtig, belehrte Seipp die Anwesenden, nicht das einzelne Mitglied. Und Seipp betonte, daß der Gesetzgeber seiner Auffassung nach für diese Regelung auch gute Gründe gehabt habe. Welche Gründe der erfahrene Banker und Aufsichtsrat Seipp damit gemeint hat, blieb ebenso offen wie die Rolle, die Müller-Gebel in dem Trauerstück Bremer Vulkan wirklich gespielt hat. Der Aufsichtsrat der Commerzbank habe auf jeden Fall »volles Vertrauen in Herrn Müller-Gebel«, betonte Seipp abschließend.

Inzwischen hat sich herausgestellt, daß Müller-Gebel das Vertrauen seines Aufsichtsrats offenbar zu Recht genießt. Denn der Banker hat den Zusammenbruch des Bremer Vulkan keineswegs tatenlos verfolgt. Vielmehr tat er das, was Bankenvertreter in solchen Fällen zumeist tun. Sie retten für ihre Bank, was zu retten ist.

Obwohl Commerzbank-Chef Martin Kohlhaussen den Aktionären seiner Bank noch in der Hauptversammlung am 24. Mai 1996 erklärte: »Die Bank wurde im Oktober 1995 überraschend mit den Liquiditätsproblemen des Bremer Vulkan konfrontiert«, wurde wenig später bekannt, daß bereits am 25. August 1995 in den Bremer Geschäftsräumen der den Vulkan prüfenden C & L Deutsche Revision eine Krisensitzung mit Vertretern der Banken, des Senats und des Bremer Vulkan stattgefunden hatte, in der eine akute Deckungslücke beim Vulkan in Höhe von 300 Millionen DM offenbart wurde.

In einer vertraulichen Stellungnahme zum Bericht des Bundesrechnungshofs schreibt die BvS, daß die Commerzbank, die Dresdner Bank und die BHF-Bank »in mehrfacher Weise« am Zusammenbruch des Bremer Vulkans beteiligt waren. Vor allem die Commerzbank, die die Konten für die Durchführung des zentralen Finanzmanagements stellte, soll demnach »Einblick in die Finanzlage, insbesondere die Liquiditätslage« der Werftengruppe gehabt haben. So habe die Commerzbank laut BvS gewußt, daß die Rückführung ihrer kurzfristigen Kreditlinie im Januar 1996 um 115 Millionen DM auf 80 Millionen DM mit »zweckgebundenen Mitteln« der ostdeutschen Betriebe erfolgt sei. Eine besondere Verantwortung mißt die BvS dabei den im Vulkan-Aufsichtsrat vertretenen Bankenvertretern zu. Sie hätten die von ihnen genehmigten Entscheidungen im Aufsichtsrat mitzuverantworten. Denn »das Verhalten der Aufsichtsratsmitglieder ist trotz der persönlichen Mitgliedschaft im Aufsichtsrat unternehmerisch der jeweiligen Bank zuzurechnen«, erklärte die BvS.

Gut zwei Wochen nach der Commerzbank-HV, am 10. Juni 1996, versammelten sich im Bremer Congreß-Centrum rund 60 Gläubiger des Bremer Vulkan zur ersten Gläubigerversammlung. Vulkan-Konkursverwalter Jobst Wellensiek hatte die gesamten Bankverbindlichkeiten des Werftenverbunds zuvor auf 2,4 Milliarden DM beziffert. Und die Banken hätten sich sämtliche Kredite absichern lassen, erklärte Wellensiek, der bitter hinzufügte, die Insolvenzverwalter kämen in Deutschland meistens »fünf nach Zwölf«, wenn alle Verfügungsmittel des betroffenen Unternehmens bereits belastet seien. Den versammelten Gläubigern verkündete Wellensiek an diesem Tag schlechte Nachrichten, zumindest den unbesicherten Gläubigern. Für sie, so der Konkursverwalter, bestehe kaum Hoffnung auf die Befriedigung ihrer Forderungen. Bessere Aussichten hätten jedoch die Sicherungsgläubiger. Wellensiek zeigte sich zuversichtlich, für sie hohe Quoten zu erreichen. Die Banker werden dies gerne gehört haben.

Wie kaum eine andere Branche profitiert die Kreditwirtschaft, wenn es ihren Kunden schlechtgeht. Risikozuschläge im Zinssatz und Überziehungszinsen – solange die Kredite bedient werden, verdienen die Banken gut. Und wenn die Kunden nicht mehr zahlen können, halten sich die Kreditinstitute mit der Verwertung der Sicherheiten schadlos. Bleibt dennoch ein Ausfall, werden die Forderungen (steuermindernd) abgeschrieben. Krisenjahre sind gute Bankenjahre.

Die Bier-Connection

»Ein typisches Bankprodukt« hieß es im Jahre 1995 in großformatigen Anzeigen in allen wichtigen Zeitungen und Zeitschriften des Landes. Ein frisch gezapftes Bier diente als Blickfang für einen eher abgestandenen Text. Die bierselige Anzeige war Teil einer rund zehn Millionen DM teuren Imagekampagne, mit der Deutschlands Privatbanken der wachsenden Kritik an ihrem Geschäftsgebaren begegnen wollten. Und in der Tat haben Deutschlands Banker ein enges Verhältnis zu dem beliebten Gebräu. »Bier und Banken sind beides sehr emotionale Dinge«, beschrieb der Chef der Bayerischen Hypotheken- und Wechselbank, Eberhard Martini, vor einigen Jahren die Verbindung zwischen beiden Branchen. Aber beim Bier waren dem Bayern offenbar die Emotionen durchgegangen. Seine Bank hält inzwischen gewaltige Anteile an großen deutschen Brauereien, die Jahr für Jahr Verluste einfahren. Die Brau und Brunnen AG, Deutschlands größter Bierkonzern, ist der Kern der Bier-Connection der Hypo-Bank. Der Bierriese gehört zu mehr als 50 Prozent der Bayerischen Hypotheken- und Wechselbank, 33,4 Prozent davon hält die Bank direkt und weitere 24,83 Prozent des Grundkapitals über die Porta Vermögensverwaltung München, an der die Hypo-Bank wiederum 50 Prozent der Anteile hält. Die restlichen 50 Prozent hält eine Genfer Firma, vermutlich treuhänderisch für die Hypo-Bank, wie Insider munkeln. Mit knapp 15 Prozent ist zudem auch die Dresdner Bank an Brau und Brunnen beteiligt. Mehr als 100 Biermarken vertreibt der Riese, vom exklusiven Premium- bis zum Billigbier. Im Aufsichtsrat des Getränkekonzerns sitzen mit Eberhard Martini und Hans Fey gleich zwei Vorstandsmitglieder der Hypo-Bank. Und wie vielen Unternehmen, bei denen die Banker ein kräftiges Wort mitreden, geht es auch der Brau und Brunnen AG schlecht. Martini selbst, der nach Einschätzung der *Wirtschaftswoche* in seiner Physiognomie an einen »gemütlichen Braumeister« erinnert, ist inzwischen entnervt über das typische Bankprodukt. »Ich habe immer gesagt, eine Bank ist kein idealer Aktionär für eine Brauerei«, grantelte er im Dezember 1994 über den Verlustbringer Brau und Brunnen. Aber für 1995 versprach er sich und den Aktionären schwarze Zahlen. Wie so oft wurde aus den Versprechungen des Bankiers nicht viel. 1995 wurde für die Brau und Brunnen AG wieder ein düsteres Jahr.

Dabei hatte die Hypo-Bank die Brau und Brunnen AG bei ihrer Firmenexpansion nach Kräften unterstützt. 1995 übernahm Brau und Brunnen von der angeschlagenen Gebr. März AG in Rosenheim die Bavaria St. Pauli Brauerei mit der Bier-Perle Jever für 400 Millionen DM. Eingefädelt hatte den Deal kein anderer als Eberhard Martini. Denn die Bayerische Hypotheken- und Wechselbank spielte inzwischen auch bei der Gebr. März AG eine wichtige Rolle. Das traditionsreiche Familienunternehmen März steckte tief in der Krise. Mit ausgesprochen freigebig ausgeliehenen Krediten hatten insgesamt zwölf Banken, allen voran die Bayerische Hypo, den gewaltigen Expansionskurs der Gebr. März AG finanziert. Neuakquisition folgte damals auf Neuakquisition, das März-Imperium wuchs rasant, ebenso wie die Bankverbindlichkeiten. 1994 übernahmen die Gläubigerbanken endgültig das Ruder bei dem völlig überschuldeten Familienbetrieb. Und an der Spitze des Bankenpools stand Eberhard Martinis Hypo-Bank.

Die Banken legten dem maroden Unternehmen einen Sanierungsplan vor, der vor allem den Verkauf von Beteiligungen vorsah, Verlustbringer ebenso wie die Perlen. Eine davon war die Bavaria St. Pauli Brauerei. Und für die präsentierte der umtriebige Martini alsbald einen interessierten Käufer: die Brau und Brunnen AG. Für 400 Millionen DM erwarb Brau und Brunnen die Bavaria St. Pauli Brauerei. Der Deal sollte aber nur der Anfang sein. Denn Martini wollte auch die restlichen Brauereien von März wie Henninger, Eku oder Eichbaum an Brau und Brunnen verkaufen. Doch die schon abgesprochene Übernahme scheiterte in letzter Sekunde. Die Brau und Brunnen AG ließ die Kaufoption ungenutzt verstreichen. Zum einen fehlte dem Dortmunder Bierriesen das Geld für eine weitere Akquisition, da der zweite Großaktionär, die Dresdner Bank, im Gegensatz zur Hypo-Bank sein Desinteresse an einer erneuten Kapitalerhöhung bekundet hatte. Und schließlich hatte ein bayerischer Spezl den Hypo-Chef in letzter Sekunde gebremst. Josef Schörghuber, bayerischer Brau- und Immobilienkönig, dem unter anderem die Münchner Paulaner Brauerei gehört, verkündete dem Bankier, er empfände es als »unfreundlichen Akt, wenn Eku an einen Konkurrenten außerhalb Bayerns« verkauft würde. Der Wink des guten Geschäftsfreunds wurde verstanden. Das Geschäft platzte. Eku blieb bei März und ging Anfang 1996 in Konkurs, noch ein paar Wochen vor dem Rosenheimer Mutterkonzern.

Denn das Sanierungskonzept der Banken entpuppte sich als Flop. Im März 1996 beantragte der März-Konzern den Vergleich, einen Monat später folgte der Anschlußkonkurs. »Ein kläliches Ende« für das 1906 in Rosenheim gegründete Familienunternehmen, bei dem die Hypo-Bank selbst nach Einschätzung des *Handelsblatts* eine »undurchsichtige Rolle« gespielt hatte. Aber wenigstens für Eku fanden die Banken dann doch noch einen Käufer: die Reichelbrauerei AG, die zum Konzern von Josef Schörghuber gehört.

Auch mit Brau und Brunnen ging es weiter bergab. Im Geschäftsjahr 1995 erwirtschaftete der Konzern einen Verlust von 181 Millionen DM. Ohne die Neuerwerbung Jever wäre es für den angeschlagenen Konzern ganz düster geworden. Dann hätte Brau und Brunnen, so der Vorstandsvorsitzende Friedrich Ebeling, »keine Chance« gehabt. Aber dank Jever hätte der Bier-Konzern sein Portfolio »signifikant« verbessern können. Dies bezweifelten in der Hauptversammlung der Brau und Brunnen AG am 8. Juli 1996 auch kritische Aktionäre keineswegs. Sie warfen dem Vorstand jedoch vor, die Bavaria-Beteiligung zu einem viel zu hohen Kaufpreis erstanden zu haben. Im Zentrum der Kritik stand dabei Aufsichtsratsvorsitzender Eberhard Martini. Denn die 400 Millionen, die Brau und Brunnen damals an die Gebr. März AG überwiesen hatte, sollen laut *Focus* bei dem Rosenheimer Unternehmen vornehmlich der Absicherung von Krediten der Hypo-Bank gedient haben.

Die Zeche zahlen die Kleinen

Manager sind für Thyssen-Chef Dieter Vogel »Romantiker, getrieben von derselben Sehnsucht wie Goldgräber. 90 Prozent leben vom Prinzip Hoffnung.« Wenn die nicht aufgeht und Deutschlands »Topmänner« Milliarden »verspielen«, bezahlen die Zeche nicht nur die Kleinaktionäre, im Insolvenzfall auch

Gläubiger – und immer die Arbeitnehmer. Als besonders top galt im Herrenclub einige Zeit lang derjenige, der die höchsten Zahlen beim Personalabbau verkündete. Konzentrierten sich die Unternehmensleitungen also schon zu wirtschaftlich guten Zeiten auf die Rationalisierung des Faktors Arbeit statt auf Forschung und Entwicklung, Produktionsverfahren, Kundenorientierung, After Sales Service etc., so kam es im Sanierungsfall zum Kahlschlag.

Jürgen Schrempp, der neue Chef der Daimler-Benz AG, ist so ein Mann der Tat, ein Typ, der anpackt, wenn es notwendig ist. Ebenso konsequent, wie sich der Reuter-Nachfolger den Ballast des »integrierten Technologiekonzerns« seines Vorgängers vom Hals schaffte, wehrt sich der resolute Manager auch schon mal gegen italienische Ordnungshüter. Die hatten den Daimler-Chef samt Begleitung am 19. Juli 1995 um zwei Uhr nachts vor der Piazza di Spagna in Rom in »fröhlicher Stimmung mit einer Flasche Wein in der Hand« angehalten. Die Kontrolle paßte Schrempp offenbar nicht. Nach einer wortreichen Auseinandersetzung mußten die Herrschaften mit auf die Wache. Presseberichten zufolge soll der Daimler-Manager dabei energisch zugepackt haben; mit der Folge, daß eine italienische Polizistin nach einem Handgemenge wegen Quetschungen am Handgelenk in ärztliche Behandlung mußte.

Jürgen E. Schrempp gilt als Ziehsohn von Ex-Chef Edzard Reuter und dessen Aufsichtsratsvorsitzendem Hilmar Kopper. Als Chef des Hauptverlustbringers DASA trug er jahrelang Mitverantwortung für die verfehlte Expansionspolitik des Konzerns. In der Hauptversammlung des Jahres 1995 saß er still unweit seines Förderers Edzard Reuter, der verbale Prügel einstecken mußte für die unübersehbaren Mißerfolge seiner Amtszeit. Aktionäre wollten schon damals von Schrempp wissen, wie der designierte Chef zur Politik seines Vorgängers stehe. Doch Versammlungsleiter Kopper erteilte Schrempp nicht das Wort. Kaum im Amt, griff Schrempp energisch durch. Zunächst liquidierte er die

AEG, dann trennte sich Schrempp von seinem »Lovebaby« Fokker, das der DASA-Chef Schrempp einst in den Daimler-Konzern eingekauft hatte, um sich nun nach dramatischen Verlusten an Geld und Renommee wieder davon zu verabschieden. 2,3 Milliarden Verlust, die Existenz eines europäischen Traditionsunternehmens mit 5000 Arbeitsplätzen – »so what?« Natürlich stehe er zu seiner »persönlichen Verantwortung«, erklärte der Manager am 10. April 1996 gegenüber Journalisten in feuchtfröhlicher Stimmung. »Ich bin der erste Topmann, der 2,3 Milliarden Mark verspielt hat und dann auch noch ohne Umschweife sagt: Das war ganz alleine meine Schuld.« Und während manch ein Journalist noch verdutzt über derart freimütige Selbstbekenntnisse die Brauen hob, setzte Schrempp nach: »Während andere Manager für 50 Millionen entlassen werden, stehe ich noch hier. Finden Sie das arrogant? Ja, ich sehe es Ihnen an! Schreiben Sie es auf!« Mit gelockerter Zunge hatte sich Schrempp an diesem Abend geoutet. An anderer Stelle legte Schrempp noch einen drauf. »Ich habe mit Deutschland ja sowieso nicht viel am Hut«, bekannte der Manager, der wenige Wochen später in der Hauptversammlung der Daimler-Benz AG programmatisch seine Hoffnung zum Ausdruck brachte, »daß es der Bundesregierung gelingt, ihr Sparprogramm ohne Abstriche umzusetzen«. Von Verantwortung für das Land und von schmerzhaften Einschnitten zum Wohle des Standortes reden die Herren der Deutschland AG gern. Aber nicht alles, was gut ist für die Deutschland AG, ist auch gut für Deutschland.

»Der Vollstrecker« (*Hessischer Rundfunk*) Kajo Neukirchen gibt in ungewohnter Offenheit zu: »Der kleine Mann muß ausbaden, was große Tiere ihm eingebrockt haben.« Neukirchen selbst hinterließ nach Meinung von Kollegen eine Spur der Verwüstung. So wie er, sagen Vorstandsmitglieder unter vier Augen, könnten sie jedes Unternehmen kurzfristig optisch aufpolieren. Neukirchen gehe stets, bevor die eigentliche Aufgabe beginne.

Der 54jährige Manager gilt als der Topsanierer der Deutschen Bank. Auf dem zweiten Bildungsweg hat der Arbeitersohn sein Abitur gemacht, danach Physik und Volkswirtschaft studiert. Nach der Promotion begann er seine Karriere als Assistent bei einer Philips-Tochter in Wuppertal. 1981 wechselte er zum deutschen Tochterunternehmen des schwedischen Kugellagerproduzenten SKF nach Schweinfurt. Vier Jahre später übernahm er dort die Leitung der Geschäftsführung. Im Sommer 1987 berief ihn die Deutsche Bank zum Vorstandsvorsitzenden des angeschlagenen KHD-Konzerns. Start einer beispiellosen Karriere in der Deutschland AG. Dort begründete Neukirchen seinen Ruf als »knallharter Sanierer«. Als ihn die Deutsche Bank im Frühjahr 1991 zum neuen Vorstandschef des angeschlagenen Dortmunder Hoesch-Konzerns machte, sollen der *Wirtschaftswoche* zufolge die Mitarbeiter seines alten Arbeitgebers KHD »aufgeatmet« haben. Der Sanierer sei bei seinem Restrukturierungsprogramm zu weit gegangen, hieß es in Köln. Neukirchen hatte während seiner vierjährigen Amtszeit ein Drittel der KHD-Belegschaft »abgebaut«; unter den Abteilungsleitern herrschte damals »eine wahnsinnige Angst vor Neukirchen«, zitierte das Magazin einen Insider: »Jegliche Motivation fehlt.«

Die Amtszeit von Neukirchen fand bei Hoesch schon nach kurzer Zeit ein jähes Ende. Der Duisburger Konkurrent Krupp hatte den Hoesch-Konzern übernommen. Für Neukirchen blieb nun lediglich die Position des zweiten Mannes unter dem neuen Chef, dem Krupp-Vorstandsvorsitzenden Gerhard Cromme. Neukirchen winkte dankend ab, einen wie ihn drängt es an die Spitze. Mit einer saftigen Abfindung und ein paar lukrativen Aufsichtsratsmandaten wie denen beim Schweinfurter SKF-Konkurrenten FAG Kugelfischer oder bei den Duisburger Klöckner-Werken hätte sich der 49jährige als »sanierter Sanierer« in einen angenehmen Ruhestand zurückziehen können. Aber diese Perspektive reichte dem dynamischen Macher nicht. »Die Aufsichtsratsmandate langweilen mich, die füllen mich nicht aus«, beklagte er sich laut *Manager-Magazin* bei einem Vertrauten. Zur rechten Zeit ereilte ihn der erneute Ruf seiner Frankfurter Freunde. Die Deutsche Bank suchte mal wieder einen Sanierer – diesmal für die Metallgesellschaft.

Neukirchen kam nach Frankfurt. In Blickweite zur Zentrale seiner Förderer schlug er nach dem gewohnten Schema zu. Knallharte Sanierung, Kostensenkung, Verkauf von Unternehmensteilen und Abbau von Arbeitsplätzen; der neue Chef kürzte Investitionen, kappte Personal und Privilegien. »Ein Schmusekurs ist fehl am Platz«, verkündete Neukirchen direkt nach seinem Dienstantritt den Mitarbeitern. »Ironischerweise gilt gerade der Jobkiller und Sparkommissar Kajo Neukirchen als besonders empfänglich, wenn es um Privilegien und Statussymbole geht«, charakterisiert die *Wirtschaftswoche* den Sanierer, der Wasser predigt und Wein trinkt.

Rund 20 000 Mitarbeiter verschwanden in den ersten fünfzehn Monaten der Amtszeit Neukirchens von der Gehaltsliste des Konzerns. Die meisten durch den Verkauf ehemaliger Tochterunternehmen; aber rund 3700 Arbeitsplätze hat der Sanierer nach eigenem Bekunden »wegrationalisiert«. Und wie immer schien Neukirchen auch diesmal Wunderdinge zu bewirken. Bereits nach einem Jahr verkündete der Manager einer staunenden Öffentlichkeit den Turnaround. Die Metallgesellschaft sei wieder ein gesundes Unternehmen.

Das Image des knallharten Sanierers mag Neukirchen nicht, obgleich er es kontinuierlich mit handfesten Taten untermauert. In Deutschland habe das Sanieren einen »negativen Beigeschmack«, beklagt er sich in einem Interview über die Ungerechtigkeiten der öffentlichen Meinung: »Da heißt es: Der ist ein Jobkiller. Es wird aber nie gesagt: Der hat einen Konzern und damit Zehntausende von Arbeitsplätzen gerettet. Wenn ein Manager in Amerika so etwas macht, wird er gefeiert.« Gefeiert wird der verkannte Manager bislang nicht einmal von den Börsianern. Nach einem Kurshoch von über 35 DM zum März

1996 – wie bestellt im Vorfeld der Hauptversammlung – brach die MG-Aktie Ende Juni 1996 wieder auf unter 25 DM ein. Die Börse traut den frohen Botschaften des Kajo Neukirchen offenbar nicht.

Regelrecht empfindlich wird der harte Mann Neukirchen, wenn es um seine eigenen Belange geht. Eine Fernsehreportage des *Hessischen Rundfunks (HR)* über die zweifelhaften Vorgänge bei der Sanierung der Metallgesellschaft versuchte Neukirchen mit allen Mitteln zu verhindern. Man behalte sich rechtliche Schritte gegen die Ausstrahlung des Berichts vor, drohte die Metallgesellschaft den öffentlich-rechtlichen Fernsehmachern. Schließlich erwirkte die Metallgesellschaft die Verlesung einer Gegendarstellung im *ARD*-Programm, eine nach dem Presserecht ohne sachliche Prüfung ihres Inhalts gebotene, aber im Fernsehen ausgesprochen ungewöhnliche Maßnahme. Ein Millionenpublikum konnte sich so davon überzeugen, wie ernst die Metallgesellschaft die gegen Neukirchen erhobenen Vorwürfe nahm. Einen Tag zuvor hatten die Leser der *FAZ* die Gegendarstellung bereits im Wirtschaftsteil der Zeitung nachlesen können. Ein netter Service des im Gegensatz zum *HR* dazu nicht verpflichteten Frankfurter Blattes, das bekanntlich am 6. Dezember 1993 den Beinahe-Zusammenbruch der Metallgesellschaft mit einem auf Insiderinformationen beruhenden Artikel eingeleitet hatte. Und natürlich hatte die *FAZ*, ebenso wie das *Handelsblatt*, bereits die Aussendung der *HR*-Reportage mit mehreren wohlfeilen Kommentaren begleitet. Wohl dem, der gute Freunde hat.

Wie geschmiert

Die Bank gewinnt immer. Diese Zocker-Erkenntnis gilt offenbar nicht nur im Spielcasino. Der Fall Metallgesellschaft ist auch hier ein Musterbeispiel für die ungleiche Verteilung von Chancen und Risiken. Während Tausende Arbeitnehmer ihren Arbeitsplatz verloren, Tochterunternehmen verkauft wurden und die normalen Aktionäre viel Geld einbüßten, kamen die Hauptakteure ungeschoren davon. Deutsch-Bankier Hilmar Kopper verkündete, nicht kleinlaut, sondern sichtlich stolz, daß sein Haus bei der Metallgesellschaft keinen Verlust erlitten habe. Erklären läßt sich das nur, wenn man noch einmal aufrollt, wann die Schieflage des Konzerns mit welcher Begründung öffentlich wurde, und wie die Deutsche Bank in der heißen Phase agiert hat.

Im Herbst 1993 wußten die Banker längst, was die Öffentlichkeit nur vermutete – ihr MG-Kartenhaus war zusammengebrochen. Die Visionen des MG-Chefs Heinz Schimmelbusch, ein Protegé der Frankfurter Banken, dessen gigantischen Expansionskurs sie finanzierten und auf vielfältige Weise flankierten, waren nicht aufgegangen. Die erhofften Synergie-Effekte traten im MG-Konzern ebensowenig ein wie bei der Daimler-Benz-Expansion unter Edzard Reuter. Statt dessen drohten der Metallgesellschaft alleine aus dem operativen Geschäft Milliardenverluste. Nun sollten die Stichtagsverluste aus den Ölgeschäften für die Inszenierung herhalten. Dabei schienen diese Geschäfte der Metallgesellschaft zu laufen wie geschmiert. Mit ihrer amerikanischen Tochtergesellschaft MG Corp. wurde sie innerhalb kürzester Zeit zu einem gigantischen Ölgroßhändler. Von Oktober 1992 bis Ende 1993 wurde das Volumen von 19 auf 160 Millionen Barrel erhöht. Dies entspricht dem Achtzigfachen der Tagesproduktion von Kuwait und würde in etwa ausreichen, um die gesamte Bundesrepublik zwei Monate lang mit Öl zu versorgen.

Das rasante Wachstum wurde mit erheblichen Risiken erkauft. So war die Metallgesellschaft gegenüber ihren Abnehmern außergewöhnlich langfristige Öl-Lieferverpflichtungen zu festen Preisen eingegangen. Etwa 500 Kunden sicherten sich so auf bis zu zehn Jahre Festpreise für Ölprodukte wie Benzin, Diesel und

Heizöl. Neben dem Preisänderungsrisiko kaufte sich die MG damit auch ein erhebliches Kreditrisiko ein. Denn zu den Kunden der MG Corp. gehörten viele freie Tankstellen in den USA, die die lange im voraus vereinbarten Mengen bei sinkenden Ölpreisen nicht mehr zum vereinbarten Preis hätten abnehmen können, ohne die eigene Existenz zu gefährden. Folglich hatte die MG einem Teil ihrer Abnehmer die Option eingeräumt, unter bestimmten Umständen aus den langfristigen Verträgen auszusteigen. Das machte die Steuerung der Geschäfte noch komplizierter.

Die Metallgesellschaft mußte nun zur eigenen Absicherung den Lieferverpflichtungen der Zukunft Kontrakte gegenüberstellen, nach denen sie Öl erwerben konnte. Täglich werden auf der Welt zu solchen Zwecken sogenannte Termingeschäfte abgeschlossen. Damit sichern sich Hersteller, Transporteure und Händler gegen Preisschwankungen ab. Terminkontrakte werden in standardisierter Form an der Börse und individuell »over the counter« auf OTC-Märkten gehandelt. Es ist jedoch in diesem Geschäft unüblich, Verträge über derart lange Laufzeiten abzuschließen, wie sie die MG ihren Kunden offeriert hatte. An den Terminbörsen betragen die Laufzeiten bei Rohöl höchstens drei Jahre, bei Heizöl gar maximal achtzehn Monate und bei Benzin nur neun Monate. Der Umfang der Geschäfte der MG war aber so groß, daß eine Absicherung am OTC-Markt nicht im entsprechenden Volumen möglich war. Es blieb nur die Börse und damit der Zwang, langfristige Verpflichtungen kurzfristig abzusichern.

Die Grenzen zwischen reiner Absicherung (Hedging) und Spekulation wurden dadurch fließend. Die Hedging-Strategie läßt sich anschaulich als »synthetische Lagerung« umschreiben, da die eingegangenen Lieferverpflichtungen durch Terminkontrakte, Swaps und Optionen gesichert, also quasi in Papierform gelagert werden. Durch die unterschiedliche Fristigkeit der Verträge besteht jedoch das Risiko, daß sich der Preis für kurzfristige Öllieferungen stark, der für langfristige aber nur geringfügig verändert. Im für die MG günstigen Fall verdiente sie an dieser Differenz. Die verkauften Kontrakte mit einer Laufzeit von fünf bis zehn Jahren wurden durch revolvierende Käufe von kurzfristigen Kontrakten an der Nymex gesichert. Jeweils kurz vor der Fälligkeit der kurzfristigen Positionen wurden sie auf neue Kontrakte mit späteren Terminen überwälzt. Solange kurzfristig lieferbares Öl teurer war als langfristiges, machte die Metallgesellschaft jeweils einen guten Schnitt. Von 1986 bis 1992 profitierte sie meist von diesem Phänomen; besonders während des Golfkrieges, als Öl knapp war. Doch für die Zukunft zeichnete sich eine Angebotsausweitung und damit Preissenkungen ab.

Teuer wurde es für die Metallgesellschaft, als sich die Marktverhältnisse 1992 normalisierten. Jede Überwälzung der Absicherungsposition auf spätere Termine kostete nun Geld. Im September 1993 kaufte die MG vor der mit Spannung erwarteten OPEC-Tagung noch einmal Terminkontrakte über 60 Millionen Faß Öl. Wäre der Preis jetzt gestiegen, hätte die Metallgesellschaft mit ihrem Gesamtvolumen von 160 Millionen Barrel Öl je Dollar Preisanstieg 160 Millionen Dollar Gewinn gemacht. Doch das Vabanquespiel ging nicht auf; der nach der OPEC-Tagung einsetzende Preisanstieg war nicht von Dauer. Im Gegenteil: Im Oktober brach der Ölpreis ein und rutschte bis Anfang Dezember 1993 auf 14 Dollar. Die großen Verluste bei den kurzfristigen Kontrakten konnten nun nicht mehr durch die rechnerischen Gewinne aus den langfristigen Verträgen ausgeglichen werden. Die MG mußte zusätzliche Sicherheiten bei der Nymex hinterlegen.

Als am 6. Dezember 1993 das von Frankfurt aus gezielt gestreute Gerücht die Runde machte, die Metallgesellschaft befinde sich in Liquiditätsproblemen, kam eine dramatische Entwicklung in Gang. Schon zuvor war das hohe Engagement der Metallgesellschaft aufgefallen, andere Marktteilnehmer hatten an der Nymex gezielt gegen die MG spekuliert. Deutsche Bank und Dresdner Bank stellten kurzfristig zusätzliche Kreditlinien in Höhe von über 1,5 Milliarden DM zur Verfügung. Deutsche-Bank-Chef Hilmar Kopper sprach tags darauf beruhigend von einem lediglich »plötzlich aufgetretenen, technisch bedingten Liquiditätsproblem«. Und sein Kollege Ronaldo Schmitz beteuerte, das Vertrauen in MG-Vorstandschef Heinz Schimmelbusch sei »ungebrochen«, die Probleme habe man »im Griff«.

Zehn Tage später wurde der zierliche Mann energisch. Ronaldo Schmitz wollte durchgreifen. Die Aufsichtsräte der Metallgesellschaft kamen am 17. Dezember 1993 in Frankfurt zu einer außerordentlichen Aufsichtsratssitzung zusammen. Die Räte wollten wissen, was es mit den Termingeschäften an der Nymex und der Liquiditätssituation des Unternehmens auf sich hatte und wie die gigantischen Verluste zustande gekommen waren. Aus gut informierten Kreisen wußte man, daß die Banken den Schuldigen längst ausgemacht hatten. Heinz Schimmelbusch sollte die alleinige Verantwortung für den Zusammenbruch des Frankfurter Wirtschaftsgiganten übernehmen.

Das Ergebnis der Sitzung war wie immer einstimmig und an Klarheit nicht zu übertreffen. Bei der Metallgesellschaft wurde aufgeräumt. Sechs von acht Managern des Frankfurter Konzerns mußten ihre Posten räumen. Heinz Schimmelbusch und sein Finanzchef Meinhard Forster wurden, so hieß es zunächst, »fristlos gefeuert«, jegliche Zahlungen an die beiden mit sofortiger Wirkung eingestellt. Erst viel später stellte sich heraus, daß MG-Aufsichtsratschef Ronaldo Schmitz seinem Vorstandsvorsitzenden nicht fristlos gekündigt, sondern einen Aufhebungsvertrag mit ihm vereinbart hatte. Vier weitere Vorstandsmitglieder wurden in den Ruhestand geschickt oder zu Tochtergesellschaften der Metallgesellschaft »strafversetzt«. Wegen der Umstände, »die auch aktienrechtliche Pflichtverletzungen bisher zuständiger Vorstandsmitglieder offenbaren«, habe der Aufsichtsrat die »gebotenen personellen Konsequenzen« gezogen, hieß es in der offiziellen Erklärung. Außerdem ordnete der Aufsichtsrat eine Sonderprüfung an, die die im Zusammenhang mit den Öltermingeschäften stehenden nordamerikanischen Konzerngesellschaften Metall Corp., MG Natural Gas und die MG Refining und Marketing sowie weitere ausgewählte Geschäftsbereiche »eingehend« durchleuchten sollte.

Zum Nachfolger des geschaßten Heinz Schimmelbusch ernannte die Runde Karl-Josef Neukirchen. Neukirchen und Oberaufseher Schmitz wollten nun »retten, was zu retten ist«. Der New Yorker MG-Chef-Ölhändler Arthur W. Benson wurde mit sofortiger Wirkung von seinen Aufgaben entbunden. Die Führung der MG-Energie-Aktivitäten übernahm auf Bitte der Deutschen Bank Nancy Kropp-Galdy. Die war in der Woche zuvor von ihrem Wohnort Florenz nach Frankfurt geflogen und hatte mit der Deutschen Bank die Strategie abgestimmt. Schon einmal war die Ölhändlerin den Frankfurtern zu Diensten gewesen, um ihnen 1988 bei der verunglückten Ölspekulation des Duisburger Handelshauses Klöckner & Co. aus der Klemme zu helfen.

Nancy Kropp-Galdy liquidierte nun Hedging-Positionen in erheblichem Umfang. Dadurch wurden bisherige Buchverluste realisiert. Der von Schimmelbusch für den Konzern insgesamt im November bezifferte Fehlbetrag von 347 Millionen DM erhöhte sich so um 770 Millionen DM aus den Ölgeschäften. Und Neukirchen förderte nach und nach Erschreckendes über den Zustand der Metallgesellschaft zu Tage. Der Weltkonzern hatte im letzten Geschäftsjahr alleine aus dem operativen Geschäft ein Defizit von nahezu einer Milliarde DM eingefahren. Hinzu kamen die Verluste aus den Ölgeschäften. Und auch die erhöhten sich noch einmal. Bereits im ersten Quartal des neuen Geschäftsjahres war der bisher nur als Potential genannte Verlust in Höhe von 1,5 Milliarden DM realisiert.

Hatte Hilmar Kopper beim Auftauchen der ersten Gerüchte über die finanziellen Probleme der Metallgesellschaft noch zu »etwas mehr Gelassenheit« aufgefordert und betont, man spreche »nicht von existentiellen Risiken«, so erklärte die Deutsche Bank fünf Wochen später in einem Schreiben an die übrigen Gläubigerbanken, die MG »befindet sich in einer existenzbedrohenden Krise«. Doch während Kopper noch zur Ruhe mahnte, hatte sich sein Haus gemeinsam mit der Dresdner Bank für die kurzfristig zur Verfügung gestellten 1,5 Milliarden DM die Industrie-Perlen des MG-Konzerns, Dynamit-Nobel und Buderus, sicherungsübereignen lassen.

Am 5. Januar 1994 trafen sich im Frankfurter Hauptquartier der Metallgesellschaft die Vertreter der 120 Gläubigerbanken. MG-Chef Kajo Neukirchen offenbarte die dramatische Überschuldung der Gesellschaft und präsentierte einen Rettungsplan. Binnen einer Woche sollten die Banken definitiv darüber entscheiden, ob sie bereit seien, der MG mit Milliarden unter die Arme zu greifen. Andernfalls bliebe nur der Gang zum Konkursrichter. Das von ihm und der als Vorsitzende des Koordinationsausschusses der Gläubigerbanken fungierenden Deutschen Bank vorgelegte Sanierungskonzept für die MG stieß auf heftigen Widerstand – bei den Gläubigern, die nicht zum Frankfurter Herrenclub gehören. Ein Auslandsbanker meinte, das ganze Verfahren zeichne kein sehr glückliches Bild von der Art und Weise, wie in Deutschland solche Dinge geregelt werden, und schlußfolgerte: »Daraus werden noch viele Lehren zu ziehen sein.« Den Aufstand aber wagten zwei Landesbanken, vorneweg die Norddeutsche (Nord/LB), die zu 60 Prozent den Ländern Niedersachsen, Sachsen-Anhalt und Mecklenburg-Vorpommern gehört. Auch die nordrhein-westfälische WestLB meldete Änderungswünsche an. Nur die Bayerische Landesbank, zweitgrößter Kreditgeber der MG, war politisch so stark eingebunden, daß sie vorab Zustimmung signalisierte.

Stein des Anstoßes war der Versuch der Hauptanteilseigner Deutsche und Dresdner Bank, zur Sanierung weit weniger beizutragen, als es ihren Anteilen entspräche, und die Aktionäre insgesamt besser zu stellen als die Kreditgeber. Eine Perversion der Funktionen von Eigen- und Fremdkapital. Nord/LB-Chef Manfred Bodin hielt dagegen: »Es gehört zu den guten Gepflogenheiten von Beteiligungen, daß diejenigen, die sie halten, dafür einstehen.« Schließlich, so die bemerkenswerte Begründung des Bankers, übten sie über Hauptversammlung und Aufsichtsrat auch Einfluß auf die Führung aus, im Gegensatz zu jenen Banken, die nur Kredite gegeben hätten. Bodin hielt es für unangemessen, sofort mit dem Konkurs der Metallgesellschaft zu drohen, nur um die Gläubiger unter Druck zu setzen, dem Konzept der Deutschland AG zuzustimmen. Zu den Hauptanteilseignern der MG gehören bekanntlich neben Deutscher und Dresdner Bank auch Allianz und Daimler-Benz. Die wollten den üblichen Weg der Sanierung, einen Kapitalschnitt mit anschließender Wiederaufstockung, vermeiden. Denn der hätte nur sie, die Eigentümer, belastet und die Rückzahlung gegebener Darlehen für alle sichergestellt.

Um das zu verhindern, wurde ein enormer Zeitdruck aufgebaut. Nach der Verkündung des Konzeptes sollte nur eine Woche Erklärungsfrist für die Gläubigerbanken bleiben. Für den Fall, daß auch nur eine Bank nicht mitziehe, wurde mit dem Konkurs bzw. dem Vergleich gedroht. Angesichts der gefährdeten Arbeitsplätze und des von außen kaum zu durchschauenden Spiels war damit auch der öffentliche Druck auf die Gläubigerbanken enorm. So appellierte der Betriebsrat der Metallgesellschaft eindringlich an die Nord/LB, ihren Widerstand aufzugeben. Dabei hatte Manfred Bodin deutlich gesagt: »Wir sind nicht diejenigen, die die MG in einen Vergleich oder Konkurs treiben können oder wollen.« Die Nord/LB sei bei ihren Krediten über 240 Millionen DM zu einem Rangrücktritt bereit. Folgten andere diesem Beispiel, bestünde kein Zeitdruck mehr. Auch die Nord/LB wollte die Metallgesellschaft retten: »Wir wollen einen erheblichen Beitrag dazu leisten, nicht aber in diktierter Form«, so Bodi .

Das Vorpreschen der Nord/LB ermutigte die Auslandsbanken, ihren Bedenken Nachdruck zu verleihen. Auch die Franzosen sperrten sich nun gegen das Sanierungskonzept der Deutsch-Banker. Die wollten zunächst die benötigte Finanzspritze in Höhe von 3,4 Milliarden DM aufbringen durch eine Kapitalerhöhung der Metallgesellschaft, die Umwandlung von Forderungen in nachrangiges Genußkapital und neue Kredite. Die Kapitalerhöhung um nominal 280 Millionen DM sollte bei einem Ausgabepreis von 250 DM je Aktie im Nennwert von 50 DM neue Eigenmittel in Höhe von 1,4 Milliarden DM bringen. Zeichnen sollten die Großaktionäre Deutsche Bank, Dresdner Bank, Allianz, Daimler-Benz und Scheichtum Kuwait entsprechend ihrem bestehenden Aktienanteil und die anderen Großgläubiger entsprechend ihrem Anteil an den Forderungen. Besonders trickreich agierte dabei die Deutsche Bank, deren Beteiligung deutlich niedriger war als ihr Anteil an den Forderungen. Die Umwandlung von Forderungen in Genußkapital sollten alle Großgläubiger vornehmen. Dieses Genußkapital könnte ab 1996 in Aktien umgewandelt werden. Die restlichen 700 Millionen sollten als neue Kredite von allen Großgläubigern außer von den Aktionärsbanken aufgebracht werden.

Dem stellte die Nord/LB die Forderung gegenüber, Deutsche und Dresdner Bank sollten einen Vorabbeitrag als Miteigentümer der Metallgesellschaft erbringen. Als möglicher Weg wurde ein Kapitalschnitt mit anschließender Wiederaufstockung gesehen. Wenn das Grundkapital der MG beispielsweise auf zehn Prozent des Wertes zusammengestrichen und anschließend zum Preis von 250 DM je Aktie auf den alten Stand wiederaufgestockt würde, kämen zwei Milliarden DM in die Kasse. Diesen Betrag müßten nur die Aktionäre tragen, erst bei den verbleibenden 1,4 Milliarden DM wären auch die Gläubiger gefordert.

Zumindest müßten sich, so die Forderung der WestLB, die beiden Aktionärsbanken bei ihrem Konzept auch an den Neukrediten für die Metallgesellschaft im Umfang von 700 Millionen DM beteiligen. Die Deutsche Bank reagierte, Widerspruch nicht gewohnt, »mit äußerstem Befremden«. Der sonst so distinguiert wirkende Deutsch-Banker von Boehm-Bezing verlor in der Sitzung jegliche Contenance. Lautstark beschimpfte er die Vertreter der französischen Banken, weil sie nach stundenlangen Verhandlungen immer noch nicht bereit waren, dem von den Frankfurter Banken so mühevoll konstruierten Sanierungsplan zuzustimmen. Dennoch mußte sich Boehm-Bezing bewegen. Schon die Umwandlung der Gläubigerforderungen in nachrangiges Kapital bedeutete den Verzicht auf Zinsen und die Einbindung in die weitere Entwicklung des Unternehmens. Da mußten Deutsche und Dresdner Bank sich wenigstens an den Neukrediten stärker beteiligen. Nach zehnstündigen Verhandlungen einigten sich die 120 Gläubigerbanken schließlich auf ein modifiziertes Konzept. Danach übernahmen Deutsche Bank und Dresdner Bank zusätzlich fast 350 Millionen DM an Neukrediten und einen höheren Anteil bei der Kapitalerhöhung, womit sich die Quote der Gläubigerbanken entsprechend verringerte.

Kurz vor halb neun an diesem Samstagabend, dem 15. Januar 1994, traten daraufhin erschöpft, aber zufrieden Carl von Boehm-Bezing und Kajo Neukirchen vor die wartenden Journalisten und verkündeten die Zustimmung der Gläubigerbanken. Damit war der Konkurs abgewendet. Die Banken inszenierten sich nun als Retter des Unternehmens, das sie selbst an den Rand des Ruins begleitet hatten.

Die Bank gewinnt immer

Vieles in der Geschichte der Metallgesellschaft paßt nicht zusammen. Klar ist, daß sich Heinz Schimmelbusch binnen weniger Jahre ein gigantisches Firmenimperium zusammengekauft hatte. Ebenso klar ist, daß die Deutsche und die Dresdner Bank diese Akquisitionspolitik nicht nur geduldet, sondern aktiv unterstützt haben, schließlich hatten sie schon Anfang der neunziger Jahre Akquisitionen der MG eingefädelt und durch eigene Beteiligungen flankiert.

Befremdlich auch, daß die Deutsche Bank Research schon seit geraumer Zeit vom Kauf von Metallgesellschaftsaktien abriet, wovon das Vorstandsmitglied der Deutschen Bank im MG-Aufsichtsrat nichts gewußt haben will. Die Aktien seien, so vermeldeten auch die Research-Institute anderer Banken, fundamental überteuert. Auch von den ausufernden Öltermingeschäften der MG Corp. in New York wollen die Banker in Deutschland nichts gewußt haben. Dabei konnte man bereits im MG-Geschäftsbericht 1991/92 nachlesen, daß das Energiegeschäft in New York stark ausgebaut werden sollte. Besonders peinlich für die Deutsche Bank ist, daß sie Anfang 1993 in einer Presseerklärung verkündet hatte, gemeinsam mit der Metallgesellschaft spezielle Dienstleistungen im Risikomanagement für Ölprodukte anzubieten.

Es besteht der Verdacht, daß es nicht die Ölspur war, die die Metallgesellschaft ins Schlingern brachte. Der frühere Chef-Ölhändler der MG, Arthur W. Benson, pocht darauf, daß die Öltermingeschäfte langfristig hohe Gewinne versprochen hätten. Es sei jedoch von Anfang an klargewesen, daß es vorübergehend zu hohen Buchverlusten sowie zu einem erheblichen Liquiditätsbedarf kommen könne. Das ist in diesem Metier nicht ungewöhnlich, ein Buchverlust zum Stichtag sagt letztlich über das Ergebnis des Geschäftes nichts aus. Das hätten, so der Chicagoer Wirtschaftsprofessor, Terminmarktexperte und Nobelpreisträger Merton Miller, die MG-»Retter« der Deutschen Bank »nicht begriffen« und in einer Panikreaktion Papierverluste in echte Verluste umgewandelt, indem sie die Hedging-Positionen auf einem Tiefpunkt des Marktes liquidierten. Damit seien zudem Nachschußrisiken für Terminkontrakte in weit höhere Preisschwankungsrisiken für die weiterbestehenden Lieferverpflichtungen eingetauscht worden. Beim Versuch, dieses Risiko zu verringern, sei weiteres Geld zum Fenster hinausgeworfen worden, indem die Metallgesellschaft Kunden aus Abnahmeverträgen entlassen habe, ohne die ihr dafür zustehende Entschädigung zu kassieren.

Merton Miller kommt gemeinsam mit dem Doktoranden Christopher Culp zu dem Schluß, die Ölgeschäfte der MG seien bis November 1993 völlig normal verlaufen, eine Liquiditätskrise habe es nicht gegeben. Weder Marktentwicklungen noch spekulatives Fehlverhalten habe zur Krise der MG geführt. Diese sei vielmehr künstlich ausgelöst worden, und neue Manager ohne Verständnis für die Hedging-Strategie hätten mit der Liquidation von Positionen die sorgfältig aufgebauten Dämme gegen Risiken eingerissen und damit für katastrophale Verluste gesorgt. Diese wissenschaftliche Analyse deckt sich mit Aussagen des am 4. Februar 1994 gefeuerten Chefs der MG Refining & Marketing, Arthur W. Benson. Der frühere Chef-Ölhändler der Metallgesellschaft in Amerika beschuldigte MG-Aufsichtsratschef und Deutsch-Bankier Ronaldo Schmitz, er habe vom 6. bis 15. Dezember 1993 eine Reihe von Maßnahmen ergriffen, die letztlich die Verluste in Milliardenhöhe bewirkt hätten. Dazu gehörte laut Benson auch, daß die Deutsche Bank und die Wirtschaftsprüfungsgesellschaft KPMG die amerikanischen Wirtschaftsprüfer von Arthur Andersen »unter Druck setzten«, ihr Testat für die US-Aktivitäten der MG nachträglich zu revidieren, so daß diese zum 30. September 1993 nun statt eines Gewinns einen Verlust von 291 Millionen Dollar auswiesen.

Am 15. Dezember 1993 erklärte ein Vorstandsmitglied der Metallgesellschaft Arthur W. Benson in New York nach dessen Angaben, es gehe jetzt darum, möglichst hohe Verluste auszuweisen, um die frühere Unternehmensführung schlecht aussehen zu lassen. Benson wurde von seinen Aufgaben entbunden und durch die Deutsche-Bank-Vertraute Nancy Kropp-Galdy ersetzt. In Übereinstimmung mit dem Gutachten von Merton Miller behauptet Benson, Nancy Kropp habe die Terminkontrakte ohne Rücksicht auf die Gesamtstrategie und ungeachtet der aktuell ungünstigen Marktsituation liquidiert und damit die Verluste herbeigeführt. Die Entwicklung der Ölpreise seit Januar 1994 scheint Miller und Benson recht zu geben. Im April 1994 stieg der Preis für das Barrel Rohöl erstmals seit Dezember 1993 wieder über die 16-Dollar-Grenze. Und im Frühjahr 1995 hätte die Strategie Bensons der Metallgesellschaft satte Gewinne eingebracht. Der Preis für das Barrel Rohöl lag bei über 20 Dollar. Im Sommer 1996 kletterte der Ölpreis gar auf 23 Dollar pro Barrel.

Auch wenn ein New Yorker Schiedsgericht Bensons Klage auf 500 Millionen Dollar Schadenersatz abschlägig beschied und seine Kündigung für Rechtens erklärte, wird die Einschätzung von Miller, Culp und Benson von nicht wenigen Kennern des Terminmarktes geteilt. Finanzwissenschaftler Merton Miller beharrte auch nach dem Urteil darauf, daß Bensons Geschäftsstrategie zwar ungewöhnlich und riskant, die von Benson aufgebaute Position jedoch werthaltig gewesen sei. Mit dieser Einschätzung wird namentlich Ronaldo Schmitz schwer belastet. Es entsteht der Eindruck, als ob die Krise bewußt herbeigeführt oder verschärft worden sei. Damit wurden erheblich größere Schwächen und Verluste im operativen Geschäft und bei den Beteiligungen der Metallgesellschaft – und die Verantwortung des Aufsichtsrates hierfür – in den Hintergrund gedrängt und die Voraussetzungen geschaffen, die erheblichen Verluste über das Sanierungskonzept auf mehr Schultern zu verteilen.

Diese Spur führt womöglich auch zu einer Erklärung für den unglaublichen Bericht der *Wirtschaftswoche,* wonach ausgerechnet die Vertretung der Deutschen Bank in den USA mit dem geschaßten MG-Vorstandschef Heinz Schimmelbusch neue Geschäfte in Angriff nehmen wollte: Die Deutsche Bank habe **gerne** »einen Dialog« eröffnen wollen. Voraussetzung sei jedoch der Abschluß eines »Vertraulichkeitsabkommens« mit Schimmelbusch gewesen. Aber zur angestrebten Klärung sei es nicht gekommen. Die Banker wollten nicht so recht raus damit, was es mit dem ominösen »Vertraulichkeitsabkommen« auf sich haben sollte. Besonders pikant an der dubiosen Angelegenheit: Verantwortlich für das gesamte Nordamerika-Geschäft der Deutschen Bank ist niemand anderes als Ronaldo Schmitz.

Gegen den früheren MG-Finanzvorstand Meinhard Forster hatte die Metallgesellschaft geklagt, die Klage aber ruhenlassen, weil sich Forster »zur Zusammenarbeit bereit erklärt hat«, so Ronaldo Schmitz 1996 in der Hauptversammlung der Metallgesellschaft. Die *FAZ*, in Sachen Metallgesellschaft stets gut informiert, vermutete rasch, daß Deutsch-Bankier Ronaldo Schmitz auch mit Schimmelbusch ein Stillhalteabkommen schließen wolle. Doch Schimmelbusch war dazu lange nicht bereit, er forderte zusätzlich eine Ehrenerklärung. Dennoch vermutete die *FAZ*, »daß ein Schlußstrich im Fall Schimmelbusch näherrückt«. Und tatsächlich, MG-Aufsichtsratschef Ronaldo Schmitz präsentierte den verblüfften MG-Kontrolleuren schon bald einen Friedensvertrag. Darin enthalten waren die Ehrenerklärung für Schimmelbusch, eine millionenschwere Abfindung und »eine dem Gehalt angemessene Pension«. Die Arbeitnehmervertreter im Aufsichtsrat, aber auch der Vertreter des Großaktionärs Kuwait verstanden die Welt nicht mehr. Jahrelang hatten die Frankfurter Banker sie gegen Schimmelbusch eingeschworen, »und jetzt sollen wir auf einmal alles vergessen«, wunderte sich ein Aufsichtsratsmitglied. Ronaldo Schmitz drängte, unterstützt von der Dresdner Bank, auf den raschen Abschluß der außergerichtlichen Einigung. Es schien, als wolle Schmitz um jeden Preis die gerichtliche Klärung der Vorwürfe gegen Schimmelbusch verhindern. Doch nicht nur im ersten Anlauf, sondern auch in einer eilends anberaumten Sondersitzung des Aufsichtsrates am 20. Juli 1996 ließen die MG-Aufseher Schmitz hängen. Sie forderten, laut MG-Sprecher Lutz Dreesbach, »eine deutlich klarere Darstellung der Verantwortung« für den Beinahe-Zusammenbruch der MG. Nun muß

Schmitz nachverhandeln. Doch es bestehen kaum Zweifel, daß es zu einer außergerichtlichen Einigung kommt.

Schließlich gibt es unterm Strich auch Gewinner des MG-Debakels. Gerade für Termingeschäfte gilt der alte Börsianer-Trost: »Dein Geld ist nicht weg, es hat nur ein anderer«; des einen Verluste sind des anderen Gewinn. Und auch am Desaster der Metallgesellschaft haben einige sehr gut verdient. Ganz besonders gilt dies für die Bank Morgan Stanley, die laut *Spiegel* von der MG Corp. ab dem 20. Dezember 1993 Ölpositionen zum Tiefstpreis von 15 Dollar pro Barrel übernehmen konnte. Als der Ölpreis Anfang 1994 anstieg, konnte die Wall-Street-Bank einen schönen Gewinn einstreichen. Ausgehandelt hatten den Deal die Schmitz-Vertraute Nancy Kropp und der Chef der Deutschen Bank Nordamerika, John Rolls. Besonders interessant an dem Geschäft: Morgan Stanley ist der ehemalige Arbeitgeber von Nancy Kropp. Und die US-Bank konnte sich noch über weitere Gewinne aus dem MG-Debakel freuen. Drei Monate beriet die US-Bank im Auftrag der neuen MG-Führung die Metallgesellschaft für die opulente Summe von 100 000 Dollar pro Tag, so der *Spiegel*.

Aber Morgan Stanley ist nicht die einzige Bank, die am überstürzten Ausverkauf der Ölkontrakte verdient hat. Arthur W. Benson berichtete, auch die britische Bank Morgan Grenfell habe kräftige Gewinne gemacht. Deren amerikanische Dependance habe ebenso wie Morgan Stanley Kontrakte zum Tiefstand erworben, die sich in den kommenden Monaten vergolden ließen. So wurde das erste Quartal des Jahres 1994 für die amerikanische Filiale der britischen Traditionsbank Morgan Grenfell zur »profitabelsten Periode« seit Eröffnung der US-Dependance. Über den Erfolg freuten sich nicht nur deren New Yorker Mitarbeiter. Morgan Grenfell ist ein Tochterunternehmen der Deutschen Bank.

VII

Die Freunde der Freunde

Banken und Regierungsbänke

Freunde haben die Banker nicht nur in Unternehmen und »befreundeten« Verbänden. Die Fäden der Strippenzieher in den Führungsetagen der Deutschland AG reichen traditionell bis weit hinein in das Bonner Regierungsviertel. In den Zeiten der Kanzler Adenauer und Erhardt, in denen Bankiers wie Robert Pferdmenges und Hermann Josef Abs als graue Eminenzen des deutschen Wirtschaftswunders fungierten, war der Einfluß der Geldbranche mit Händen greifbar. Kanzler Adenauer soll seinen Finanzberater Abs zwischenzeitlich sogar als Außenminister seiner Bundesregierung eingeplant haben. Aber trotz der fast schon staatspolitischen Bedeutung ihrer Repräsentanten fehlte den Banken in den ersten Jahren der jungen Bundesrepublik noch der direkte Draht in die Bonner Ministerien. So präsentierten eifrige Beamte im Bundesministerium der Justiz 1958 einen Referentenentwurf zur Novellierung des noch aus der Zeit des Nationalsozialismus stammenden Aktienrechts, der auch Reformvorschläge der Stimmrechtsausübung der Banken für ihre Depotkunden beinhaltete. Im Aktiengesetz von 1937 war erstmalig die Verpflichtung der Banken eingeführt worden, sich für die Ausübung der Stimmrechte ihrer Depotkunden überhaupt eine spezielle Ermächtigung, die auf einen Zeitraum von 15 Monaten beschränkt war, erteilen zu lassen. Der Referentenentwurf des Jahres 1958 sah nun die Abschaffung dieser pauschalen 15-Monats-Ermächtigung vor. Banken sollten nach dem Willen der Beamten das Stimmrecht für Depotkunden nur noch ausüben dürfen, wenn sie sich vor jeder Hauptversammlung vom

Depotkunden sowohl eine Vollmacht als auch spezielle Weisungen für die HV eingeholt hätten. Außerdem sollte eine umfassende Information des Aktionärs über die bevorstehende Hauptversammlung verbindlich vorgeschrieben werden. Der Referentenentwurf »stieß auf große Bedenken bei den beteiligten Aktiengesellschaften und den Banken«, so der entsprechende Kommentar eines Vorstandsmitglieds einer Großbank in der Verbandszeitschrift des Bundesverbandes des privaten Bankgewerbes, wie sich der Lobbyverband der privaten Banken damals nannte. Die geplante Neuregelung belaste Aktionäre und Banken in »starkem Maße«. Und das Schreckensszenario, das sich für den um eventuelle »Belästigungen« von Aktionären besorgten Bankier ergab, lautete: »Verödung der Hauptversammlungen«.

Zur »Befruchtung und Versachlichung« der Diskussion hatten die Banken einen passenden Alternativvorschlag parat. Der Kunde sollte wählen können, ob er vor jeder Hauptversammlung um eine Vollmacht und Weisung gebeten werden wolle oder ob er, wie gehabt, seine Bank zur Stimmrechtsausübung ermächtige. Dieser Vorschlag werde, so die Banker, sowohl den Aktionären gerecht, die ihr »Mitgliedschaftsrecht in der Gesellschaft selbst betätigen wollen«, als auch den »in der Mehrzahl befindlichen Aktionären, die ihre Aktien im Vertrauen auf die Güte der Gesellschaft und das Funktionieren der mit der Wahrung ihrer Interessen beauftragten Depotbank erwerben, und die nur in Sonderfällen unterrichtet zu werden wünschen«. Derartige Scheinheiligkeit stieß im Bundesjustizministerium damals auf wenig Gegenliebe.

Dennoch gelang es den Banken schließlich, in der Aktienrechtsnovelle des Jahres 1965 eine Kompromißregelung durchzusetzen, die ihnen trotz gradueller Verbesserungen weiterhin alle Möglichkeiten zum Mißbrauch der Stimmrechte ihrer Depotkunden offenließ. Entsprechend zufrieden kommentierten sie das Resultat erfolgreichen Lobbyings: »Der Gesetzgeber hat nun im Interesse der Sicherung einer ausreichenden Präsenz auf den Hauptversammlungen und mit Rücksicht auf die Gegebenheiten der Bankpraxis die weitgehenden Vorschriften des Regierungsentwurfs abgemildert«, hieß es 1965 in der Verbandszeitschrift des privaten Bankgewerbes. Die in der Aktienrechtsnovelle 1965 eingeführte Regelung für das Depotstimmrecht sah nun lediglich eine Erweiterung der Informationspflicht der Banken vor, die in etwa dem entsprach, was die privaten Banken bereits 1952 in einer freiwilligen Selbstverpflichtung zur Stimmrechtsvertretung vorgelegt hatten. Neu war jedoch die Verpflichtung der Banken, ihren Depotkunden eigene Vorschläge für die Wahrnehmung des Stimmrechts zu den einzelnen Gegenständen der Tagesordnung bekanntzugeben und sie unter Beifügung eines Formblattes um Erteilung von Weisungen zu bitten. Die Möglichkeit der Banken, bei ausbleibenden Weisungen aufgrund einer pauschalen 15-Monats-Vollmacht das Stimmrecht der Aktionäre auszuüben, blieb jedoch unverändert bestehen. Außerdem wurden die Banken erstmals verpflichtet, nun auch Aufträge von Aktionären für eine abweichende Stimmrechtsausübung anzunehmen und die Aktionäre bei einem von den Vorschlägen abweichenden Stimmverhalten über die Gründe zu informieren. Ansonsten änderte sich lediglich das Etikett. Die klassische Ermächtigung wurde zur »Vollmacht«. Das »Vollmachtsstimmrecht« war geboren.

Regierungswechsel

Mit sorgenvoller Miene dürften die macht- und einflußverwöhnten Banker den Regierungswechsel des Jahres 1969 verfolgt haben. Unsichere Kantonisten, die traditionell eher den ungeliebten Konkurrenten aus dem öffentlich-rechtlichen Bankensektor oder den Genossenschaftsbanken zugeneigt waren als den Privatbanken, übernahmen nun das Ruder in den Schaltzentralen der politischen Macht in Bonn. Und statt ein offenes Ohr für das Lieblingsthema der privaten Banker, die Privatisierung öffentlich-rechtlicher Kreditinstitute, zu haben, dachte manch sozialdemokratischer Spitzenpolitiker laut über das Horrorgespenst der Privatbankiers, die Verstaatlichung der privaten Banken, nach.

Im Oktober 1973 beschloß die nordrhein-westfälische SPD, der größte Landesverband der Partei, auf einem Parteitag mit überwältigender Mehrheit einen Antrag, der vorsah, daß »Banken, die mittels der Kreditgewährung die Investitionsentscheidungen beeinflussen und damit große wirtschaftliche Verfügungsmacht in wenigen anonymen Händen konzentrieren, ... zu vergesellschaften, d. h. in Eigentum der öffentlichen Hand zu überführen und demokratisch zu kontrollieren« sind.

Erregt machte Helmuth Cammann, der damalige Hauptgeschäftsführer des Bundesverbandes deutscher Banken, wie sich der Bankenverband seit 1951 staatstragend nannte, einen »Irrweg für Wirtschaft und Gesellschaft« und das Treiben von Systemveränderern aus, die »unter Ausnutzung der wirtschaftlichen Unkenntnis ihrer »Mitläufer« unser Wirtschafts- und Gesellschaftssystem schlechthin überwinden und verändern wollen«. Energisch wandte sich der Bankenfunktionär gegen die Behauptung, die privaten Banken übten Macht in der deutschen Wirtschaft aus, und belegte diese These mit Argumenten, die damals ebensowenig überzeugen konnten wie heute, wo sie kaum verändert von seinen Nachfolgern verkündet werden. Der Industriebesitz der Banken werde überschätzt, erklärte Cammann, die Rolle der Banken in den Aufsichtsräten von Unternehmen nicht minder, und das Depotstimmrecht sei »weniger ein Recht als vielmehr eine gesetzliche Pflicht«, die zudem mit hohen Kosten verbunden sei. Verstaatlichte Banken seien »ein Verlust für die gesamte Volkswirtschaft«, schließlich seien die privaten Banken »Garant für Marktwirtschaft und Wettbewerb und damit für den wirtschaftlichen Wohlstand in unserer Gesellschaft«.

Anfang März 1974 veranstaltete der Bundesverband deutscher Banken den 12. Deutschen Bankentag, der ausdrücklich dem kritischen Dialog zwischen den privaten Banken und der Politik dienen sollte. Führende Politiker der sozialliberalen Koalition waren eingeladen. Von ihnen erhofften sich die Banker Aufschluß über die Bankenpolitik der Regierung Brandt. Mit Spannung verfolgten die über 1000 Banker und sonstigen geladenen Gäste den Auftritt des damaligen Bundesfinanzministers Helmut Schmidt. Erleichtert nahmen die Banker Schmidts Bekenntnis zu den privaten Banken auf: »Die Bundesregierung lehnt eine Verstaatlichung der Banken ab«, erklärte er unter lautem Applaus der Anwesenden. Andere Teile seiner Rede stießen in dieser Runde weniger auf Begeisterung.

Denn Schmidt sparte nicht mit kritischen Worten an der wirtschaftlichen Betätigung der Banken. Er persönlich sei nicht »bereit, mit dem Mantel der Nächstenliebe die Tatsache zu verdecken, daß sich aus der Stellung, aus der Aufgabenbreite der Banken auch Interessenkonflikte ergeben können«, erklärte Schmidt. Hier gebe es »offene Flanken des Wettbewerbs«. Denn bei den Banken existiere »hier und da eine überbordende Einflußfülle, die der Staat auf Dauer nicht hinnehmen sollte«. Einige Banken entwickelten »einen zu großen Appetit beispielsweise auf industrielle Beteiligungen«. Die Bundesregierung würde es daher »begrüßen, wenn einige große Banken in der Frage der Industriebeteiligungen eine Trendwende vollziehen wollten und wenn sie Überlegungen anstellten, wie sie ihren Beteiligungsbesitz beschränken oder gar zurückführen könnten«. Und drohend fügte er hinzu: »Es wird also von den Banken selbst abhängen, ob und wie Regierung und Parlament die Frage zu beantworten haben, ob das Kreditwesengesetz etwa noch in allen Punkten den damaligen Intentionen des Gesetzgebers oder den heutigen entspricht.«

Auch Bundeskanzler Willy Brandt bekannte in seiner Tischrede zum abendlichen Empfang, daß er keine Veranlassung sehe,

»einer grundsätzlichen Änderung unseres Bankensystems das Wort reden zu sollen«. Aber mancher Banker guckte argwöhnisch, als der Kanzler sofort hinzufügte: »Von Tabus halte ich allerdings nichts, und wer hier und da einen stärkeren staatlichen Einfluß – wie z. B. in Frankreich – befürwortet, ist deshalb noch kein Verfassungsfeind.« Er hoffe jedoch, daß die strukturellen Probleme, die im Mittelpunkt der Diskussion stehen, »ganz überwiegend im Bankenbereich selbst beantwortet werden können«.

So blieb ein zwiespältiges Gefühl bei den verunsicherten Bankern. Geschickt hatten Schmidt und Brandt ihr klares Bekenntnis zu den privaten Banken mit der unmißverständlichen Aufforderung verbunden, die Beteiligungspolitik zu ändern und den Einfluß auf die deutsche Wirtschaft zu reduzieren. In ihrem Kommentar zum Bankentag forderte die *Zeit* von den privaten Banken deshalb eine größere Transparenz ihres Handelns. Dabei hätten die Banken »eine steinige Wegstrecke vor sich«. Aber wenn die Repräsentanten der Banken dabei »mit offensiver Ehrlichkeit vorangehen, werden die Menschen im Lande bald merken, daß die Banken besser sind als ihr gegenwärtiger Ruf«, beruhigte der Kommentator. Zweifel meldete die *Zeit* jedoch an, ob sich dadurch Sozialdemokraten wie der »Agitator Wolfgang Roth« überzeugen lassen würden.

Unmittelbar nach der Pleite der Kölner Herstatt-Bank rief der neue Bundesminister der Finanzen, Hans Apel, im November 1974 die Studienkommission »Grundsatzfragen der Kreditwirtschaft« ins Leben. Die Pleite der Kölner Privatbank bot damals jedoch nur den Anlaß für die Berufung der »Bankenstrukturkommission«, die primär die Aufgabe hatte, die »struktur- und gesellschaftspolitische Stellung der Kreditinstitute zu prüfen«. Die elfköpfige Kommission bestand aus ehemaligen Ministerialbeamten, einem ehemaligen Präsidenten des Bundesaufsichtsamtes für das Kreditwesen, einem Bundesbanker, zwei Professoren und fünf aktiven Bankern, deren prominentester Vertreter

Alfred Herrhausen aus dem Vorstand der Deutschen Bank war. Leiter der Kommission wurde der ehemalige Abteilungsleiter im Bundesministerium der Justiz, Ernst Geßler.

45mal tagte die Kommission, bis sie Finanzminister Hans Matthöfer 1979 ihren 600seitigen Schlußbericht übergab. Bankenkritiker Hermannus Pfeiffer konstatiert mit Recht, daß der Bericht »trotz« der Besetzung der Kommission »teilweise respektable Ergebnisse« enthält. Vor allem der empirische Teil des Kommissionsberichts brachte ein wenig Licht in das sorgsam gehütete Dunkel der Machtpraxis deutscher Banken. Erstmals lagen nun empirisch brauchbare Daten über die Ausübung des Depotstimmrechts und die Kumulation der verschiedenen Einflußfaktoren der Banken vor. So wies die Kommission nach, daß die Banken einschließlich der bankeigenen Kapitalanlagegesellschaften in den Hauptversammlungen der 16 börsennotierten Großunternehmen ohne Großaktionär durchschnittlich 92,5 Prozent der Stimmrechte vertraten. Und schon damals sammelten die Banker Aufsichtsratsmandate: Auf stattliche 35 Mandate kamen sie in den Räten dieser 16 Gesellschaften, 22 davon entfielen auf die drei Großbanken, darunter immerhin zwölf auf die Deutsche Bank.

Erstmals wurde im Kommissionsbericht aus berufenem Munde eingestanden, daß die verschiedenen Einflußfaktoren bei den Banken zu Kumulationseffekten führen. Die Kommission stellte fest, daß »vor allem bei den größeren Instituten ein vermehrtes Einflußpotential aus dem Zusammentreffen mehrerer Geschäftsbereiche« bestehe, wobei sich die einzelnen Faktoren gegenseitig verstärken können. Besonders wies die Kommission dabei auf den Anteilsbesitz und das Vollmachtsstimmrecht der Kreditinstitute an Nichtbanken hin, die »wesentliche Voraussetzungen für die Erlangung von Einfluß auch in anderen Bereichen (Aufsichtsratsmandate, Kreditbeziehungen, Emissionskonsortialgeschäft) darstellen können«. In diesem Zusammenhang, so die Kommission abschließend »gewinnen die Überlegungen zur Begrenzung des Anteilsbesitzes der Banken an Nichtbanken und der Einschränkung des Vollmachtsstimmrechts an Bedeutung«.

Als Konsequenz aus diesen Erkenntnissen betonte die Kommission, daß weder die bloße Existenz von Einflußmöglichkeiten noch eine im Einzelfall tatsächlich gegebene Einschränkung des Handlungsspielraums eines Unternehmens zugleich auch »eine mißbräuchliche Ausnutzung dieser Einflußmöglichkeiten bedeutet«. Die Kommission stand »jedoch mehrheitlich auf dem Standpunkt, daß bereits die Gefahr eines Mißbrauchs Anlaß sein sollte, die Einflußmöglichkeiten zu begrenzen«. Eine »starke Minderheit« war dagegen der Auffassung, daß nur im Fall konkreter Mißbrauchsnachweise Reformvorschläge notwendig wären.

Finanzminister Hans Matthöfer erklärte bei der feierlichen Übergabe des Berichts, daß die weitere Entwicklung auf dem Gebiet der Bankengesetzgebung und der Bankenaufsicht nun auf der Grundlage des Berichts diskutiert werde. Matthöfer versicherte, daß die betroffenen Verbände und die interessierte Öffentlichkeit an dieser Diskussion teilnehmen sollten. »Wir stehen nicht unter Zeitdruck; unser Ziel ist ein ausgereiftes KWG-Änderungsgesetz«, erklärte der Finanzminister. Die »betroffenen Verbände« werden aufmerksam zugehört haben. Drei Jahre sollte es schließlich dauern, bis die sozialliberale Regierung nach umfassenden Beratungen mit den Banken und ihren Verbänden 1982 den angekündigten »ausgereiften« Referentenentwurf zur Änderung des Kreditwesengesetzes vorlegte.

Zum Glück für die Banken gab es in diesen Jahren beim kleinen Koalitionspartner FDP Männer, die für die Interessen der Banken empfänglicher waren als die Sozialdemokraten. Dazu zählten vor allem der von 1972 bis 1977 amtierende Bundeswirtschaftsminister Hans Friderichs und sein Nachfolger Otto Graf Lambsdorff. Der Jurist Friderichs war im Juli 1964 Bundesgeschäftsführer der FDP geworden, ein Jahr später wurde er

Mitglied des Deutschen Bundestages. 1969 wechselte er überraschend als Staatssekretär in die von Helmut Kohl geführte rheinland-pfälzische Landesregierung, in der er auch nach dem Ausstieg der FDP aus der christliberalen Koalition im Jahre 1971 Staatssekretär blieb. Gegen Widerstand aus der FDP-Bundestagsfraktion wurde er Ende 1972 zum Bundeswirtschaftsminister berufen. Im Kabinett Schmidt galt Friderichs als »Anwalt der Wirtschaft«, der sich wiederholt in die Ressortpolitik seiner Kabinettskollegen einmischte. Der *Spiegel* bezeichnete ihn deshalb als »selbsternannten Nebenkanzler«. Im September 1977 wechselte Friderichs als Nachfolger des von RAF-Terroristen ermordeten Jürgen Ponto in den Vorstand der Dresdner Bank. Ein Wechsel der damals ausgesprochen überraschend war, weil Friderichs diesen Posten ohne jegliche Erfahrung in der Kreditwirtschaft antrat. Spötter bezeichneten ihn deshalb als »teuersten Banklehrling aller Zeiten«. Trotzdem avancierte der Ex-Politiker ein Jahr später sogar zum Vorstandssprecher der Bank. Wegen seiner Verwicklung in den Parteispendenskandal schied Friderichs im Februar 1985 aus der Dresdner Bank aus. Er blieb der deutschen Wirtschaft jedoch als Multi-Aufsichtsrat erhalten.

An die Stelle Friderichs' im Bundesministerium für Wirtschaft rückte nun Otto Graf Lambsdorff. Im Gegensatz zu dem spätberufenen Banker Friderichs verfügt Lambsdorff über umfangreiche berufliche Erfahrungen im Bankgeschäft. Zwischen 1955 und 1971 arbeitete der promovierte Jurist im Düsseldorfer Privatbankhaus Trinkaus. Danach wechselte er in den Vorstand der Victoria Rückversicherungs AG, bei der er bis 1977 im Vorstand tätig war. Und die gehört zur Victoria-Versicherungsgruppe, die sich zu 18 Prozent im Besitz der Münchener Rück befindet. Der rechtsliberale Lambsdorff galt in der sozialliberalen Koalition stets als konsequenter Verfechter einer streng marktwirtschaftlichen Position, die die Privatisierung öffentlicher Dienstleistungen vorsah. 1982 wurde das wirtschaftsliberale »Lambsdorff-Papier« zum Anlaß für den Bruch der sozialliberalen Koalition. Nach der Wende übernahm Lambsdorff erneut das Amt des Wirtschaftsministers, von dem er wegen seiner Verwicklung in die Parteispenden-Affäre im Juni 1984 zurücktrat. Lambsdorff blieb jedoch das wirtschaftspolitische Sprachrohr der FDP.

Der 1982 vorgelegte Referentenentwurf für das KWG-Änderungsgesetz beinhaltete trotz des sachkundigen Einflusses der Bankenverbände und der Wirtschaftsliberalen neben Neuregelungen zum Eigenkapitalbegriff und der Eigenkapitalausstattung der Kreditinstitute auch Änderungen beim Depotstimmrecht und den Aufsichtsratsmandaten. So sollte das Depotstimmrecht der Banken bei der Wahl eines Geschäftsleiters oder Angestellten des Kreditinstituts zum Aufsichtsratsmitglied einer Aktiengesellschaft erheblich eingeschränkt werden. Vorgesehen war zudem, die Transparenz der von den Kreditinstituten in den Hauptversammlungen aus Eigenbesitz und Depotstimmrechten vertretenen Aktien deutlich zu erhöhen. Bei den Aufsichtsratsmandaten sollte die Ausnahmeregelung für konzerninterne Mandate abgeschafft und die gesetzlich zulässige Zahl auf maximal zehn Mandate reduziert werden. Außerdem beinhaltete der Referentenentwurf weitreichende Publizitätsvorschriften für von Aufsichtsräten der Gesellschaft wahrgenommene Funktionen in anderen Gesellschaften und Organisationen.

Der politischen Wende im Oktober 1982 fiel auch dieser Referentenentwurf zum Opfer. Es folgte eine neue harmonische Phase in den Beziehungen zwischen Banken und Politik. Im Mai 1984 legte die christliberale Bundesregierung unter Kanzler Kohl ihren Entwurf für die Änderung des Kreditwesengesetzes vor, in den laut offizieller Begründung die Untersuchungen und Ergebnisse der Studienkommission »Grundsatzfragen der Kreditwirtschaft« eingeflossen sein sollten. Aber faktisch waren diese längst zu den Akten gelegt worden. So enthielt der Gesetzentwurf kein Wort und keine Maßnahme zu den Struktur- und

Wettbewerbsproblemen im Bankensektor. Statt dessen ging es lediglich um die Umsetzung einer EG-Richtlinie und die Anpassung des Bankenaufsichtsrechts an die veränderte Risikolage der Banken. Darüber hinaus sah die Bundesregierung auch keinen weiteren »akuten Ergänzungsbedarf« im Bereich des Bankrechts. Die Jahre der Verunsicherung für Deutschlands Großbanken waren vorerst überstanden.

Der Entwurf fand bei den Bankern entsprechende Anerkennung. Der Präsident des Bundesverbandes deutscher Banken begrüßte ausdrücklich die Rückkehr zur alten Verbundenheit zwischen den Banken und ihrer Bundesregierung. Besonders lobte er, daß sich die Novellierung des Kreditwesengesetzes darauf beschränkte, »die veränderte Risikolage für die Kreditwirtschaft abzufangen«. Der Vorwurf der »Macht der Banken« sei »kein ernsthaftes Thema mehr«, lobte er das Gemeinschaftswerk. Und die »bewußte Beschränkung des Gesetzgebers auf die Begrenzung der gewachsenen Risiken« wertete er als »Bestätigung dafür, daß unser System der Universalbank eine breite politische Zustimmung findet und nicht mehr in Frage gestellt wird«.

In der ersten Lesung des derart gelobten Regierungsentwurfs feierte der Unionsabgeordnete Reinhold Krcile den Entwurf als »hervorragende Grundlage« und begrüßte ausdrücklich, daß »die Bundesregierung keine Änderung des bewährten Konzeptes unserer Bankenaufsicht vorgeschlagen hat«. Kreile ist inzwischen aus dem Deutschen Bundestag ausgeschieden. Aber auch heute widmet sich der Münchner Rechtsanwalt noch intensiv den Problemen des Bank- und Aktienrechts. Denn Kreile ist Mitglied des Vorstands der Deutschen Schutzvereinigung für Wertpapierbesitz, deren unermüdlicher Kampf für die Interessen bestimmter Aktionäre inzwischen weidlich bekannt ist. Und in der Kölner Dependance seiner überörtlichen Sozietät findet sich ein Mitglied des Rechtsausschusses des Deutschen Bundestages, der bei Änderungen im Banken- und Gesellschaftsrecht stets eine zentrale Rolle spielt.

Der liberale Prinz Hermann Otto Solms erklärte bei der Schluß-
beratung des Gesetzentwurfs im Dezember 1984, die Banken
hätten gerade in den letzten Jahren ein »hohes Verantwortungs-
bewußtsein bewiesen«, da sie »zahlreiche Unternehmen vor dem
Konkurs gerettet« hätten, oft unter Einsatz »erheblicher eigener
Mittel«. Daher weise die FDP die von der SPD aufgestell-
te Forderung nach einer Beschränkung des Anteilsbesitzes
der Banken an Industrie- und Handelsunternehmen zurück.
Schließlich könnten den Banken keine Mißbräuche ihres Anteilsbesitzes an Industrie- und Handelsunternehmen vorgeworfen werden. Solms' Bekenntnis zu den deutschen Großbanken
könnte wortgleich einer seiner heutigen Äußerungen zum Thema entstammen. Nur sein damaliges Beispiel für das segensrei-
che Wirken der Banken will heute nicht mehr so recht überzeugen: »Wo war die zerstörerische Macht der deutschen Banken
beispielsweise bei der Rettung und Sanierung des AEG-Kon-
zerns?« fragte er 1984 in der Debatte. Zwölf Jahre später,
existiert das große deutsche Traditionsunternehmen AEG nicht
mehr. Die vorschnell bejubelte Sanierung war nicht mehr als ein
Zwischenhoch.

Für die Union ergriff in der Debatte der Abgeordnete Ludolf von
Wartenberg das Wort. Auch er lehnte nachdrücklich jegliche
Maßnahmen gegen die Macht der Banken ab. Schließlich brauche die deutsche Kreditwirtschaft, so von Wartenberg beschwö-
rend, »verläßliche, auf Dauer angelegte Rahmenbedingungen«.
Und die habe die Bundesregierung mit der vorliegenden KWG-
Novelle geschaffen. Die von der SPD-Bundestagsfraktion in
mehreren Anträgen geforderten Korrekturen der Regierungsvor-
lage im Sinne des Referentenentwurfs des Jahres 1982 bezeichnete von Wartenberg als »schädlich«. So wollte die SPD die Zahl
der pro Person zulässigen Aufsichtsratsmandate begrenzen und
das Depotstimmrecht einschränken. Erwartungsgemäß wurden
diese Vorschläge von der Koalitionsmehrheit abgelehnt. Die
Banker und ihre Verbände konnten sich zurücklehnen. Die

dunklen Jahre der offenen Kritik an ihrer Rolle in der deutschen Wirtschaft, der Kommissionen und angedrohten Gesetzesänderungen waren vorüber.

Auch der engagierte Bankenpolitiker Ludolf von Wartenberg ist heute nicht mehr im Bundestag. Beruflich ist er inzwischen als Hauptgeschäftsführer des Bundesverbandes der deutschen Industrie tätig. Aber nicht nur in dieser Funktion kämpft der ehemalige Abgeordnete noch heute für seine Freunde aus den Bankhäusern. Auch Ludolf von Wartenberg ist Mitglied des Vorstands der Deutschen Schutzvereinigung für Wertpapierbesitz.

Die neue Herzlichkeit zwischen den Banken und ihrer Bundesregierung offenbarte sich beim 14. Deutschen Bankentag, der am 26. März 1985 unter dem Motto »Private Banken: Kontinuität und Fortschritt« erneut in Bonn stattfand. Welch ein Unterschied zu der frostigen Atmosphäre zehn Jahre zuvor. Dem neuen Stil zwischen dem Bankenverband und der christliberalen Regierung entsprechend hatte die Bundesregierung ihre Kabinettssitzung eigens vorverlegt, damit Bundesfinanzminister Gerhard Stoltenberg rechtzeitig zum Verbandstreffen anwesend sein konnte. Daran könne man ablesen, »welche Bedeutung die Bundesregierung insgesamt dieser Veranstaltung beimißt«, erläuterte Stoltenberg den Anwesenden. »Ich hatte dadurch die Möglichkeit, meine vier Vorlagen dort zu vertreten und pünktlich hier zu sein.« Zutraulich verwies Stoltenberg auf die gute Zusammenarbeit zwischen den Banken und ihrer Regierung. Schließlich, so der Bundesfinanzminister mitfühlend, sei es Teil der satzungsgemäßen Aufgabe des Bundesverbandes deutscher Banken, die Interessen des privaten Bankgewerbes unter Berücksichtigung gesamtwirtschaftlicher Erfordernisse zu wahren. Und dazu »gehört die Beratung und Unterstützung der staatlichen Organe«. Aus dieser Beratung sei inzwischen »ein ständiger Dialog zwischen Bankenverband und Bundesregierung erwachsen, zu Fragen der Steuer- und Vermögenspolitik ebenso wie dem Bankrecht und anderen bedeutsamen Themen«. Und für einen »guten Rat« des Verbandspräsidenten, den er »regelmäßig« treffe, sei er »immer dankbar«, versicherte der Bundesfinanzminister eilfertig. Vor allem bei der abgeschlossenen Novellierung des Kreditwesengesetzes seien diese »von Erfahrung und Weitsicht bestimmten Beiträge besonders wertvoll« gewesen. So konnte die Bundesregierung »schließlich doch auch mit Ihrer Hilfe dieses Gesetz zu einem guten Abschluß bringen«.

Der trauten Eintracht zwischen Banken und Regierung entsprechend dankte Friedrich Wilhelm Christians, damals Sprecher des Vorstands der Deutschen Bank, dem Finanzminister für seine netten Worte: »Besonders dankbar sind wir auch für Ihren Hinweis auf den ganz natürlichen und ständigen Dialog zwischen den Banken und der Bundesregierung. Dies ist im übrigen der beste Weg, das Gerede aus den 70er Jahren von der Macht der Banken nun endlich ad absurdum zu führen.«

Lobbying in Bonn

Heute läuft der Kontakt zwischen den Banken und den Bonner Parteien auf vielen Ebenen. Das beginnt bei der Erstellung fertiger Gesetzesvorlagen und umfassender Ausarbeitungen zur Beantwortung komplizierter Anfragen der Bonner Opposition, beispielsweise zum für Laien und Ministerialbeamte gleichermaßen undurchschaubaren Bereich von Finanzderivaten, und endet noch lange nicht bei sorgfältig vorbereiteten Hintergrundseminaren. So lädt der Bundesverband deutscher Banken regelmäßig interessierte Parlamentarier zu Informationsveranstaltungen. Pech für die Lobbyisten, daß sie gelegentlich bei ihrer Terminplanung andere wichtige Veranstaltungen wie das Sommerfest der CDU-Mittelstandsvereinigung übersehen. Da sitzen dann schon mal drei Lobbyisten und ebenso viele hochkarätige Referenten mit lediglich fünf Koalitionsabgeordneten zusammen, um denen das notwendige Basiswissen des Derivatgeschäfts zu vermitteln. Aber die fast perfekte Intimität hat auch Vorteile. In aller Offenheit läßt sich so über taktische Fehler bei der letzten Gesetzgebungsinitiative diskutieren.

Wenn die Herren des Geldes die Vertreter des Volkes oder seine Diener treffen wollen, wählen sie als Begegnungsstätte gerne feine Adressen wie das Gästehaus des Bundes, ein aufwendig renoviertes Hotel auf dem Petersberg am Rhein. Im herrschaftlichen Domizil, in dem die Republik Staatsgäste beherbergt, plaudert man dann während des Menüs über den Abbau des Sozialstaats. Nur wenige in der Tafelrunde, wie der für die Branche ungewöhnlich erfolgreiche Vereinsbanker Albrecht Schmidt, nehmen den Zusammenhang zwischen steigender Arbeitslosigkeit und der Inanspruchnahme der Sozialversicherungsträger überhaupt wahr, doch die Kollegen hören beflissen darüber hinweg. Nichts soll die Eintracht stören. Allenfalls Commerzbank-Chef Martin Kohlhaussen echauffiert sich angesichts der Kritik an der Machtkonzentration der Kreditwirtschaft. Das Thema wird rasch beiseite geschoben. Ebenso wie der Ärger über Sparkassen und Genossenschaftsbanken, die in jüngerer Zeit mehrmals mit abweichenden Positionen den Eigennutz der Großen öffentlich sichtbar werden ließen.

Am liebsten sparen die Bankiers die kritischen Punkte aus. Ihr Präsident Karl-Heinz Wessel vom Bankhaus Sal. Oppenheim wirbt beim Jahresempfang der privaten Banken 1996 für Optimismus und Zukunftsvertrauen. Im Hotel »Königshof« – nomen ist wieder einmal omen – erfreut der bescheiden wirkende Wessel, der nach Wolfgang Röller und Eberhard Martini den Verband still, aber mit seinem Hauptgeschäftsführer Manfred Weber durchaus raffiniert führt, die illustre Gästeschar mit einer aufmunternden Ansprache, die den Regierungsvertretern wie Balsam in den Wunden wirken muß, die die vernichtenden Konjunkturmeldungen geschlagen haben. Ja, man läßt einander nicht im Stich.

Im Gegensatz zu seinem jovialen Vorgänger Eberhard Martini

ist Privatbankier Wessel ein Präsident vom alten Schlag. Der hagere grauhaarige Mann mit der unauffälligen Metallbrille führt den Verband seit März 1994. Während Eberhard Martini, dessen schwerer Siegelring nicht gerade Bescheidenheit signalisiert, die Kollegen immer wieder mit spontanen Sätzen in Verlegenheit und Verruf brachte, überläßt sein Nachfolger öffentliche Auftritte am liebsten seinem Hauptgeschäftsführer. Manfred Weber hat seine Laufbahn bei der Deutschen Bundesbank begonnen, bevor er mit der propagierten Privatisierung bei sich selbst begann. Weber ist der Ausputzer der privaten Banken. Stets muß der smarte Funktionär ran, wenn den Bankern ein Thema zu heiß ist. In den letzten Jahren hatte der Hauptgeschäftsführer in Talk-Shows und Podiumsdiskussionen Hochkonjunktur; die Banker selbst scheuten die öffentlichen Auftritte. Für die offiziellen Kontakte im Regierungsviertel ist neben Weber dessen Bonner Büroleiter, Peter Dietlmaier, zuständig. In Bonner Sitzungswochen ist der unauffällige Lobbyist regelmäßig im Bundeshaus anzutreffen und zählt dort zu den guten Kunden im Parlamentsrestaurant. Hier ein Hintergrundgespräch, dort ein Small talk und ein paar wie zufällig gestreute Informationen. So ist der emsige Dietlmaier stets beratend oder soufflierend zur Stelle, wenn in Bonn die Banken zum Thema werden. Mit seiner kumpelhaften Art gibt er nicht nur Unionspolitikern und Liberalen den Eindruck freundschaftlicher Verbundenheit, sondern pflegt auch engen Kontakt zu Sozialdemokraten.

Unterstützung finden die Bankenlobbyisten bei befreundeten Verbänden wie den Wirtschaftsverbänden BDI und DIHT oder dem Gesamtverband der Deutschen Versicherungswirtschaft e. V. (GDV). Der GDV vertritt die Interessen der deutschen Versicherungskonzerne »im Dialog mit Parlamentariern, Regierung und Opposition«, wie es im Geschäftsbericht des Verbandes heißt. Dabei wirke der GDV durch »eigene Vorschläge, Eingaben und Interventionen auf verschiedenen Gebieten an

Entscheidungsprozessen mit«. Zur effizienten Abwicklung dieses Dialogs hat der GDV seine Geschäftsstelle im Bonner Regierungsviertel plaziert. Dort teilen sich die Versicherungslobbyisten ein Haus mit dem Bundestag. Prominentester Vertreter der Freunde der Versicherungskonzerne ist hier Otto Graf Lambsdorff. Aber auch bei den anderen Parteien und deren Referenten finden die Lobbyisten stets ein offenes Ohr für ihre Anliegen. Manch einer, der gestern noch versicherungskritische Initiativen im Bonner Parlament zu verhindern suchte, hat heute einen lukrativeren Job.

Die Interessen der Kapitalanlagegesellschaften vertritt der Bundesverband Deutscher Investment-Gesellschaften e.V. (BVI). Die enge Anlehnung an die Banken und Versicherungskonzerne kann angesichts der Besitzverhältnisse deutscher Investmentgesellschaften nicht überraschen. An der Anhörung des Deutschen Bundestages zur »Macht der Banken« am 8. Dezember 1993 konnten die BVI-Lobbyisten »aus terminlichen Gründen« leider »nicht teilnehmen und haben deshalb den Bundesverband deutscher Banken e. V. gebeten, uns bei dieser Anhörung mit zu vertreten«, hieß es in der offiziellen Absage an den Wirtschaftsausschuß. Das taten die Banker gerne.

Verbindlicher als die Privatbankiers, aber keineswegs provinzieller ist der oberste Repräsentant der deutschen Sparkassen. Kein Wunder, bewegte sich Horst Köhler doch jahrelang im Dienste der Bundesregierung erfolgreich auf dem glatten Parkett internationaler Verhandlungen. Da die Sparkassen durch die kommunale Trägerschaft und die damit verbundene Präsenz von Kommunalpolitikern in ihren Verwaltungsräten politische Einbindung gewohnt sind, pflegen sie auch in Bonn gekonnt die Kontakte zu Regierung und Opposition. Für jeden Gesprächspartner haben sie bei Bedarf auch einen Lobbyisten mit dem entsprechenden Parteibuch. Horst Köhler hat seiner Organisation ein Imageprogramm verordnet, mit dem die Sparkassen gesellschaftliche Verantwortung demonstrieren und damit ihre

Daseinsberechtigung untermauern wollen. So spielten die Sparkassen in jüngerer Zeit mehrfach den Vorreiter bei der Umsetzung verbraucherpolitischer Forderungen. Erfolgreich lenkt der Verband mit derartigen Aktionen davon ab, daß gerade Sparkassen nach Meinung vieler Branchenkenner besonders oft in Konflikte mit ihren Kunden verstrickt sind.

Bieder präsentieren sich die Volks- und Raiffeisenbanken. Der Spitzenverband der Genossen, der Bundesverband der deutschen Volksbanken und Raiffeisenbanken (BVR), spielt das Gewicht seiner rund 2500 Mitgliedsinstitute in Bonn selten aus. Und Verbindungsleute wie der Heidelberger Volksbank-Chef Udo Ehrbar, von 1983 bis 1994 Mitglied des Deutschen Bundestages, waren mit den wesentlichen Fragen nicht einmal unmittelbar befaßt. Nur wenn ihre Interessen direkt betroffen sind, machen die Kreditgenossenschaften Druck. Dabei setzen sie ebenfalls auf ihre starke örtliche Verankerung und das Potential von 13,5 Millionen Teilhabern. In den Aufsichtsräten und Beiräten finden sich zumeist Lokalprominenz, örtliche Geschäftsleute und Freiberufler. So ist es nicht verwunderlich, daß Initiativen aus den Wahlkreisen im Bonner Parlament einen breiten Unterstützerkreis finden.

Die Freunde der Freunde

Angesichts der guten Kontakte überrascht es auch nicht, daß Bankenverbandspräsident Eberhard Martini bei der Bundestagsanhörung am 8. Dezember 1993 nicht zum ersten Mal Gelegenheit hatte, sich zu dem Antrag »Gegen wachsende Macht der Banken und Versicherungen und für mehr Wettbewerb bei Finanzdienstleistungen« zu äußern, den die Arbeitsgruppe Wirtschaft der SPD-Fraktion vorgelegt hatte. Schon sieben Monate vor der Anhörung hatte der damalige Wirtschaftspolitische Sprecher der SPD-Bundestagsfraktion, Wolfgang Roth, Martini, Weber und deren Hauptvorstand zu einer vertraulichen Gesprächsrunde nach Bonn eingeladen. Auch »Agitatoren« lassen sich offenbar verändern. Die Initiatoren des SPD-Antrags waren für das informelle Treffen offenbar nicht eingeplant; erst unmittelbar vor dem Eintreffen der Herren erfolgte die Information. Aus gutem Grund. Denn der Antrag war zwar von der Arbeitsgruppe Wirtschaft der Fraktion verabschiedet, in der Fraktion aber noch nicht behandelt worden. Roth gab den Bankern am runden Tisch die Gelegenheit, den noch internen Entwurf zu kommentieren und Änderungswünsche frühzeitig anzumelden. Dennoch wurde der Antrag unverändert verabschiedet. Aber Wolfgang Roth schaffte es als Wirtschaftspolitischer Sprecher der Fraktion noch fast zwei Jahre lang, eine Debatte im Plenum zu verhindern. Später wechselte er die Seite. Auf Vorschlag von Bundesfinanzminister Theo Waigel (CSU) wurde Roth zum Vizepräsidenten der Europäischen Investitionsbank bestellt.

Nach der Anhörung des Wirtschaftsausschusses entwickelte die SPD-Bundestagsfraktion aus ihrem Antrag einen umfassenden Gesetzentwurf zur Beschränkung der Macht von Banken und Versicherungen und zur Stärkung von Transparenz und Wettbewerb, der am 30. April 1994 in den Deutschen Bundestag eingebracht wurde. Der Entwurf stieß auf große Resonanz in der Öffentlichkeit und den Medien. Die Zeit kommentierte: »Ein besseres Timing ist kaum vorstellbar: Die Sozialdemokraten wollen einen neuen Anlauf unternehmen, um die Macht der Banken zu begrenzen. Allerdings handelt es sich bei dem Gesetzentwurf ... nicht um einen Schnellschuß nach der Schneider-Pleite.« Und *Focus* sprach von »sensationellen Reformen des Wirtschaftsrechts«. Die Lobby war alarmiert, und die Freunde der Freunde wurden aktiv.

Die Erste Lesung des Gesetzentwurfs im Bundestag fiel in den Bundestagswahlkampf 1994. Eine gute Gelegenheit, so schien es den Parlamentarischen Geschäftsführern der SPD-Fraktion damals, dem im Regierungsteam von Parteichef Rudolf Scharping für Finanzpolitik zuständigen Ministerpräsidenten des Saarlandes, Oskar Lafontaine, noch einmal zu einem medienträchtigen Auftritt auf der Bonner Bühne zu verhelfen. Lafontaines Redenschreiber hatten schon mit der Arbeit begonnen, als seine Wirtschaftsberater intervenierten. Zu viele befreundete Unternehmen würden in der Begründung des Gesetzentwurfs genannt, meinte Claus Noé, damals beim SPD-Parteivorstand für Wirtschaft zuständig. Die guten Beziehungen könnten leiden. Noé hatte Oskar Lafontaine »dringlich angeraten«, nicht in der Debatte zu sprechen und empfahl dem SPD-Fraktionsvorsitzenden Hans Ulrich Klose in einem Eilbrief, die Fraktion möge ihren Gesetzentwurf zurückziehen. Doch Klose blieb standhaft.

Andere Freunde der Freunde sprachen in der Debatte. So Karl H. Fell von der CDU/CSU-Fraktion, und die beiden Liberalen Otto Graf Lambsdorff und Rainer Funke, Parlamentarischer Staatssekretär im Bundesjustizministerium und Syndikus des feinen Hamburger Privatbankhauses M. M. Warburg. Obwohl in Berlin geboren, vereint Rainer Funke die Tugenden von Bankern und Hanseaten gleichermaßen. Selbst die Lobbyisten spötteln darüber, daß sich der Staatssekretär noch immer in das bei Warburg übliche dunkelblaue Tuch gewande. Karl H. Fell hat bekanntlich als Referent des Bundesverbandes deutscher Banken seine Laufbahn begonnen, die ihn erst zum Justitiar der IKB Deutsche Industriebank und schließlich zum Syndikus der Bankhaus Hermann Lampe KG führte. Und die Interessen der Versicherungen vertritt stets Otto Graf Lambsdorff (FDP).

»Keinen Handlungsbedarf« machten alle drei einvernehmlich in der Debatte aus, wobei sich der Graf wie üblich vermeintlich kritisch gab. Das System habe sich bestens bewährt. Keine Frage – besonders für die Banken und ihre Vertreter auf der Regierungsbank. Diese schoben im Spätsommer 1994, aufgeschreckt von einer immer massiveren öffentlichen Stimmung gegen die Banken-Koalition, den Gesetzentwurf der Sozialdemokraten in den Ausschußberatungen immer weiter nach hinten. Die Lage für die Koalition wurde aber nicht besser, denn nach den Fällen Metallgesellschaft, Schneider und Balsam/Procedo trauten sich CDU/CSU und FDP nicht, die geforderten Maßnahmen zur Beschränkung der Bankenmacht offen abzulehnen. Also forderte der Ausschuß erst einmal einen Bericht von der Bundesregierung über die Fälle und mögliche oder notwendige gesetzgeberische Konsequenzen an. Und die Bundesregierung ließ sich Zeit. Die Wahlperiode neigte sich dem Ende zu. Die Regierungskoalition machte deutlich, daß sie dem SPD-Gesetzentwurf weder zustimmen könne, noch ihn ablehnen wolle. Schließlich gebe es wichtige Ansätze, aber auch sehr großen Beratungsbedarf, und dann solle es ja noch diesen Bericht geben.

Kaum war die Wahl gelaufen, stellten sich die Herren erst einmal auf den Standpunkt, daß der Bericht nun nur noch vorgelegt werden müsse, wenn das Parlament erneut darauf bestehe. Dem Diskontinuitätsprinzip folgend, verfallen nicht abschließend beratene und abgestimmte Vorlagen mit dem Ende einer Wahlperiode; ein neugewählter Bundestag fängt eben von vorne an. Doch der Wirtschaftsausschuß bestand auf der Vorlage des Berichts. So nahte der große Tag, da der Parlamentarische Staatssekretär im Bundeswirtschaftsministerium geheimnisvoll einen vertraulichen, mit dem Bundesministerium der Justiz und dem Bundesministerium der Finanzen abgestimmten Bericht verteilen ließ. Zuvor hatte der Ausschußvorsitzende, der wieder Friedhelm Ost hieß, absolute Vertraulichkeit herstellen lassen. Nur die Bundestagsabgeordneten im Wirtschaftsausschuß und zur Vertraulichkeit verpflichtete Beamte durften im Raum bleiben. Alle anderen mußten den Sitzungssaal im 25. Stock des Abgeordnetenhochhauses »Langer Eugen« verlassen. Auch die sonst übliche Protokollierung der Beratungen unterblieb. Als der letzte Mitarbeiter den Raum verlassen hatte, vermeldete die Regierung mit gedämpfter Stimme, was sie in ihrer Fleißarbeit für eine »Verschlußsache – vertraulich« zusammengetragen hatte: nichts Neues. Die Unternehmenszusammenbrüche in den Fällen Schneider und Balsam/Procedo sowie die vorübergehend existenzbedrohende Lage der Metallgesellschaft ließen, so die Erkenntnis der Bundesregierung, keine gemeinsamen Ursachen erkennen, die auf einen »Systemfehler« des geltenden Wirtschaftsrechts zurückgeführt werden könnten. Aus der erstaunlichen Analyse, daß jede einzelne Fallkonstellation ihre ganz spezifischen Ursachen aufweise, zog die Bundesregierung den Schluß, daß sie nicht in der Lage sei, konkrete gesetzgeberische Konsequenzen aus den unterschiedlichen Fällen zu ziehen. Die Bundesregierung würde wohl selbst den *Spiegel* zur Verschlußsache erklären, weil der mitunter Interna aus Unternehmen enthält.

Unions- und FDP-Abgeordnete begrüßten wohlfeil den nichtssagenden Bericht. Nur die SPD monierte den geringen Informationsgehalt, die späte Vorlage und die Weigerung, einen verbindlichen Zeitpunkt für eine konkrete Gesetzgebungsinitiative der Bundesregierung zu nennen. Es reiche nicht aus, entsprechend den Koalitionsvereinbarungen eine Arbeitsgruppe mit einem nur vage umschriebenen Prüfungs- und Beratungsziel einzurichten. Der Ausschuß kam überein, die Beratung des Themas fortzusetzen, sobald der Gesetzentwurf der SPD-Fraktion für ein Transparenz- und Wettbewerbsgesetz an die Ausschüsse überwiesen sei.

Im Hintergrund suchten und fanden die Banken alte und neue Verbündete. Die Lobbyisten Weber und Dietlmaier waren es leid, stets allein das Depotstimmrecht der Banken zu verteidigen, obwohl dieses Instrument nicht nur den Einfluß der Banken in den Hauptversammlungen sichert, sondern auch zur wirksamen Abschottung der Unternehmensverwaltungen vor externer Kontrolle benutzt wird. Sollten sich die Beschützten doch endlich selbst verteidigen. Und so machte sich Manfred Weber eines Tages auf zu einem nach eigenen Angaben »befreundeten Verband«, der seinen Hauptsitz ebenfalls in Köln hat. Es handelt

185

sich um den Bundesverband der Deutschen Industrie (BDI). Der ließ sich nicht lange bitten und sprang den bedrängten Bankern hilfreich zur Seite. »Mit Sorge«, so hieß es im März 1995 in einer Pressemitteilung, »betrachtet der Bundesverband der Deutschen Industrie die aktuelle Diskussion um angebliche Fehlentwicklungen im deutschen Gesellschaftsrecht.« Nach Ansicht des BDI würden »spektakuläre Einzelfälle verallgemeinert und zu einer publikumswirksamen Diskussion um die sogenannte Macht der Banken verengt«. Tenor der öffentlichen Industriellen-Erklärung: Vom Vollmachtsstimmrecht über den Beteiligungsbesitz der Banken an Industrieunternehmen bis zur Aufsichtsratsarbeit kann und soll alles bleiben wie es ist. Punkt für Punkt argumentierte der Industrieverband gegen die Gesetzesinitiative der Bonner Opposition und stützte die Argumentation der Großbanken.

Die offene »Kumpanei zwischen Großbanken und Großindustrie«, einem Kartell zu Lasten von Mittelstand und Verbrauchern, war daraufhin Gegenstand einer Presseerklärung der SPD-Bundestagsfraktion. Die aufgeregte Reaktion des BDI unterstreiche die Notwendigkeit der Veränderung mehr als den Banken lieb sein könne. Das war den feinen Herren zu deutlich. Es dauerte keine 48 Stunden, da ging in Bonn ein Brief von Hilmar Kopper ein. Inhalt: Die Rücknahme seiner Zusage zur Teilnahme an einer gemeinsamen Podiumsdiskussion zum Thema Macht der Banken. Hatte er sich ursprünglich »auf eine sicherlich lebhafte und interessante Veranstaltung« gefreut, so konstatierte er nun lapidar: »Hier ist jede Diskussion zwecklos.« Die Konferenz der SPD-nahen Friedrich-Ebert-Stiftung fand ohne Kopper, aber mit über 180 Teilnehmern im Mai 1995 in Frankfurt statt. Und statt des verschreckten Deutsche-Bank-Chefs Kopper mußte nun einmal mehr Manfred Weber vom Bundesverband deutscher Banken aufs Podium. Daneben saß ein anderer guter Bekannter: Reinhard Kudiß vom Bundesverband der Deutschen Industrie, der auf ausdrücklichen Wunsch der Banker für die Veranstaltung nachnominiert worden war. Und wie immer enttäuschte er die Freunde nicht. »Wir nehmen das sehr wichtig«, entgegnete er auf jede kritische Frage, um dann wortreich zu begründen, warum deutsche Unternehmen in der besten aller Wirtschaftsverfassungen leben.

Aber auch andere Freunde waren inzwischen alarmiert. Einige Gewerkschafter witterten Unheil, falls zukünftig die Position der Unternehmenseigentümer, der Aktionäre, gegenüber den Unternehmensverwaltungen gestärkt würde, und fürchteten um Einfluß und Pfründe. Geschickt streute Weber stets ein, wenn es um die von der SPD geforderte Beschränkung der Aufsichtsratsmandate ging, daß nach Berechnungen des Bankenverbandes Ende 1993 in den Aufsichtsräten der 100 größten Unternehmen lediglich 99 Vertreter der privaten Banken säßen, aber 211 externe Gewerkschafter. »Ich kritisiere das nicht. Ich stelle das nur fest«, fügte er mit leisem Lächeln hinzu. Der Wink wurde verstanden. Die beiden Gewerkschaftsvorsitzenden in der SPD-Bundestagsfraktion ließen ihre Namen vom Kopf des Gesetzentwurfes tilgen. Der eine hatte seine Bedenken bereits in der Sitzung der Arbeitsgruppe Wirtschaft angemeldet. Hermann Rappe aber, damals noch Vorsitzender der IG Chemie, hatte von der Initiative nichts mitbekommen. Nur selten ließ sich der Gewerkschafter in den Gremien der Fraktion blicken. Erst als ihn uneigennützige Freunde darauf ansprachen, wie es denn sein könne, daß er, selbst Spitzenreiter bei der Zahl der Aufsichtsratsmandate und stolz auf die engen Verbindungen zu den Spitzen der deutschen Wirtschaft, ein solches Vorhaben unterstütze, bekam Rappe von der Sache Wind. »Ich will da raus!« schnaufte er durchs Telefon. Barsch wies er den zuständigen Mitarbeiter an, die bereits im Druck befindliche Vorlage für die Bundestagsdrucksache noch zu verändern. Andernfalls, so die Drohung, werde er öffentlich gegen die Fraktion Position beziehen. Der Name Rappe verschwand aus dem Kopf der Drucksache. Und Rappe ließ seinen Stellvertreter die Kritik formulieren. Ausgerechnet Wolfgang Schultze, selbst als Aufsichtsratsmitglied der Metallgesellschaft in Mißkredit geraten, warnte vor einer Beschränkung der Bankenmacht, weil sich die Banken doch immer so sehr für den Erhalt von Arbeitsplätzen engagiert hätten.

Verständlicherweise pflegte der Bundesverband deutscher Banken in diesen Monaten den Kontakt zur Opposition. Ein freundlicher Peter Dietlmaier erkundigte sich immer wieder nach dem Stand der Dinge und wollte wissen, ob die SPD denn erneut gesetzliche Initiativen ergreifen wolle. Zwar wußte er, daß die Sozialdemokraten ihren Entwurf gründlich überarbeiteten, um ihn zu erweitern und aktuelle Entwicklungen aufzunehmen. Dennoch muß ihn die rasche Einbringung am 30. Januar 1995 dann überrascht haben. Wieder hatte man in Bonn den Eindruck gewinnen müssen, als hätten sich die Naturgewalten gegen die Bankenkritiker verschworen. Das Rheinhochwasser machte den Weg von den Abgeordnetenbüros zur Pressekonferenz im Fraktionsvorstandssaal der SPD unpassierbar, von drei Seiten riegelte der Rhein, dessen Pegel um diese Zeit den höchsten Stand erreichte, den Ort der Pressekonferenz ab. Die Journalisten ließen sich nicht aufhalten. Nur der arme Peter Dietlmaier schaffte den nassen Weg von Köln nach Bonn nicht rechtzeitig. Atemlos erwischte er nach dem Ende der Pressekonferenz, in der die SPD-Abgeordneten ihre erneute Initiative vorstellten, gerade noch ein Exemplar des Gesetzentwurfs und die dazugehörende Presseerklärung.

Der »Entwurf eines Gesetzes zur Verbesserung von Transparenz und Beschränkung von Machtkonzentration in der deutschen Wirtschaft (Transparenz- und Wettbewerbsgesetz)« war die konsequente Fortentwicklung des Gesetzentwurfs des Vorjahres. Neben Maßnahmen zur Beschränkung der Macht der Banken sah der Entwurf nun umfassende Schritte zur Stärkung der Aktionärsrechte in deutschen Aktiengesellschaften vor. Peter Dietlmaier nahm den Gesetzentwurf mit sorgenvoller Miene entgegen. Mündige Aktionäre sind nicht im Sinne der Lobby.

Die Banken wechselten jetzt die Strategie. Tiefer hängen, schweigen, raus aus der Öffentlichkeit. Denn ihre Argumente verfingen nicht. Also mußte es gelingen, auch denen der Gegner weniger Gehör zu verschaffen. Der Bonner Banken-Statthalter Dietlmaier gab unverhohlen die Parole aus, das Thema müsse nach der Ersten Lesung des neuen »Transparenz- und Wettbewerbsgesetzes« im Deutschen Bundestag ohne großes Aufsehen in die nichtöffentliche Beratung der Ausschüsse überwiesen und dann aus der öffentlichen Auseinandersetzung herausgehalten werden. Schon in der Bundestagsdebatte zur Ersten Lesung schickten CDU/CSU und Koalitionspartner FDP nur noch die zweite Garde in den Ring. Staatssekretär Rainer Funke saß diesmal schweigend und fast teilnahmslos auf der Regierungsbank. Nur einmal verrieten seine hochgezogenen Augenbrauen und ein leichtes Kopfschütteln seinen Widerspruch. Die von der CDU ans Rednerpult geschickte Parlamentsnovizin Susanne Tiemann – Mitglied des Beirates der Hamburg-Mannheimer Versicherung, eines Versicherungsunternehmens, das zu 80 Prozent der Allianz und zu 20 Prozent der Münchener Rückversicherung gehört – hatte soeben vollmundig verkündet, die Koalitionsarbeitsgruppe werde in Kürze eigene Vorschläge zur Beschränkung der Bankenmacht vorlegen. Außer der ehemaligen Präsidentin des Bundes der Steuerzahler sprachen für die Unionsfraktion neben dem Rechtspolitiker Joachim Gres zwei alte Bekannte, der Christsoziale Ernst Hinsken, Mitglied im Verwaltungsrat der Deutschen Ausgleichsbank, und der Haudegen Friedhelm Ost.

Auch Friedhelm Ost, der Vorsitzende des Wirtschaftsausschusses des Deutschen Bundestags, ist ein alter Bekannter der Banker. Seine berufliche Laufbahn begann der Diplomvolkswirt 1966 bei der Commerzbank in Düsseldorf in der Abteilung Volkswirtschaft und Information, bevor er 1969 in die Pressestelle des Bundesverbandes deutscher Banken wechselte. Über das ZDF in Mainz, wo er zwischen 1973 und 1985 als Modera-

189

tor der Wirtschaftsmagazine *Bilanz* und *WISO* bekannt wurde, führte ihn seine Karriere an die Spitze des Presse- und Informationsamtes der Bundesregierung. Als Kanzler Kohl sich 1989 von seinem Pressesprecher trennte, begann für den Staatssekretär a. D. eine peinliche Suche nach einem neuen Job, die Ost beinahe in die Chefetage einer Bank geführt hätte. Der Wechsel Osts in den Vorstand der bundeseigenen Deutschen Siedlungs- und Landesrentenbank scheiterte schließlich daran, daß dem Ex-Pressesprecher die seit der KWG-Novelle von 1984 gesetzlich vorgeschriebene Eignung und Erfahrung zur Leitung einer Bank fehlte.

Am Ende der Debatte nutzten die Freunde dann trickreich ihre Geschäftsordnungsmehrheit. Dem bisher in den entscheidenden Fragen federführenden Wirtschaftsausschuß des Bundestages wurde das Verfahren insoweit entzogen, als die Koalitionsmehrheit im Bundestag gegen die Initiatoren des Gesetzentwurfs den Rechtsausschuß zum federführenden Ausschuß für die weiteren Beratungen bestimmte. Die Überweisung an den Rechtsausschuß war mehr als der Versuch, unbequemen Bundestagsabgeordneten aus SPD und FDP die Mitwirkungsmöglichkeiten an der Beratung des Gesetzentwurfs zu erschweren. Der Rechtsausschuß des Deutschen Bundestages ist den Bankern und ihren Freunden in der Deutschland AG seit Jahren besonders wohlgesonnen. Immer dann, wenn der Deutsche Bundestag über Fragen zu entscheiden hat, die den Freunden wichtig sind, wird der Rechtsausschuß aktiv. In ungewohnter Einmütigkeit werden selbst knifflige Probleme zugunsten der Banker entschieden. Egal, ob es um die Verabschiedung einer von der EU-Kommission geforderten »Übernahmeregelung« zum Schutz von Kleinaktionären in Aktiengesellschaften oder um eine vom Bundesverfassungsgericht erbetene Stellungnahme zu einer Verfassungsbeschwerde zu den »Stillen Reserven« von Aktiengesellschaften geht: stets steht der Rechtsausschuß des Deutschen Bundestages mit großer Mehrheit entschlossen auf der Seite der Freunde.

Zwei Koalitionsabgeordnete spielen hier eine entscheidende Rolle: der Freidemokrat Detlef Kleinert und sein CDU-Kollege Joachim Gres. Sie sind im Rechtsausschuß für den Bereich Gesellschaftsrecht zuständig, in den auch die Frage der bankenrechtlichen Aufsicht fällt.

Joachim Gres ist seit 1990 Mitglied des Bonner Parlaments. Zuvor saß er 13 Jahre in der Stadtverordnetenversammlung in Frankfurt. Im wichtigen Rechtsausschuß des Deutschen Bundestages ist der unauffällige Jurist inzwischen zum Berichterstatter für den Bereich Bankrecht avanciert. Die Karriere des Joachim Gres ist auf den ersten Blick erstaunlich. Daß dies nicht nur an der Qualität der christdemokratischen Konkurrenz im Rechtsausschuß liegt, wird deutlich, wenn man Gres in seiner Frankfurter Rechtsanwaltskanzlei besucht. Denn Joachim Gres unterhält eine gemeinsame Kanzlei mit einer Reihe namhafter Frankfurter Rechtsanwälte. Einer von ihnen ist ein guter Bekannter aus der Bankenszene: Martin Peltzer, der Bankenanwalt.

Der gesellige FDP-Rechtspolitiker Detlef Kleinert gehört zu den wenig bekannten Strippenziehern im Bonner Parlament. Der Hannoveraner Rechtsanwalt, der sich laut *Stern* zum Ziel gesetzt hat, mit der Höhe seiner Nebeneinkünfte stets die normale Abgeordnetenentschädigung in Höhe von 11 269,04 DM zu übertreffen, und dies angeblich auch schafft, mischt im Hintergrund kräftig mit, wenn es um, oder besser gegen gesetzliche Veränderungen zu Lasten des Kartells geht. Und Kleinerts Einfluß ist, vor allem wenn es um Posten geht, nicht zu unterschätzen. Zwar gelang es ihm nicht, die Liberale Sabine Leutheusser-Schnarrenberger als Justizministerin zu verhindern, doch er sägte beharrlich und letztlich erfolgreich an ihrem Stuhl. Sabine Leutheusser-Schnarrenberger war zunächst zusammen mit dem Kollegen Günter Rexrodt Vorsitzende der interministeriellen Arbeitsgruppe zur Reform des Unternehmensrechtes. Doch Bundeswirtschaftsminister Günter Rexrodt, früher als Vorstandsvorsitzender der Citibank in Frankfurt tätig, hatte bei den Beratungen nicht viel zu sagen. Denn »the city never sleeps«: den Bankenkollegen war nicht verborgen geblieben, daß Rexrodt nicht zu den Wachesten seiner Zunft gehört. Deshalb und weil sie dem in seiner Eitelkeit verletzten Ex-Bankvorstand nicht trauten, sorgten die Freunde der Freunde dafür, daß die Abstimmung von Abwehrstrategien in der Koalitionsarbeitsgruppe unter Federführung des Bundesjustizministeriums erfolgte.

Wer die Bundesjustizministerin und ihren Parlamentarischen Staatssekretär Rainer Funke gemeinsam erlebte, beobachtete vertauschte Rollen. Während der Staatssekretär und Ex-Banker Funke süffisant lächelnd schwieg, wenn seine Ministerin Allgemeinplätze von sich gab, machte sie sich eifrig Notizen, wenn Funke sagte, was die Arbeitsgruppe als Ergebnis präsentieren werde. Heute ist Edzard Schmidt-Jortzig an die Stelle von Sabine Leutheusser-Schnarrenberger getreten.

Erwartungsgemäß spielten der Rechtsausschuß des Deutschen Bundestages und die von der Bundesregierung eingesetzte Arbeitsgruppe weiter auf Zeit. Otto Graf Lambsdorff, der in der Öffentlichkeit seit zwanzig Jahren als Bankenkritiker auftritt, aber stets dafür gesorgt hat, daß es nic zu konkreten Maßnahmen gegen die Banken gekommen ist und die von ihm protegierten Versicherungskonzerne aus der öffentlichen Diskussion herausgehalten werden, obwohl sie eng mit den Banken verbunden sind, nervte seine Arbeitsgruppenkollegen mit immer neuen Prüfungsaufträgen. Aber die altbewährte Taktik des Verschleppens und Verzögerns verfing diesmal nicht. Neue Skandale, der Konkurs des Bremer Vulkan Verbunds, das Desaster der Daimler-Benz AG und der Beinahe-Zusammenbruch des KHD-Konzerns, nährten die Kritik an den Banken und ihren Aufsichtsratsvertretern mit neuen Argumenten. Nach jeder neuen Krise meldeten sich Regierungspolitiker zu Wort und beklagten ihre eigene Untätigkeit. Schließlich verfielen die Koalitionäre und ihre gutbezahlten Souffleure auf eine raffinierte Strategie. Eine Scheinreform mußte her; es mußte etwas geschehen, ohne daß sich etwas ändert. Der Fall KHD bot den lang erwarteten Anlaß. In der *Bild am Sonntag* kündigte Bankenfreund Friedhelm Ost vollmundig an, die Regierung wolle die »Allmacht der Banken« brechen. Der wohlklingenden Ankündigung folgten erstaunliche Details: Beim Anteilsbesitz der Banken wollte die Koalition nichts ändern; beim Depotstimmrecht dagegen nichts. Dafür sollte bei der Zahl der pro Person zulässigen Aufsichtsratsmandate nichts geändert werden. Jedoch, so der revolutionäre Vorschlag der Koalition, sollte zukünftig im Rahmen der maximal zulässigen 15 Aufsichtsratsmandate der Aufsichtsratsvorsitz doppelt gezählt werden. Eine Reform mit zahnlosem Biß. Kein einziger der aktuellen Multi-Aufsichtsräte hätte wegen dieser Änderungen auch nur ein Mandat abgeben müssen. Staatssekretär Rainer Funke bezeichnete die Diskussion um eine Begrenzung der pro Person zulässigen Aufsichtsratsmandate gegenüber dem *Handelsblatt* als »Streit um des Kaisers Bart«. Nach seiner Einschätzung gebe es ohnehin kaum noch Manager, die mehr als drei oder vier Mandate wahrnehmen. Immerhin sollte die Haftung für Aufsichtsräte und Wirtschaftsprüfer verschärft werden.

Der heftigen Kritik an der »Pipifax-Reform« (*Frankfurter Rundschau*) folgte eine Vertagung der abschließenden Sitzung der Koalitionsarbeitsgruppe. Zu offensichtlich war die Diskrepanz zwischen den vollmundigen Ankündigungen und dem kläglichen Ergebnis. Ebenfalls vertagt wurde auch die inzwischen für den 9. Oktober 1996 terminierte Anhörung des Rechtsausschusses zum Gesetzentwurf der SPD.

Auf diese Freunde können sie bauen

Deutschlands Banker machten einen Fehler: Mit ihrer unverhohlenen Sympathie für Steuerhinterziehung, die sie nicht nur mit offenem Verständnis für wachsenden »Steuerwiderstand« (Jürgen Sarrazin) und heftiger Kritik an der »desolaten öffentli-

chen Ausgabenwirtschaft und einer verfehlten Steuerpolitik«
(Martin Kohlhaussen) rechtfertigten, sondern auch tatkräftig
unterstützten, hatten sie das Mißfallen des Bundeskanzlers erregt. Denn kein Kanzler vor Helmut Kohl hatte einen derartigen
Anstieg der Steuer- und Abgabenbelastung zu verantworten.
Weil der Kanzler der Einheit im Einheitsjahr vor dem Bekenntnis zu den Lasten zurückschreckte, wählte er ein riskantes
Finanzierungsmodell zu Lasten der Sozialversicherungsträger,
der Verschuldung zukünftiger Haushalte etc. Doch die Land-
schaften blühten nicht so schnell wie versprochen, und die
Rechnung wurde schneller präsentiert als gedacht. Eine unter zu
hohen Sozialabgaben und Rekordsteuerbelastung stöhnende
und mangels struktureller Anpassungen trudelnde Wirtschaft
und die ins Uferlose steigende Arbeitslosigkeit verschärften die
Krise der Haushalte weiter, ein Teufelskreis.
Hatte der Genußmensch Kohl Steuerhinterziehung bisher als
Bagatelldelikt betrachtet und großzügig darüber hinwegsehen
lassen, so erinnerte er sich in der Not mütterlicher Grundsätze.
»So etwas tut man nicht!« hatte Frau Kohl einst ihrem Buben
Helmut gesagt. Ob der das Mutterwort mehr auf die Kritik am
Kanzler oder die Steuerhinterziehung bezog, ist unklar.
Deutlich wurde Kohl jedoch anläßlich des 75jährigen Jubiläums
der Bausparkasse Wüstenrot. Da pries er, daß eine »Gemein-
schaft der Freunde«, wie sich die Gründer der Bausparkasse 1921
selbst nannten, eine großartige Idee aus bescheidenen Anfängen
zu überragendem Erfolg führte. Das sei ganz und gar unver-
gleichbar mit einer »Filialgründung« einer Großbank. Und die
Bezeichnung »Gemeinschaft der Freunde« sei bei Großbanken
ja auch absolut unpassend.
Zuvor durfte schon Erwin Teufel, seinem Parteivorsitzenden
treu ergebener Ministerpräsident im Land der Häuslebauer, den
Unterschied betonen zwischen dem Wagnis von 1921 und dem
Erschließen eines neuen Geschäftsfelds, dem Füllen einer Lücke
in der Produktpalette durch Gründung einer eigenen Bauspar-

kasse. Wie das die Deutsche Bank vor einigen Jahren getan habe, fügte er ausdrücklich an, obwohl die Festversammlung den Seitenhieb des biederen Landesfürsten längst verstanden hatte.

Teufel war schon zuvor zu ungeahnter Form aufgelaufen. Er pries die Idee des Bausparens und ihre Erfinder, die Gemeinschaft der Freunde, in höchsten Tönen und trommelte so für das Unternehmen, daß Helmut Kohl dem Wüstenrot-Vorstand prompt empfahl, Teufel einzustellen und dafür die PR-Abteilung zu entlassen. Eine Empfehlung mit Hintersinn. Denn Public Relations nehmen Kohl und Teufel ohnehin wörtlich. Der Ministerpräsident strich unverhohlen seine und die Rolle der Bundesregierung bei der massiven Erhöhung der Bausparförderung heraus. In der Tat wurden die Einkommensgrenzen der Bausparförderung mit Beginn des Jahres 1996 annähernd verdoppelt. Durch die deutliche Anhebung der Einkommensgrenzen sind mittlerweile rund 85 Prozent aller Haushalte prämienberechtigt. So meldeten die Bausparkassen im ersten Halbjahr 1996 Steigerungsraten von 30 Prozent und mehr. Eine Familie mit zwei Kindern wird bei der Erstellung eines selbstgenutzten Neubaus mit bis zu 71 200 DM vom Staat unterstützt.

Die Erhöhung der Bausparförderung wird selbst von Bank-Lobbyisten für falsch gehalten, zumal die Förderung anderer Anlageformen nicht entsprechend angepaßt wurde. Aber der Kanzler weiß, warum. Denn ein Haus, so erklärte er schlicht, könne man schließlich anfassen. »Und die Deutschen sind eben nun mal, wie sie sind.« Zwar betrübe ihn das mangelnde Interesse für Risikokapitalanlagen, aber bei Aktienanlagen wisse man ja nie, ob man nicht vom Berater angelogen werde. Die Mentalität der Landsleute sei nun mal nicht zu ändern. Außerdem, da kam der strategische Weitblick des Parteipolitikers zum Durchbruch, habe er schon als Student von dem Brief Bebels an Schreber (den Begründer der Schrebergärten) gelesen, in dem der Sozialdemokrat kritisiere, daß ein Mann, der Haus und Garten besitze, für die Bewegung verloren sei. In diesem Sinne, folgerten Kohl und Teufel einmütig, sei Wohneigentum eine wichtige Stütze der Demokratie. Gemeint war die Christdemokratie, doch längst fühlten sich Festredner und -gäste wie eine große Familie.

Und da paßt es ins Bild, daß der Sprecher der Geschäftsführungen der Wüstenrot-Gruppe, Gert Haller, erst Ende 1994 als Finanzstaatssekretär aus des Kanzlers Diensten geschieden war. Haller hatte zuvor als »Sherpa« des Bundeskanzlers Weltwirtschaftsgipfel vorbereitet und als Chefunterhändler an internationalen Währungs- und Finanzverhandlungen teilgenommen. Er war in dieser Funktion Horst Köhler nachgefolgt, der 1993 seinen Abschied als Staatssekretär im Bundesfinanzministerium nahm, um in den Präsidentensessel des Deutschen Sparkassen- und Giroverbandes zu wechseln. Haller wie Köhler leiteten einst im Bundesfinanzministerium die Abteilung »Geld und Kredit«. Haller wie Köhler wurden lukrative Führungspositionen in der Finanzwirtschaft offeriert. Ein einträgliches Geschäft für beide Seiten. Denn nicht für alle Menschen hört beim Geld die Freundschaft auf.

VIII

Folgen für den Standort

Ideen haben in Deutschland keinen Kredit

Wolfgang Hentschel hatte eine bestechende Idee. Unternehmen, deren Großrechner zumeist von IBM stammen, waren bislang auch bei den Druckern auf Produkte von Big Blue angewiesen. Ein einträgliches Folgegeschäft, denn angesichts des enormen Papierausstoßes vieler Anwender sind Drucker fast Verbrauchsartikel, und IBM ließ sich sein faktisches Monopol natürlich bezahlen. Mit einem speziellen Interface eröffneten Wolfgang Hentschel und sein Partner Patrice Dufour die Möglichkeit, mit IBM-Mainframes (Großrechner) auf eine ganze Palette handelsüblicher Drucker zuzugreifen. Angesichts der erheblichen Einsparungsmöglichkeiten boomte Dufours und Hentschels kleine Firma gkd mbH rasch. Die Wachstumsraten waren rasant, schnell stellten die innovativen Unternehmer weiteres Personal ein, verstärkten vor allem ihr Entwicklungsteam, um stets aktuell angepaßte Produkte liefern zu können. Zu ihren Kunden gehörten bald auch renommierte Druckerhersteller wie Hewlett-Packard, Epson oder Mannesmann-Tally, die ihre Geräte ab Werk mit gkd-Interfaces aufrüsteten, aber auch Handel und Großverbraucher. Das Geschäft lief blendend. gkd kaufte elektronische Bauteile ein, montierte und programmierte. Die Material- und Personalkosten wurden von der BfG Bank vorfinanziert, als Sicherheit dienten die Kundenforderungen, die an die Bank abgetreten wurden.

Mit dem Sportbodenhersteller Balsam und seiner Factoringgesellschaft Procedo verband Patrice Dufour nichts, ja er erfuhr wie die meisten Menschen erst aus der Zeitung von deren Fall, der auch den seinen einleiten sollte. Denn nur als Folge der Leichtfertigkeit vieler Kreditinstitute bei den Balsam/Procedo-Deals kann sich Dufour erklären, daß die BfG aus heiterem Himmel eine Neubewertung seiner Sicherheiten vornahm. War gkd bis dato für 480 000 DM gut, so erkannte die BfG plötzlich die Forderungsabtretung überhaupt nicht mehr als Kreditsicherheit an und forderte die Unternehmer auf, den Kredit umgehend zurückzuführen. Das hätte gkd zum Aufhören gezwungen, doch so schnell gaben Dufour und Hentschel nicht auf. Sie wechselten – mit Hilfe der Bürgschaftsbank Baden-Württemberg und der Süd-KB (einer Kapitalbeteiligungsgesellschaft der Südwestdeutschen Landesbank) – die Bank und suchten sich einen weiteren Gesellschafter. Mit einer Partnerfirma in Israel dachten sie über eine Niederlassung in den USA nach. Ziel war nicht nur die Erschließung des amerikanischen Marktes, sondern ein Zugang zum US-Kapitalmarkt. In Deutschland, so war Patrice Dufour und Wolfgang Hentschel inzwischen klargeworden, würden sie die Expansion ihres Unternehmens nicht finanzieren können. Doch ihre Befürchtung wurde schneller wahr, als sie ihre Zukunftspläne realisieren konnten. Angesichts eines Umsatzwachstums von über 100 Prozent im Jahr zeigte sich auch die Dresdner Bank nicht mehr bereit, die Kreditlinien im notwendigen Umfang auszuweiten. Dufours und Hentschels Problem war nicht eine Schieflage ihres Unternehmens, sondern ihr Erfolg. Weitere Versuche, über die Süd-KB und die Bürgschaftsbank des Landes Baden-Württemberg die Finanzierungsrisiken zu streuen, scheiterten an der Schwerfälligkeit und mangelnden Bereitschaft der Banken.

Vielleicht hätten es Dufour und Hentschel leichter gehabt, wenn sie statt 750 000 DM 750 Millionen DM gebraucht hätten. Diese Erfahrung machten jedenfalls Jochen Langguth und Jürgen Schellenberger, die in Erlangen neue Keramikwerkstoffe entwickeln. »Wir hatten einen Vermittler von Risiko-Kapital um zwei, drei Millionen gebeten«, erzählt Jochen Langguth.

»Kommen Sie wieder, wenn Sie 300 Millionen brauchen«, erwiderte der kühl und lehnte das Ansinnen ab.

Am 1. Februar 1996 eröffnete das Amtsgericht Mannheim das Konkursverfahren über die gkd mbH. Das große Interesse an den Lizenzrechten und der Produktpalette von gkd zeigte erneut, daß Patrice Dufour, Wolfgang Hentschel und ihre Mannschaft nicht am Markt vorbei entwickelt hatten. Fast zehn Angebote gab es, und ein Konkurrent übernahm schließlich Rechte, Produkte und – zu Dufours großer Erleichterung – auch die Mitarbeiter.

Der Fall gkd unterscheidet sich von den Erfahrungen vieler anderer Tüftler und Erfinder nur dadurch, daß die meisten erst gar nicht so weit kommen wie Wolfgang Hentschel und Patrice Dufour. Zumindest in Deutschland scheitern Innovationen oft am Widerstand etablierter Unternehmen und »risikofeindlicher Banken«, wie selbst das *Handelsblatt* nüchtern konstatiert. Sie sind – ebenso wie die herrschende Politik – an denjenigen orientiert, deren Vermögen auf Konten und Depots liegt, nicht am kreativen Vermögen der Innovatoren, das in Köpfen und Händen steckt und die Grundlage für den zukünftigen Erfolg einer Volkswirtschaft darstellt.

Die *Wirtschaftswoche* erzählt die Geschichte der Fast Electronic GmbH, die bereits 1989 den neuen Bereich Digitales Video zu einem durchschlagenden Markterfolg führte und den Umsatz in fünf Jahren verzehnfachte. Das Unternehmen wurde zum Serienhersteller hochwertiger Computerhardware. Mit dem schnellen Wachstum steigerte sich natürlich auch der Kreditbedarf. Doch die Kreditlinie verharrte eisern bei zwei Millionen Mark. Den Banken erschien das für sie undurchsichtige Geschäft als zu risikoreich, die internationalen Ambitionen der Geschäftsführung hielten die konservativen Banker für überzogen. Mitten in einer Phase explosiven Wachstums und glänzender Marktchancen forderten die Hausbanken den Unternehmensgründer auf, zu rationalisieren und Mitarbeiter zu entlassen. Doch Fast-Gründer Matthias Zahn zeigte den Bankern die kalte Schulter. Er entschied: »Was wir brauchen, ist nicht Fremd-, sondern Eigenkapital. Und das besorgen wir uns an der Nasdaq«, der Computerbörse des amerikanischen Freimaklerverbandes.

Wären Gottlieb Daimler, Carl Benz, Robert Bosch und ihre Erfinder-Kollegen im vergangenen Jahrhundert ebenso abgeblockt worden wie die Tüftler heute, hätte es den rasanten Aufstieg Deutschlands zu einer der führenden Wirtschaftsnationen der Welt nie gegeben. Inzwischen kämpft die deutsche Wirtschaft darum, einen Platz in der Weltliga zu behalten. Denn im Automobil-, Maschinenbau und in der Elektrotechnik bauen Deutschlands erfolgreiche Branchen noch immer auf Basisinnovationen, die über 100 Jahre alt sind.

Die Erfolgsgeschichten deutscher Erfinder sind längst Geschichte. Doch im Land der unbegrenzten Möglichkeiten wird auch heute noch Wirtschaftsgeschichte neu geschrieben. Ob Microsoft, Apple oder innovative Softwareentwickler der neunziger Jahre — aus Garagenfirmen wurden innerhalb weniger Jahre Weltunternehmen. Microsoft-Chef Bill Gates avancierte binnen zwanzig Jahren zum reichsten Unternehmer der Welt. Er ist internationaler Marktführer für Computersoftware.

Und die Euphorie kennt keine Grenzen; in den Staaten ist eine neue Gründerzeit angebrochen. Bill Schrader gründete mit 38 Jahren in Virginia die Firma PSI-Net, mit deren Börsengang er nur fünf Jahre später im Mai 1995 über Nacht zum Multimillionär wurde. Zwischendurch hatte Schrader die Firma über seine Kreditkarten finanziert. »Visa und MasterCard«, wie sein Finanzchef Dan Cunningham betont, »nicht American Express, weil das eine Karte ist, bei der man die Rechnung monatlich begleichen muß.«

Die erst 1994 gegründete Softwareschmiede Netscape Communications des 24jährigen Firmengründers Marc Andreessen hat einen »Navigator« entwickelt, mit dem sich auch Laien problemlos durchs Internet bewegen können. Bei der Börseneinführung 1995 schoß der Aktienkurs innerhalb von Stunden von 28 auf 75 Dollar. Andreessen hatte zuvor für einen Stundenlohn von 6,85 Dollar an der Universität von Illinois gejobbt. Nun ist er ebenfalls Multimillionär. Dabei sieht der 1,93 Meter lange, milchgesichtige Kerl immer noch so aus, daß ihm keine deutsche Bank einen nennenswerten Kredit einräumen würde. »Ich habe heute meinen Armani-Anzug an«, scherzt Andreessen in T-Shirt und Jeans bei der Begrüßung eines Besuchers in seinem Büro in Kalifornien.

Auch Deutsch-Bankier Hilmar Kopper erzählt gerne die Geschichten von den amerikanischen Garagenunternehmern. Solche Karrieren seien in Deutschland schon deshalb nicht möglich, weil deutsche Gesetze über den Einbau von Fenstern in Garagen die Tüftler vom Erfinden abhielten. Doch auch wenn der Hinweis auf bürokratische Hemmnisse in Deutschland nicht ohne Berechtigung ist, geht Koppers Ablenkungsmanöver in die Irre. Beim Deutschen Patentamt in München wurden 1995 so viele Neuentwicklungen eingetragen wie nie zuvor. Probleme gibt es bei der Umsetzung der Ideen. Auf der 42. Internationalen Messe für Erfindungen, neue Techniken und Produkte in Genf waren mehr Erfindungen zu sehen als bei allen anderen vergleichbaren Ausstellungen der Welt zusammen. 700 Aussteller suchten Lizenznehmer, die ihre Erfindungen auf den Markt bringen. Allein es fehlt an Risikobereitschaft und Kapital.

Vom Griff ins Portemonnaie zum Gang an die Börse

Die Börse ist der Markt für Risikokapital. Hier treffen kapitalsuchende Unternehmen und risikofreudige Anleger zusammen. Die einen suchen Kapitalgeber, die ihr Wachstum finanzieren. Die anderen – vom rationalen Investor über den kühl kalkulierenden Renditejäger bis zum Spieler – wollen sich mit den mageren Zinsen für Sparanlagen oder Anleihen nicht zufriedengeben und setzen darauf, daß die Kehrseite des Risikos Chance heißt. Langfristig fahren die Aktionäre mit dieser Haltung nicht schlecht. Die Aktienanlage schlägt in jedem Vergleich alternative, konservativere Anlageformen wie Rentenpapiere, Edelmetalle, Immobilien oder Lebensversicherungen.

Es gab eine Zeit, da waren in Deutschland über 4000 Unternehmen an der Aktienbörse notiert. Manche verschwanden sang- und klanglos irgendwann vom Kurszettel, andere gehören heute zu den Blue Chips. Inzwischen ist die Börsenkapitalisierung in Deutschland auf das Niveau eines Entwicklungslandes gesunken. Rainer Gebbe, Vorstandsvorsitzender der Chase Manhattan Bank, bemerkt zum Finanzplatz Frankfurt sarkastisch, dem gehe es demnächst wie den Fußballern von Eintracht Frankfurt: »Spielen in der zweiten Liga.« Während in den USA die Börsenkapitalisierung in Relation zum Bruttosozialprodukt 81,8 Prozent beträgt, in der Schweiz 116,2 Prozent und in Großbritannien 128,4 Prozent sind es in Deutschland gerade mal magere 28 Prozent. Das an der Börse gehandelte Kapital konzentriert sich zudem zu mehr als 80 Prozent des Gesamtumsatzes auf die 30 DAX-Werte. Bei vielen kleineren Aktiengesellschaften sind dagegen nur geringe Umsätze festzustellen. Damit weist der deutsche Aktienmarkt international den höchsten Konzentrationsgrad beim Börsenumsatz auf.

Hinzu kommt, daß in Deutschland der Gang an die Börse sehr aufwendig und teuer ist. Derzeit spielen hier die Banken eine entscheidende Mittlerrolle beim Going Public von Unternehmen. Sie übernehmen als Emissionsbank die komplette Abwicklung der Börseneinführung. Internationale Vergleiche belegen, daß die Emissionskosten in Deutschland beim Going Public ausgesprochen hoch liegen. Gerade für kleine und mittlere Unternehmen wird der Gang an die Börse daher bereits im Vorfeld durch die hohen Kosten erschwert. Doch damit nicht genug, die Emissionsbanken haben sehr hohe Kriterien festgelegt, die ein Unternehmen für das Erreichen der Börsentauglichkeit erfüllen muß. Diese Anforderungen an Umsatz und Rentabilität gehen in der Regel deutlich über die gesetzlichen Börsenzulassungsvoraussetzungen hinaus und machen vielen kleinen und mittleren Unternehmen das Going Public unmöglich. Und die Börse scheut vor der Direktansprache börsenreifer Unternehmen zurück. »Wir wollen lieber symbiotisch mit den Banken zusammenwirken, als ihnen Konkurrenz zu machen«, verteidigt der Vorstandsvorsitzende der Deutschen Börse, Werner G. Seifert, die nicht ganz freiwillige Zurückhaltung. Denn auch auf dem Börsenparkett geben die Großbanken den Ton an. Nur sie können die amtliche Börsenzulassung einer Aktie beantragen – und sie entscheiden faktisch selbst darüber, ob dem Antrag stattgegeben wird, denn auch die Zulassungsstellen werden von ihnen dominiert.

Es ist daher folgerichtig, daß aufstrebende junge Unternehmen in Deutschland nur selten den schnellen Weg an die Börse finden. Während in Großbritannien die Unternehmen bei der Börseneinführung im Durchschnitt gerade mal acht Jahre bestehen, sie in den USA mit durchschnittlich 14 Jahren ebenfalls noch sehr jung sind, sind Unternehmen in Deutschland bei der Börseneinführung bereits durchschnittlich 55 Jahre alt. »Der letzte öffentliche Aufruf zur Zeichnung von Aktien eines innovativen Unternehmens im Gründungsstadium liegt hier 25 Jahre zurück«, so Günther Merl, Vorstandsmitglied der Landesbank Hessen-Thüringen, der unumwunden einräumt, daß die »informellen Erfordernisse« der Emissionsbanken für die Newcomer besonders hinderlich sind.

Als mächtigster Mann der deutschen Börse gilt Rolf-E. Breuer. »Mister Blue Chip« ist zugleich Vorsitzender des Aufsichtsrates der Deutsche Börse AG und Vorsitzender des Vorstandes der Frankfurter Wertpapierbörse. Und er kommt – natürlich – aus dem Vorstand der Deutschen Bank, die mit großem Abstand die meisten neuen Aktien an die Börse bringt. Breuer galt vor Jahren als aussichtsreichster Kandidat für das Amt des Vorstandssprechers der Deutschen Bank. Doch dann flogen in Breuers Umfeld Geschäfte auf, die den Vater der Deutschen Terminbörse, der gegen viele Widerstände den Computerhandel durchgesetzt hat, als schillernde Persönlichkeit erscheinen ließen. Sein wichtigster Verbündeter ist Gerhard Eberstadt, Vorstandsmitglied der Dresdner Bank und Breuers Stellvertreter im Aufsichtsratsvorsitz der Deutschen Börse. In diesem Aufsichtsrat haben die Banken eine satte Mehrheit. Kursmakler und Börsenmitarbeiter werfen Breuer und Eberstadt vor, die Interessen der Großbanken »ohne Rücksicht auf Verluste« durchzusetzen. Die konzentrieren sich auf die großen Standardwerte wie Daimler-Benz oder Siemens, die Mitglieder im Club – kleine Aktien bleiben außen vor. Fritz Nols, der Vorsitzende der Vereinigung der Börsenmakler, kritisierte, daß Breuers Terminbörse und das Computerhandelssystem ausschließlich dem Handel mit Blue Chips, den großen Standardwerten nutzen. Den Großbanken warf Nols »oligopolistisches« Handeln vor, das zu »Monopolen« führen werde. Doch inzwischen ist auch Fritz Nols als Aufsichtsratsmitglied der Deutschen Börse AG in Breuers Werk eingebunden. Ebenso wie Peter Coym, Vorstandsmitglied der Lehmann Brothers Bankhaus AG, der das Risiko für Außenstehende am deutschen Aktienmarkt einst deutlich höher als anderswo bewertete. Die enge Verflechtung von Großbanken und großen Aktienkäufern wie Investmentfonds, Lebensversicherungen und Großindustrie erschwere die Transparenz. Marktabsprachen und Manipulationen sind so Tür und Tor geöffnet.

So verwundert es nicht, daß auch die Zahl der Aktien-Anleger ausgesprochen klein ist. Obwohl das Geldvermögen der privaten Haushalte in Deutschland 1995 mit 4,65 Billionen DM einen neuen Höchststand erreicht hat, ist der Anteil privater Kapitalgeber an der Vergabe von Risikokapital verschwindend gering und weiter rückläufig. Gerade mal 5,3 Prozent des gesamten

Geldvermögens der privaten Haushalte in Deutschland sind in Aktien angelegt. Und lediglich 4,5 Millionen Deutsche (5,5 Prozent) besitzen derzeit Aktien, 1970 waren dies immerhin noch 11,3 Prozent, 1960 sogar 24,3 Prozent. In den USA sind es dagegen 21,1 Prozent der Bevölkerung, in Schweden sogar 33,3 Prozent, die Geld in Aktien angelegt haben.

Für die Aktienanlage macht sich mit dem Deutschen Aktieninstitut e. V. (DAI) eine Institution stark, die sich selbst als Lobbyverein für die Aktie bezeichnet. Wer dahinter eine Vertretung der freien Aktionäre vermutet, folgt zwar dem Willen des DAI, aber nicht seiner Absicht. Denn auch im Deutschen Aktieninstitut wirken die Vertreter des Kartells im Interesse von Großbanken und Großunternehmen. Der Vorstand des DAI besteht heute aus 36 Herren. Das Spektrum der Vorstandsmitglieder reicht von prominenten Industriemanagern wie dem derzeitigen DAI-Vorsitzenden Helmut Loehr, hauptberuflich Finanzvorstand der Bayer AG, über DIHT-Chef Hans Peter Stihl und BDI-Hauptgeschäftsführer Ludolf von Wartenberg bis zu Vertretern der Großbanken wie Rolf-E. Breuer oder Georg Eberstadt, die zugleich im Aufsichtsrat der Deutsche Börse AG eine gewichtige Rolle spielen.

Geschäftsführendes Vorstandsmitglied ist Rüdiger von Rosen. Der eloquente Interessenvertreter war bis 31. Dezember 1994 Vorstandsmitglied der Deutschen Börse AG. Im Bericht des Aufsichtsrates dankte Breuer von Rosen »für die jahrelange vertrauensvolle Zusammenarbeit und seinen engagierten Einsatz im Interesse der Deutsche Börse AG«. Der Dank gilt sicher nicht nur für die Vergangenheit, auch heute zeigen die Banker von Rosen die Grenzen, nicht immer zu dessen Freude.

Innovative Wachstumsunternehmen drängen ins Ausland

Kein Wunder also, daß junge Unternehmen, zumal wenn sie besonders innovativ und dynamisch sind, nicht nur ihre Beschaffungs-, Produktions- und Vertriebsstrukturen global ausrichten, sondern auch bei der Kapitalbeschaffung international denken. Peter Kronfeld, Miteigentümer der Fast Multimedia AG, bringt auf den Punkt, was viele Jungunternehmer über den Kampf mit den Banken in Deutschland denken: »Wir haben es satt, in Deutschland ständig um Gelder betteln zu müssen, die sich unsere amerikanischen Konkurrenten problemlos auf dem freien Kapitalmarkt besorgen.« Besondere Anziehungskraft übt seit einiger Zeit die elektronische Börse Nasdaq (National Association of Securities Dealers Automated Quotations) in den USA aus. Ähnliche Einrichtungen gibt es inzwischen auch in Großbritannien mit dem Alternative Investment Market (AIM) oder dem französischen Nouveau Marché.

An der Nasdaq sind heute mehr als 5000 junge und wachstumsorientierte Unternehmen notiert. Das Handelsvolumen war 1995 fast viermal so hoch wie der gesamte Aktienumsatz in Deutschland. Nasdaq-Direktorin Ellen Hipschman verweist nicht ohne Stolz auf die Aufnahmefähigkeit der Nasdaq, auf die 1995 80 Prozent der Erst- und Zweitplazierungen von Aktien in den USA entfielen. 476 Unternehmen wagten den Gang an die Nasdaq – in Deutschland waren es im Vergleich dazu gerade 20. Für 1996 sollen bereits 13 europäische Going Publics in Übersee geplant sein. Die Vorbereitungszeit für ein deutsches Unternehmen, das an eine US-amerikanische Börse gehen will, wird von Experten mit nur sechs bis neun Monaten angegeben. Und Wolfgang Unrein, Geschäftsführer der Wirtschaftsprüfungsgesellschaft Grant Thornton, betonte auf einem eigens durchgeführten Seminar über die Eigenkapitalbeschaffung an der Nasdaq, daß eine steuerneutrale Vorbereitung beim Übergang zur Aktiengesellschaft möglich sei.

Für viele Mittelständler die entscheidende Voraussetzung für den Entschluß zum Going Public.

Die Attraktivität verdankt der amerikanische Finanzmarkt neben seiner Struktur vor allem den aufgeschlossenen und risikofreudigen institutionellen Anlegern. Deren Risikobereitschaft hat sich in den zurückliegenden Jahrzehnten mehrfach bezahlt gemacht. Der Anstieg des Nasdaq Composite Index im Jahr 1995 um knapp 40 Prozent verdeutlicht die Kurschancen. Und so stehen inzwischen 4500 Qualified Institutional Buyers als Großinvestoren bereit.

Auch der Finanzplatz London zieht Unternehmen und Anleger magisch an. »London schlägt sogar die USA«, meinte jüngst das *Handelsblatt*, das zugleich nüchtern konstatierte, daß Deutschland bei einem Vergleich internationaler Finanzplätze »nicht gerade gut« abschneidet. So findet in London sogar mehr Geschäft in DM-Staatsanleihen und Bund-Futures statt als an den Heimatmärkten in Deutschland. Doch nicht nur Rentenpapiere und Derivate sind in London angesagt. Otto A. Schmid, Chef und Gründer der Dicom, kritisiert einen grundsätzlichen Mangel an Flexibilität und Kundennähe bei den kontinentaleuropäischen Banken. »Sowohl in Deutschland als auch in der Schweiz sitzen zahlreiche Banken auf einem viel zu hohen Roß«, so der Unternehmer, der sich als europäischer Marktführer im Bereich Document Image Processing (DIP) sieht. DIP-Anwendungen ermöglichen die elektronische Erfassung, Verarbeitung und Archivierung von Dokumenten – ein Wachstumsmarkt, dessen Steigerungsraten auf 25 Prozent pro Jahr taxiert werden. Nur fünf Jahre nach dem Start setzt Dicom mit rund 100 Mitarbeitern 125 Millionen DM um. Doch der Versuch, die Expansion des Unternehmens über einen Börsengang in Deutschland oder in der Schweiz zu finanzieren, blieb bereits im Ansatz stecken. Schmid war »überhaupt nicht bis in die Emissionsabteilungen der Banken vorgedrungen«. Als Retter, so berichtet das *Handelsblatt*, habe sich letztlich eine kleine Volksbank im Breisgau erwiesen, die 1994 einen Kontakt zum Finanzplatz London

vermittelt habe. Über diesen Kontakt erfolgte über eine Privat-
plazierung 1995 schließlich 1996 der Gang an den Alternative
Investment Market (AIM). Die Emission war so überzeichnet,
das heißt die Aktien waren so gefragt, daß Dicom kurzentschlos-
sen mehr Eigenkapital aufnahm als eigentlich geplant.

Deutschland gerät durch die Rückständigkeit seines Finanz-
marktes nicht nur als Finanzplatz ins Hintertreffen. Das Fehlen
eines funktionsfähigen Marktes für Risikokapital in Deutschland drängt nach Einschätzung des *Handelsblatts* innovative
Wachstumsunternehmen immer stärker ins Ausland. Die *Wirtschaftswoche* hat beobachtet, daß es »die Besten aus Deutschlands
dünner High-Tech-Gründerszene« sind, »Unternehmen, die
sich in ihren Spezialmärkten international durchgesetzt haben«,
die sich nun an ausländischen Kapitalmärkten finanzieren. Hat
ein innovatives und wachstumsstarkes Unternehmen erst den
Fuß in die Staaten oder nach Großbritannien gesetzt, ist die
Gefahr groß, daß der Finanzierung auch ganze Unternehmens-
teile folgen. Der Verlust von Innovationen und Arbeitsplätzen
im Inland ist die schmerzliche Folge. Waldemar Jantz, geschäfts-
führender Partner in der Münchner Risikokapitalgesellschaft
TVM Techno Venture Management GmbH & Co. KG warnt
denn auch: »Natürlich besteht die Gefahr, daß dem Standort
Deutschland dadurch der Unternehmensnachschub für Branchen wie die Elektronik oder die Bio- und Gentechnologie völlig
wegbricht.« Und er fügt sarkastisch an: »Aber es sieht nicht so
aus, als hätten die Banken damit ein Problem.«

Stillstand am Standort

Die Diskussion um den Standort Deutschland gehört in den
letzten Jahren zum Standardrepertoire von Politikern, Managern und Journalisten. Sie konzentriert sich auf Faktorkosten,
Steuern und Infrastruktur. Und diese Debatte wird instrumen-

talisiert, um Gruppeninteressen unter dem Standort-Etikett Akzeptanz und Durchsetzungschancen zu verschaffen.

Übersehen wird, daß die strukturellen Schwierigkeiten, die sich in der Innovationskrise manifestieren, durch den Strukturkonservatismus einer Community angestellter Unternehmer geschaffen und gefördert werden. Der Herrenclub kontrolliert die Kerngesellschaften des deutschen Finanzsektors und die meisten börsennotierten Großunternehmen. Der legendäre Fiat-Chef Giovanni Agnelli sagt unumwunden: »Manager dienen oft kurzfristigen Interessen. Sie wollen imponieren oder verhindern, daß man sie rauswirft.« So setzen die Manager in einer konjunkturell und strukturell krisenhaften Situation vor allem auf Kostenreduzierung mittels Rationalisierung, insbesondere durch Personalabbau. Eine Taktik, die sich rasch in Zahlen niederschlägt und kurzfristig Wettbewerbsvorteile verschaffen kann; jedoch keine Strategie für eine mittel- und langfristig erfolgreiche Entwicklung des Unternehmens im Markt. Die klassischen Schumpeter-Unternehmer aber sind unter der Enkel-Generation deutscher Wirtschaftsführer nicht zu finden. Statt neue Märkte zu kreieren, passen sich die Manager an. Dem Trend zu schlanken Unternehmen, Lean Production und Lean Administration fallen, so fürchtet nicht nur der Ex-Ministerpräsident des Erfinderlandes Baden-Württemberg und heutige Jenoptik-Chef Lothar Späth, womöglich ausgerechnet die kreativen »Spinner« zum Opfer: Mitarbeiter, die für Innovation statt resignative Anpassung, für Aktion statt Reaktion stehen – also dem Kartell im Wege.

Die von der Bundesregierung »geschaffenen oder geduldeten Monopole und Kartelle« (Frühjahrsgutachten der sechs führenden deutschen Wirtschaftsforschungsinstitute, vorgelegt am 21. April 1994) behindern nicht zuletzt den dringend erforderlichen ökologischen Umbau unserer Industriegesellschaft. Zugunsten einer Ergebnismaximierung in wenigen Großunternehmen werden Produkt-, Struktur- und Marktchancen vergeben, knappe Umweltgüter verbraucht oder zerstört.

Die Sonnyboys mögen keine Solartechnik

Es ist unbestreitbar, daß die gegenwärtigen Energieerzeugungs-, -umwandlungs- und -verbrauchsstrukturen zum globalen Kollaps führen. Energieumwandlungsprozesse sind der Kern der meisten ökologischen Probleme, die sich im Abbau der lebensnotwendigen Ozonschicht, in saurem Regen, atomarer Verseuchung oder Sommersmog äußern. Hinzu kommt die Endlichkeit herkömmlicher Energieträger. Nur eine Steigerung der Energieeffizienz und die Umstellung auf solare Energiewirtschaft werden die wachsende weltweite Energienachfrage befriedigen können, ohne die Ökosysteme unumkehrbar zu überfordern. Zudem stecken in den zumeist dezentral angelegten Energieversorgungskonzepten, die auf Sonnen-, Wind-, Wasserkraft etc. setzen, enorme ökonomische Wachstumspotentiale. Dezentrale Systeme eröffnen Chancen für Entwicklungsländer, deren Infrastruktur eine Energieversorgung aus Großkraftwerken ohnehin nicht ermöglicht. Sie machen unabhängig von fossilen oder nuklearen Rohstoffen, machen den Sonnenreichtum der meist ärmeren Länder zu einem ökonomischen Faktor und sind der Wachstumssektor für High-Tech-Branchen der Industrieländer. Die Chancen wurden auch in Deutschland bereits vor Jahren erkannt.

Doch die solare Energiewende blieb aus. Das liegt nicht in erster Linie, wie man vermuten könnte, am Widerstand derjenigen, die mit knappen fossilen Energieträgern wie Kohle, Erdöl oder Gas enorme Gewinne erzielen. Angesichts der Begrenztheit der natürlichen Ressourcen und ihrer vielfältigen Anwendungsmöglichkeiten suchen beispielsweise die Öl- und Gasunternehmen nach neuen Geschäftsfeldern. Doch die Hersteller von Großkraftwerken, wie die Siemens-Tochter KWU, blockieren im Verein mit den Energieversorgungskonzernen einen raschen Strukturwandel. Denn für die zentralistisch organisierte Stromwirtschaft wäre ein »Internet der Kleinststromproduzenten eine Horrorvorstellung«, wie der *Spiegel* diagnostiziert.

In den USA boomt die Photovoltaik, in Europa stagniert sie, in Deutschland geht sie zurück. Wurden 1985 noch jährlich sechs bis zehn Megawatt (MW) produziert, waren es 1995 gerade noch 1,5 bis 2,5 MW. Das verwundert nur dann nicht, wenn man die Eigentumsverhältnisse der deutschen Photovoltaik-Industrie kennt. So gehört die ASE (Angewandte Solarenergie GmbH) zu je 50 Prozent Daimler-Benz und RWE. An Siemens Solar ist neben der Siemens AG (51 Prozent) der Energieversorger Bayernwerk AG mit 49 Prozent beteiligt. Und der dritte im Bunde, die Bayer Solar, ist eine 100prozentige Tochter der Bayer AG. Auf deren Hauptversammlungen bestimmt ebenfalls das Kartell.

Der Daimler-Benz-Konzern hatte sich über die Deutsche Aerospace AG München (DASA) 1990 auch MBB (Messerschmitt-Bölkow-Blohm) gesichert, ein Technologieunternehmen, das sich vor allem in der Rüstungsindustrie einen Namen machte, dessen Mitbegründer Ludwig Bölkow jedoch einer der prominentesten Verfechter einer solaren Wasserstoffwirtschaft ist. Bölkow, dessen Vater als Werkmeister bei der Flugzeugfirma Fokker arbeitete (die ließ Daimler 1996 abstürzen), gilt als genialer Ideenbrüter und Technosoph, aber auch als unbequem. Nicht zuletzt, weil er seiner Zeit oft voraus war. Dem Ingenieur wurde zwar vorgeworfen, daß er kaufmännische Aspekte vernachlässige, doch seine Entwicklungen erwiesen sich meist im Markt als erfolgreich. Bölkow schied bereits 1977 aus dem Unternehmen aus. 1983 initiierte er die Ludwig-Bölkow-Stiftung, die seine Ideen umweltfreundlicher Technologien – im Gegensatz zum Daimler-Benz-Konzern – konsequent weiterverfolgt.

So hat die Daimler-Tochter ASE Ende 1995 die Solarzellenproduktion im Werk Wedel aufgegeben. Damit verließ nach Einschätzung des *Spiegel* »die letzte deutsche Solarfabrik von Rang das Land«. Vier Mittelständler wollen nun in Deutschland Solarzellen produzieren. Jeder von ihnen beschäftigt gerade mal zwischen 20 und 40 Mitarbeiter. Doch das ASE-Argument der angeblich zu hohen Lohnkosten in Deutschland lassen sie nicht gelten, im Gegenteil. Gerade weltweit führende Forschungseinrichtungen und hochqualifizierte Arbeitskräfte sprechen für den Standort Deutschland. Der Chef von Sunways Konstanz, Roland Burkhardt, der mit transparenten Solarzellen einen »gigantischen Markt« erschließen will, bringt es auf den Punkt: »Unser Material ist zu teuer, als daß wir uns 80 Prozent Ausschuß leisten könnten.«

Ob die mittelständischen Sonnenpioniere in Deutschland trotz fehlender staatlicher Markteinführungsprogramme den Durchbruch schaffen und angesichts der schwierigen Finanzierungsbedingungen das mögliche rasante Wachstum durchhalten, ist fraglich. In den USA und Japan wird die Photovoltaik massiv gefördert. Und High-Tech-Unternehmer werden für ihre Risikobereitschaft und Innovationskraft am Kapitalmarkt belohnt. Eurosolar-Präsident Hermann Scheer fürchtet denn auch, daß Deutschland einmal mehr den Anschluß bei einer Schlüsseltechnologie verpaßt und damit aus dem wahrscheinlich größten Markt des 21. Jahrhunderts aussteigt.

Die etablierten Wirtschaftsverbände in Deutschland stört das nicht, und von den Betroffenen ist ebenfalls nichts zu hören. Kein Wunder, hat doch der Bundesverband Solarenergie – zu dessen Mitgliedern unter anderem Siemens, Bosch, Buderus und Energieversorger wie RWE, EVS und Bayernwerk gehören – sein Büro gleich in der Zentrale des Energieriesen RWE eingerichtet. Und der verdient seine Kohle mit Kohle, nicht mit Sonne.

Für die Bundesrepublik Deutschland sind die Folgen jedoch fatal. Der Geschäftsführer der Flachglas Solartechnik GmbH (Flagsol), Joachim Benemann, sieht Deutschland im Bereich der photovoltaischen Forschung »auf Weltniveau und mit an der

Spitze«. In der Produktion jedoch »wird uns Indien in Kürze überflügeln«. Die steigende Popularität der Photovoltaik, von der der Verarbeiter Flagsol fest überzeugt ist, werde schließlich »die Einfuhr von solartechnischen Systemen aus dem Ausland erforderlich machen«.

Ausländer rein

Wenn man unter dem Standort-Begriff nicht nur die Rahmenbedingungen für Kapitalanleger und Investoren, also den Wirtschaftsstandort versteht, sondern die Lebens- und Arbeitsbedingungen dieses Landes, so ist die Bilanz ernüchternd.

Nach dem sprunghaften Anstieg der Arbeitslosigkeit um nahezu eine Million Menschen während der Rezession zu Beginn der achtziger Jahre hat sich die Zahl der registrierten Arbeitslosen von 1983 bis 1996 mehr als verdoppelt. Und die Chancen der Arbeitslosen, eine neue Stelle zu finden, haben sich drastisch verschlechtert. Lag der Anteil der Langzeitarbeitslosen (zwei Jahre und länger) vor 15 Jahren bei einem Viertel, so sind es heute rund 40 Prozent. Die fiskalischen Kosten der Arbeitslosigkeit, die sich aus Lohnersatz-, Sozialleistungen und den Mindereinnahmen bei Steuern und Sozialversicherungsbeiträgen zusammensetzen, werden heute auf über 150 Milliarden DM geschätzt. Qualifikationsverluste oder Folgekosten, beispielsweise durch den Anstieg der Kriminalität, sind darin noch nicht enthalten.

Besserung ist nicht in Sicht. Der Anteil Deutschlands an der rasant fortschreitenden Globalisierung der Wirtschaft sinkt. Deutsche Unternehmen investieren in weit höherem Maß im Ausland als ausländische Investoren in der Bundesrepublik. Die Auslandsinvestitionen deutscher Unternehmen erreichten 1995 mit 50 Milliarden DM einen neuen Rekordstand. Deutschland hingegen ist wesentlich attraktiver für Kapitalanleger als für

Investoren. Die Kapitalbilanz weist 1995 einen Überschuß in Höhe von 90 Milliarden DM aus, während die Bilanz der Direktinvestitionen mit einem Minus von 37 Milliarden DM abschließt.

Die deutschen Auslandsinvestitionen gehen nach einer Studie der IG Metall zum größten Teil nicht – wie man vermuten könnte – in Niedriglohnländer, sondern in hochentwickelte Industriestaaten. Die *Wirtschaftswoche* beklagt einen »Exodus von Talenten«. Designerin Jette Joop etwa eröffnete ihre eigene Firma in Manhattan. Zwar sei man in New York »auch nicht kreativer als in Deutschland«, so Jette Joop, die lieber in Europa leben würde. Doch in Deutschland, da ist sie sich sicher, hätte sie – ohne auf den prominenten Vater zurückzugreifen – keine Chance gehabt. »Keine Bank der Welt hätte mir geholfen.« Die Unternehmensgründerin warnt: »Der Exodus junger Unternehmer aus Deutschland nimmt dramatische Formen an.« Eurostat in Luxemburg hat ermittelt, daß rund 80 Prozent der selbständigen Deutschen im westeuropäischen Ausland als Dienstleister arbeiten. Gerade im Dienstleistungsbereich hat die Bundesrepublik enormen Nachholbedarf. »Mit jedem dieser Auswanderer wird das Land ein Stück ärmer«, folgert die *Wirtschaftswoche*.

Der weitverbreiteten Behauptung, hohe Faktorkosten hielten Investoren von einem Engagement ab, widerspricht auch das Ergebnis einer Untersuchung der Unternehmensberatungsgesellschaft Arthur Anderson. Im Auftrag der französischen Regierung ermittelte sie die Motive für Auslandsinvestitionen und kam zu dem Schluß, daß der Marktzugang für Unternehmen den ausschlaggebenden Beweggrund für ihre Investitionsentscheidung darstellt. Qualifizierte Arbeitskräfte und eine gute Infrastruktur sind positive Entscheidungsfaktoren. In beiden Feldern belegt Deutschland international einen Spitzenplatz.

Und dennoch meiden ausländische Investoren den Standort Deutschland. »Ihr Desinteresse«, so die *Wirtschaftswoche*, »wirft die deutschen Konkurrenten in Innovations- und Wettbewerbsfähigkeit zurück.« Während deutsche Banken, oft unterstützt von Regierungen und Gewerkschaften, ihre Aufgabe darin sahen, ausländische Investoren abzuwehren, setzten die USA und Großbritannien auf die umgekehrte Strategie. General Motors holte bereits 1983 Toyota in ein Joint-venture nach Kalifornien, Großbritannien ist ein bevorzugter Standort für Investoren aus Südostasien, die in Europa Fuß fassen wollen. Die Angst vor dem Ausverkauf nationaler Unternehmen ist einer sachlichen Nutzenbetrachtung gewichen. Der US-Arbeitsminister Robert Reich meint, wichtig sei allein, was im Inland für Ausbildung und Wertschöpfung geleistet werde. Die Devise lautet: Ausländer rein. Doch in Deutschland hält die Deutsche Bank noch heute ein 24,4-Prozent-Paket an Daimler-Benz, mit dessen Erwerb 1973 eine Beteiligung des Schahs von Persien abgewehrt wurde. Die »nationale Großtat« wurde in Deutschland gefeiert. In Wirklichkeit, so fürchtet die *Welt*, »ging und geht es der Abwehr-Allianz um die Erhaltung von Macht und Einfluß mittels kreuzverflochtener Aufsichtsratsmandate und Kreditengagements«. Deutschlands Manager fühlten sich gestört seit dem Fall Feldmühle Nobel, die 1990 an die Schwedische Stora »verlorenging«. »Im Verein mit Banken und Versicherungen ziehen sie die Schutzwälle deshalb immer höher, um die heimische Wirtschaft vor Überfremdung abzuschotten«, so die *Welt* weiter.

Aus Angst vor angeblicher Überfremdung taktierte die Community – diesmal im Bunde mit Landesregierung und IG Chemie – auch Anfang der neunziger Jahre im Fall Conti/Pirelli. Der Mailänder Kabel- und Reifenhersteller Pirelli S.p.A. hatte Aktien der Continental AG aufgekauft und eine Fusion beider Unternehmen angestrebt. Ziel war es, als viertgrößter Reifenhersteller einen Weltmarktanteil von rund 16 Prozent zu erreichen und – so Pirelli – ohne Firmenschließungen, Entlassungen oder zusätzliche Investitionen jährlich 400 Millionen DM durch kombinierten Rohstoffeinkauf, gemeinsame Forschung, größere Produktionsserien und einen rationelleren Vertrieb einzusparen. Außerdem wollten die Italiener mit der neuen Größe in ihrer Preispolitik unabhängiger werden von den Marktführern Michelin, Bridgestone und Goodyear. Eine Strategie, die zunächst auch von Niedersachsens Ministerpräsident Gerhard Schröder (SPD) unterstützt wurde. Eine Analyse des Hamburger Bankhauses Warburg bestätigte, daß ein Scheitern der Fusionsbemühungen für beide Unternehmen langfristig negative Auswirkungen haben würde, »wobei die Continental-Gruppe stärker betroffen sein wird als der Pirelli-Konzern«. Eine besonders dubiose Rolle spielte in der folgenden Auseinandersetzung zwischen Conti und Pirelli die Deutsche Bank.

Die Continental AG ist eines der ältesten und bekanntesten deutschen Industrieunternehmen. Es wurde von Bankiers und Kaufleuten im Jahr 1871 gegründet. Zu den ehemaligen Vorstandsvorsitzenden von Conti zählen Mercedes-Benz-Chef Helmut Werner und der damalige VW-Vorstandsvorsitzende Carl H. Hahn. Zum Zeitpunkt der Übernahmepläne von Pirelli war Horst Urban Vorstandsvorsitzender bei Conti, er war zuvor unter anderem bei Ford und BMW tätig gewesen. Aufsichtsratschef bei Conti ist seit dem Tode von Alfred Herrhausen Deutsch-Bankier Ulrich Weiss.

Er soll, so wird berichtet, den Deal mit Pirelli eingefädelt haben. Damit löste er eine für die Deutsche Bank höchst unangenehme Diskussion in der Community aus. Es entstand der Eindruck, die Bank nutze ihren Einfluß, um eine unfreundliche Übernahme durch einen Ausländer zu initiieren. Conti-Vorstandschef Horst Urban beauftragte daraufhin ausgerechnet John Craven, Chef von Morgan Grenfell und bis 1996 zugleich Vorstandsmitglied der Deutschen Bank, die Abwehrfront zu organisieren. Weiss und Craven standen sich fortan gegenseitig im Weg. Die Deutsche Bank agierte so ungeschickt wie ungeniert, daß sie in Deutschland das Augenmerk wieder auf das Thema »Macht der

Banken« rückte und im Ausland in den Ruf geriet, »nationalistisch« zu argumentieren. Italiens größte Tageszeitung *Corriere della Sera* kritisierte die »große Armee der nationalen Wirtschaft, die ihre souveräne Macht in der Verteidigung des belagerten Hannover ausübt«. Allerdings wurde auch das »Pirelli-Syndikat« von einer Bank, der staatlichen italienischen Mediobanca, organisiert.

Ulrich Weiss, der die Kollegen des Kartells mehr fürchtete als den Imageverlust seines Hauses, drehte sich dreimal im Kreis. Er bestritt nun, die Liaison beider Reifenkonzerne je gefördert zu haben, lediglich Gespräche habe er befürwortet. Dann, so meint die *Wirtschaftswoche,* habe er sich von Urban »umdrehen lassen, um den sperrigen Conti-Chef schließlich an die Luft zu setzen«.

Angesichts der Verbindungen erstaunt es nicht, daß sich zur Abwehr des Übernahmeversuches schließlich ein Aktienpool bildete, dem neben der Deutschen Bank die Dresdner, Allianz, Daimler-Benz, BMW, Volkswagen und die Nord/LB angehörten. Von der Nord/LB heißt es, sie habe sich nur auf massiven Druck der niedersächsischen Landesregierung – Gerhard Schröder hatte inzwischen ebenfalls die Meinung gewechselt – in die Abwehrfront einreihen lassen. Organisiert wurde der Pool im Auftrag der Deutschen Bank von deren Tochter Morgan Grenfell. Die Automobilhersteller begründeten ihre Beteiligung damit, daß sie als Kunden ein Interesse an der wirtschaftlichen Unabhängigkeit des Reifenherstellers hätten. Doch ihre Motive waren alles andere als uneigennützig. Ein Autokonzern kann viele Reifenlieferanten besser gegeneinander ausspielen als wenige. »Wer weiß, wie sich die Nothelfer ihren Dienst belohnen lassen werden«, fragte die *Süddeutsche Zeitung.* Es sei nicht auszuschließen, »daß Continental eine Abhängigkeit vermeidet, indem sie sich freiwillig in eine andere begibt«.

Closed Shop

Ein Musterbeispiel für den Closed Shop in Deutschland ist auch die Übernahme zahlreicher ostdeutscher Unternehmen. Allianz und Deutsche Bank rissen sich die DDR-Versicherungsgesellschaft und die Deutsche Kreditbank unter den Nagel, die Stromversorgung teilten sich RWE, die VEBA-Tochter PreussenElektra und das Bayernwerk auf. Dagegen geriet das als Vorzeigeprojekt gedachte Going Public der Sachsenmilch AG zum Debakel. Die Deutsche Bank könne sich rühmen, das erste Institut zu sein, »das einen Neuling aus dem ehemals sozialistischen Osten auf das kapitalistische Börsenparkett führt«, jubelte die *FAZ* und warnte zugleich, die erste Aktienemission aus dem Osten »darf kein Reinfall werden«. Doch, so beruhigte das Blatt, die große Nachfrage nach den Aktien sei die »Frucht einer behutsamen und professionellen Aktieneinführung«. Deutsch-Bankier Ronaldo Schmitz sprach von einem »hohen, aber überschaubaren Risikokapital«. Die Begeisterung an der Börse hielt sich bei der Neuemission im Januar 1992 in Grenzen, der Ausgabepreis – von der Deutschen Bank als »optisch niedrig« bezeichnet – wurde nie überschritten, schon nach wenigen Wochen sank der Kurs.

Mit Kumpanei, krimineller Energie und unterstützt durch leichtsinnige Anlageberatung sei hier aus einem Musterfall ein tiefer Fall geworden, sagt Anneliese Hieke von der Schutzgemeinschaft der Kleinaktionäre. Im September 1992 machte die Deutsche Bank den Aktionären ein Rückkaufangebot zum Einstandspreis, um einer Klage wegen Prospekthaftung zu entgehen. Mißmanagement und Manipulationen der Muttergesellschaft Südmilch AG, die zusammen mit einem Partner schon bei der Börseneinführung 51 Prozent der Sachsenmilch-Aktien hielt, hatten die Tochter ins Trudeln gebracht. Das Paradeobjekt der größten und modernsten Molkerei Europas, dessen Bedeutung laut *Spiegel* auch Korrespondenzen zwischen Bundeskanzler Helmut Kohl und Südmilch-Chef Wolfgang Weber unterstrichen hätten, war abgeschmiert. Pikant dabei ist nicht nur die schillernde Persönlichkeit des damaligen Südmilch-Chefs Weber, der sich bald darauf nach Paraguay absetzte, um sich den Strafverfolgungsbehörden zu entziehen; auch die Südmilch AG rutschte später in den Vergleich.

Auf Weber fiel ausgerechnet auch Insolvenzanwalt Jobst Wellensiek herein, der eine halbe Million in den Sand setzte, die er mit seiner Beteiligung an Webers Heidelberger BVG Beteiligungen-Verwaltungs-GmbH angelegt hatte. Wellensiek, auch ein Top-Sanierer der Deutschland AG, managt unter anderem den Konkurs des Bremer Vulkan-Verbundes. Die Deutsche Bank war natürlich auch Hauptkreditgeber der Sachsenmilch – und hat als erste die Kredite gekündigt. »Wie kann man so unseriöse Hallodris auf den Osten loslassen?« fragte ein Kleinaktionär empört an die Adresse der Deutschen Bank. Von »Abzockerei nach Wildwestart« und einem Umgang der Deutschen Bank mit den Kleinaktionären, wie er »skandalöser kaum sein könnte«, sprach Anneliese Hieke von der Schutzgemeinschaft der Kleinaktionäre in der Hauptversammlung der Sachsenmilch im Herbst 1994 in Dresden. Hintergrund war der vorgesehene Kapitalschnitt von 750 zu 1, mit dem das Grundkapital von 75 Millionen auf 100 000 DM herabgesetzt wurde – nach Meinung von Kurt Fiebich ein »Enteignungsvorschlag«. Angesichts dieser Erfahrungen kann es nicht verwundern, daß die Sachsenmilch-Emission die einzige in den neuen Ländern blieb. Die insgesamt zu geringen Investitionen gefährden den mittelfristigen Wachstumspfad der deutschen Volkswirtschaft. Kapitalmangel macht insbesondere mittelständischen Unternehmen zu schaffen. Die Eigenkapitalquote sank in Deutschland von durchschnittlich 30 Prozent Mitte der sechziger Jahre auf inzwischen 18 Prozent. Kleine und mittlere, vor allem innovative und technologieorientierte Unternehmen liegen oftmals noch deutlich darunter, Eigenkapitalquoten von 15 Prozent sind hier keine Seltenheit. Neugründungen, Investitionen und Kapazitätsausweitungen von Unternehmen erfordern jedoch die Bereitstellung von ausreichendem Kapital. Zur Abdeckung der mit Investitionen und Innovationen verbundenen Risiken muß verstärkt Eigenkapital eingesetzt werden, das den Unternehmen dauerhaft und zu marktgerechten Bedingungen zur Verfügung steht. Die Existenz einer ausreichenden Eigenkapitalbasis hat für die Überlebensfähigkeit eines Unternehmens und seine Wettbewerbsfähigkeit entscheidende Bedeutung. Die schnelle Verfügbarkeit von Kapital schafft die Möglichkeit, flexibel auf veränderte strukturelle, ökonomische und technologische Anforderungen des Marktes zu reagieren. Der Mangel an Eigenkapital in der deutschen Wirtschaft steht in unmittelbarem Zusammenhang mit der Struktur- und Innovationskrise, die erhebliche Auswirkungen auf die wachsende Arbeitslosigkeit in Deutschland hat.

Besonders betroffen vom Mangel an Eigen- und Fremdkapital sind mittelständische Technologieunternehmen wie gkd, da sie zur Umsetzung ihrer Ideen auf eine ausreichende Kapitalausstattung angewiesen sind. Förderprogramme des Bundes und der Länder können zwar als Starthilfe wirken. Doch gerade nach einem erfolgreichen Start ihrer Unternehmenstätigkeit werden innovative Unternehmen mit wachsendem Kapitalbedarf konfrontiert, da zur Sicherung und zum Ausbau der Marktposition kontinuierlich Investitionen in Forschung und Entwicklung notwendig sind. Für die Unternehmen wird es zur existenzentscheidenden Frage, ob sie zur Wachstumsfinanzierung Zugang zu Fremd- und Eigenkapital finden. Da es in Deutschland keinen funktionierenden Markt für Risikokapital gibt, sind diese Unternehmen bei der Kapitalbeschaffung davon abhängig, daß ihnen durch Kreditinstitute weitere Kredite bewilligt werden. Doch gerade bei innovativen Unternehmen stellen Kreditinstitute bei der Kreditvergabe besonders hohe Anforderungen, insbesondere in Form von dinglichen Sicherheiten. Es ist alarmierend, daß innovative Technologieunternehmen in Deutschland in besonderem Maße von Illiquidität bedroht sind.

Die deutsche Wirtschaft besteht zum überwiegenden Teil aus mittelständischen Unternehmen. Von den rund drei Millionen Unternehmen sind 99,8 Prozent kleine und mittlere Unternehmen mit weniger als 500 Beschäftigten bzw. weniger als 100 Millionen DM Umsatz. Sie beschäftigen zwei Drittel aller Arbeitnehmer und bilden vier Fünftel aller Auszubildenden aus. Während Großunternehmen in den vergangenen Jahren kontinuierlich Arbeitsplätze abgebaut haben, konnten in kleinen und mittleren Unternehmen neue Arbeitsplätze geschaffen werden. Mittelständische Unternehmen haben aber nicht nur für die Situation auf dem Arbeitsmarkt eine zentrale Bedeutung, sie sind zugleich Träger des Strukturwandels. Wissenschaftliche Untersuchungen haben bestätigt, daß kleine und mittlere Unternehmen wesentlich innovativer sind als Großbetriebe. Der technologische Wandel hin zu Zukunftstechnologien wie der Solartechnik oder innovativen Dienstleistungen erfolgt hauptsächlich durch kleine und mittlere Unternehmen. Sie sind Vorreiter eines Strukturwandels, der mittel- und langfristig zur Zukunftssicherung des Standortes Deutschland von entscheidender Bedeutung sein wird.

Die mangelnde wirtschaftliche Dynamik und die anhaltende Arbeitslosigkeit gefährden die sozialen Sicherungssysteme der Industrieländer. Denn einer wachsenden Zahl von Transferleistungsempfängern steht eine immer geringere Zahl von Beitragszahlern gegenüber. Die Belastung der Nettoeinkommen von Arbeitnehmern mit Steuern und Abgaben hat eine traurige Rekordmarke erreicht. Die Lohnquote, also der Anteil der Arbeitnehmer am Volkseinkommen, sank in Deutschland seit der Regierungsübernahme von CDU/CSU und FDP kontinuierlich und hat inzwischen 66 Prozent erreicht. In Japan sind es 75 Prozent, in den USA und Großbritannien 72 Prozent, im

Durchschnitt der EU 70 Prozent. Im Gegenzug wuchsen die Einkommen aus Unternehmertätigkeit und Vermögen.

Trotz dieser gewaltigen Umverteilung der Regierung Kohl setzen Bundesregierung, Banken und Arbeitgeberverbände unverdrossen auf eine weitere Entlastung der Vermögensbesitzer. Dresdner-Bank-Chef Sarrazin empfindet die Aussage, daß sich hinter seinen Standort-Forderungen nur die klassische Verteilungsdiskussion verberge, nicht einmal als Vorwurf. In der Hauptversammlung seiner Bank am 10. Mai 1996 entpuppte sich Sarrazin – Mitglied einer derzeit in Bonn regierenden Partei, wie er bei passenden Gelegenheiten zufrieden anmerkt – als verhinderter Politiker. Die da unten sollen den Gürtel enger schnallen, so lautete seine schlichte Botschaft, die hier trefflich ankam. »Die klassische Verteilungsdiskussion ist der richtige Weg«, bekennt der Bankier an anderer Stelle offen. Denn »bei uns stimmt vieles nicht mehr, was den Realitätssinn angeht. Die langen guten Jahre haben uns verbildet. Wir sind einfach zu satt geworden.« Doch mit »wir« sind nicht die Herren der Deutschland AG oder ihre Unternehmen gemeint. Sarrazin sagt unverhohlen, wer in den langen guten Jahren noch nicht satt geworden ist, und fordert die Abschaffung der Vermögensteuer sowie die radikale Senkung der Ertragsbesteuerung. Die Bundesregierung hat sich inzwischen zum willfährigen Instrument derjenigen gemacht, die Kapitalismus pur fordern. Kaum bot sich ein Zeitraum von 18 Monaten, in dem keine Bundestags- oder Landtagswahlen stattfinden, präsentierte die Koalition ein Sparprogramm im doppelten Sinne. Weitreichenden Einsparungen im Sozialbereich steht eine weitere Förderung derjenigen gegenüber, die ihr Geld sparen – nicht derjenigen, die es investieren und Arbeitsplätze schaffen.

Der Entsolidarisierung der Gesellschaft wird offen das Wort geredet. Wirtschaftsführer wie Sarrazin, die sich angesichts ihrer Millioneneinkommen leicht ein (steuerlich begünstigtes) eigenes Schwimmbad leisten können, fordern die Schließung öffentlicher Einrichtungen wie Hallenbäder oder Bibliotheken bzw. eine drastische Verteuerung ihrer Nutzung.

Statt auf den dringend notwendigen Strukturwandel setzen die Regierung und das Kartell auf Defensivrezepte, die Reduzierung von staatlichen Leistungen, Deregulierung. Notwendig wäre aber eine Trendumkehr, eine Strukturreform, die wirtschaftliche Dynamik zur Entfaltung bringt, Innovationen, Investitionen und Beschäftigung fördert.

IX

Demokratie contra Oligarchie

Die Alternative

Es gibt zwei – grundsätzlich verschiedene – Strategien, die Macht des Bankenkartells zu brechen. Während die Vergesellschaftung der großen Banken und Versicherungen die Strukturen erhält, aber darauf abzielt, die Machtposition dadurch zu legitimieren, daß sie vom Staat kontrolliert wird und zur Erreichung politischer Ziele instrumentalisiert werden kann, wird mit der Schaffung wirkungsvollen Wettbewerbs durch eine Entflechtung der beteiligten Unternehmen und hoher Markttransparenz durch entsprechende Offenlegungsvorschriften die Machtkonzentration aufgelöst.

In Frankreich waren die großen Banken wie Crédit Lyonnais, Société Générale oder die Banque Nationale de Paris bereits kurz nach dem Zweiten Weltkrieg unter de Gaulle »nationalisiert« worden. Nach dem Sieg der Linken bei den Präsidentschaftswahlen im Mai und den Parlamentswahlen im Juni 1981 starteten Staatspräsident François Mitterrand und Premierminister Pierre Mauroy sowie Wirtschafts- und Finanzminister Jacques Delors eine umfassende Initiative zur Verstaatlichung großer Finanzholdings, weiterer Banken und großer Industriegruppen. Insgesamt 36 Banken wurden vollständig vom Staat übernommen, an einer Anzahl weiterer Institute erwarb der Staat eine Mehrheitsbeteiligung. Ausgenommen blieben kleinere Banken, deren Einlagen weniger als eine Milliarde Franc betrugen, sowie genossenschaftliche Kreditinstitute und die 136 Niederlassungen ausländischer Banken. Die Regierung wechselte die Führungsspitze der nationalisierten Institute rasch aus, berief jedoch auch nach Einschätzung von Kritikern anerkannte Fachleute. Neu war allerdings, daß deren Gehälter weit unterhalb der früher üblichen Spitzenbezüge lagen. Sehr zum Schrecken deutscher Bankiers verlief die Verstaatlichung der französischen Banken weitgehend reibungslos und wurde von der Öffentlichkeit akzeptiert. Der vielfach vorhergesagte Exodus der Kunden unterblieb. Die weiterhin in Frankreich tätigen privaten Auslandsbanken verzeichneten 1982 sowohl im Einlagen- als auch im Kreditgeschäft Stagnation. Mit der Nationalisierung der Banken sollte nach offizieller Lesart kein Kreditmonopol errichtet werden. Premierminister Mauroy sagte in seiner Regierungserklärung zu: »Das Bankwesen wird pluralistisch bleiben ... Jeder Unternehmer bleibt frei in der Wahl seines Bankiers.« Die Kreditinstitute sollten allerdings ein Instrument staatlicher Wirtschaftspolitik sein. Damit wurde ein Zielkonflikt zur gleichzeitig angestrebten Rentabilität der Banken geschaffen. Die Ablösung des Präsidenten der Crédit Commercial de France, Daniel Deguens, nach nur zwei Jahren wurde angesichts der unter betriebswirtschaftlichen Gesichtspunkten erfolgreichen Entwicklung des Instituts von der *Neuen Zürcher Zeitung* denn auch als Beleg dafür gewertet, daß beide Aufgaben »nicht miteinander zu verbinden« seien.

Die Entwicklung ist jedoch auch deshalb nicht mit der in Deutschland vergleichbar, weil die französische Regierung nur zögerlich und erst sehr viel später die Liberalisierung des Finanzsektors vorantrieb und überkommene Restriktionen aufhob. Außerdem machte den Kreditinstituten rasch die knappe Eigenkapitalausstattung zu schaffen.

Die Zustimmung in der französischen Bevölkerung zur Verstaatlichung der Kreditinstitute nahm innerhalb weniger Jahre deutlich ab. Eine Verschlechterung der Kunden- und Serviceorientierung der Banken wurde einer zunehmenden Beamtenmentalität des Personals angelastet. Zudem wurde die Delegation von Verantwortung, etwa für in Schwierigkeiten geratene Unternehmenskunden, an politische Gremien beklagt. Gegenüber börsennotierten Unternehmen ergab sich bei den verstaatlichten ein Mangel an Transparenz und öffentlicher Kontrolle. Die Forderung nach Reprivatisierung wurde von der neuen bürgerlich-liberalen Regierung Chirac bereits 1986 in die Tat umgesetzt. Auf der Privatisierungsliste standen neben 41 Banken zehn Industriegruppen und 14 Versicherungsgesellschaften.

In den USA ist den Commercial Banks schon seit den dreißiger Jahren nicht erlaubt, auch das Wertpapiergeschäft zu betreiben. Dieses wickeln spezielle Investment Banks ab. Das sogenannte Trennbankensystem wurde immer wieder in Frage gestellt. Versuche der Banken, etwa über gemeinsame Holdings die vorgeschriebene Aufgabenteilung zu umgehen, wurden wiederholt durch entsprechende gesetzliche Maßnahmen unterbunden. Vorstöße der Lobby, das Trennbankensystem aufzuheben und statt dessen ein Universalbankensystem einzuführen, das – wie es in Deutschland üblich ist – den Banken erlaubt, die gesamte Produktpalette aus einer Hand anzubieten, sind bisher weitgehend abgeblockt worden. Auch der Einfluß amerikanischer Banken auf Industrieunternehmen und Kapitalanlagegesellschaften ist streng limitiert.

Wenn's um mehr als Geld und Zinsen geht

Die Verteidiger der bestehenden Strukturen, insbesondere die Lobbyisten des privaten Bankgewerbes, weisen gerne darauf hin, daß in Deutschland schon heute rund 47 Prozent der Kreditwirtschaft zum öffentlichen Sektor gehören und weitere 15 Prozent genossenschaftlich organisiert sind. In der Tat ruht Deutschlands Bankensystem auf drei Säulen. Zu den über 300 privaten Banken gehören die bekannten Großbanken Deutsche, Dresdner, Commerz, Regionalbanken wie Hypo und Vereinsbank ebenso wie kleine, feine Institute mit klangvollen Namen wie Sal. Oppenheim jr. & Cie, Bankhaus Gebrüder Bethmann oder das Bankhaus Merck, Finck & Co. Es ist noch nicht lange her, da wurden normale Gehaltsempfänger naserümpfend der Bank-Schalterhalle verwiesen. Die privaten Banken konzentrierten sich auf Geschäfts- und vermögende Privatkunden, einige sind noch heute spezialisiert auf das Wertpapiergeschäft oder die Vermögensverwaltung. Sie firmieren in der Regel als Aktiengesellschaft, GmbH oder Kommanditgesellschaft. Eigentümer sind private Anteilsbesitzer bzw. andere Finanzinstitute und Großunternehmen. Die privaten Banken boten Privatkunden, die nicht über Vermögen verfügten, weder eine Geldanlagemöglichkeit, noch finanzierten sie private Anschaffungen oder Investitionen von Landwirten, Handwerkern und Kleingewerbetreibenden.

Um den kleinen Sparern eine sichere Möglichkeit der Vorsorge zu bieten, wurden im 18. Jahrhundert die ersten Sparkassen geschaffen. In der Rechtsform einer Anstalt sind die inzwischen rund 600 Sparkassen im Eigentum von Städten und Landkreisen, die über die sogenannte Gewährträgerhaftung auch dafür garantieren, daß die Sparer ihr angelegtes Geld auch dann wiederbekommen, wenn das Institut in finanzielle Schwierigkeiten geraten sollte.

Konzentrierten sich die Sparkassen zunächst auf das Passivgeschäft, das heißt die Entgegennahme von Spareinlagen, so weiteten sie ihren Geschäftsumfang, nicht zuletzt aufgrund der Konkurrenz der Genossenschaftsbanken, sukzessive aus und sind heute als Universalbanken tätig. Ihr Schwerpunkt liegt jedoch traditionsgemäß im Einlagengeschäft, der Bau- und Kommunalfinanzierung.

Die kommunalen Sparkassen haben einen sogenannten öffentlichen Auftrag zu erfüllen. Sie sollen im Gebiet des Gewährträgers eine flächendeckende Versorgung mit Bankdienstleistungen sicherstellen. Damit wird auch in strukturschwächeren Gebieten ein ausreichendes kreditwirtschaftliches Angebot im Wettbewerb sichergestellt.

Um Landwirten und Handwerkern die dringend benötigten Kredite für Saatgut, Rohstoffe, Werkzeuge und Maschinen bereitzustellen, gründeten sich Mitte des 19. Jahrhunderts die ersten Kreditgenossenschaften. Die Entwicklung des Genossenschaftsgedankens ist eng mit der des politischen Liberalismus verbunden. Treibende Kraft war der Mitbegründer der Deutschen Fortschrittspartei Hermann Schulze-Delitzsch, der nicht nur die erste Genossenschaft gründete, sondern auch als Abgeordneter das erste Genossenschaftsgesetz initiierte.

Hermann Schulze-Delitzsch stand zwischen Bismarck und Lassalle, zwischen Konservativen und Sozialisten. Beide Seiten verfolgten mißtrauisch die rasche Verbreitung der Genossenschaftsidee. Die demokratische Organisationsform der Genossenschaften, bei denen bis heute unabhängig vom Kapitalanteil das Prinzip gilt »Ein Mann – eine Stimme«, war Bismarck höchst verdächtig. Er sah in den Kreditgenossenschaften »die Kriegskassen der Demokratie, die unter Regierungskontrolle gestellt werden müssen«. Ferdinand Lassalle hingegen setzte auf staatseigene Betriebe.

Mit den »Vorschußvereinen«, den Vorläufern der heutigen Volksbanken, löste Schulze-Delitzsch das zentrale Problem mittelständischer Unternehmer: Er verschaffte ihnen einen Zugang zum Finanzmarkt. Statt in der gnadenlosen Konkurrenz der Industrialisierung die Selbständigkeit zu verlieren und zu abhängigen Beschäftigten der Großunternehmen zu werden, erhielten die Handwerker und kleinen Selbständigen durch Kooperation ihre Wettbewerbsfähigkeit auf sich rasch wandelnden Märkten. Die Vorschußvereine waren so erfolgreich, daß 1850 eine Gründungswelle einsetzte, die binnen gut 30 Jahren zu 1000 neugegründeten Kreditgenossenschaften führte. Hermann Schulze-Delitzsch hatte früh vorausgesehen, daß damit ein neuer Machtfaktor entstand. Bereits 1855 prophezeite er, »daß die Zeit nicht mehr all zu fern sein dürfte, wo es kein Städtchen im Lande gibt, in dem die Vorschußvereine nicht Wurzeln gefaßt hätten, und wo sie durch die Menge ihrer Institute, durch die Zahl der bei ihr beteiligten kleineren Gewerbetreibenden den Großbankunternehmen als finanzielle Macht kühn zur Seite treten dürften.«

Heute gibt es rund 2500 genossenschaftliche Banken in Deutschland, die mit knapp 20 000 Bankstellen das dichteste Bankennetz in Europa betreiben. 13,5 Millionen Mitglieder sind Anteilseigner ihrer Volks- oder Raiffeisenbank. Das bedeutet, daß jeder fünfte Erwachsene in Deutschland Miteigentümer einer Genossenschaftsbank ist. Dies ist der breitestgestreute Anteilsbesitz einer Unternehmensgruppe weltweit. Und damit das krasse Gegenbeispiel zur Deutschland AG.

Die regional oder lokal verankerten Sparkassen und Kreditgenossenschaften haben ein Eigeninteresse an der Erhaltung und erfolgreichen Entwicklung ihres Geschäftsgebietes. Aus strukturellen Gründen kommt für sie eine Unternehmensphilosophie, die primär auf Gewinnmaximierung zielt, nicht in Betracht, zumal wenn dadurch der Förderauftrag für die Mitglieder beziehungsweise der öffentliche Auftrag des Gewährträgers verletzt würde. Die Erfahrung, daß diese Institute eher bereit sind, konjunkturell oder strukturell schwierige Situationen, etwa Liquiditätsengpässe ihrer Kunden mit diesen gemeinsam zu meistern, schlug sich auch 1993/94 im steigenden Marktanteil bei Unternehmenskrediten nieder.

Neben den genannten drei Bankengruppen – private Banken, Sparkassen und Genossenschaftsbanken – gibt es noch eine Reihe von Spezialkreditinstituten. Der Wettbewerb jedoch ruht auf den genannten drei Säulen. Der starke Anteil der öffentlichen Sparkassen ist privaten Banken und ihren liberalen Freunden in der Politik ein Dorn im Auge. Dabei spielen nicht nur formal ordnungspolitische Bedenken gegen die öffentlichen Wettbewerber eine Rolle. Insbesondere die Landesbanken sind immer wieder Gegenstand der Kritik, da sie zwar wie private Geschäftsbanken agieren und beispielsweise über erheblichen

Industrieanteilsbesitz verfügen, jedoch nicht entsprechend in das Bankenkartell eingebunden sind. Im Gegenteil, egal ob in Niedersachsen, Nordrhein-Westfalen oder Bayern – die Landesregierungen bedienen sich der Landesbanken zur Durchsetzung ihrer industriepolitischen Ziele. So werden die Spitzeninstitute der gemeinnützigen Sparkassen schon mal zur Rettung eines angeschlagenen Unternehmens und der gefährdeten Arbeitsplätze in die Pflicht genommen, oder sie gestalten hinter den Kulissen den politisch angestrebten Strukturwandel. Was Otto Graf Lambsdorff und seine Kollegen daran stört, ist nicht die starke Position der Landesbanker und ihr Einfluß auf die heimische Industrie und die Dienstleistungsbranchen, sondern die Umkehrung der Machtverhältnisse. So gehört die größte Landesbank, die Düsseldorfer WestLB zu 43,2 Prozent dem Land Nordrhein-Westfalen, zu je 11,7 Prozent den Landschaftsverbänden Rheinland und Westfalen-Lippe sowie zu je 16,7 Prozent den beiden Sparkassen- und Giroverbänden in NRW.

Ein Mann bringt die Deutsche-Bank-Türme zum Wackeln

Verärgert hat den Herrenclub vor allem Friedel Neuber. Der mächtige Chef der Westdeutschen Landesbank (WestLB) in Düsseldorf wurde in Duisburg-Rheinhausen geboren, lernte Industriekaufmann bei Krupp und zog 1962 als jüngster Abgeordneter für dreizehn Jahre in den Landtag von Nordrhein-Westfalen. Dort war Neuber finanzpolitischer Sprecher der SPD-Fraktion. 1969 avancierte Neuber zum Präsidenten des Rheinischen Sparkassen- und Giroverbandes. 1981 übernahm er den Vorstandsvorsitz der krisengeschüttelten WestLB, die er erfolgreich sanierte und mit einem aggressiven Expansionskurs zur Nummer Drei der deutschen Kreditwirtschaft machte. Neuber wilderte dabei auch im angestammten Geschäft der privaten

Banken: »Wir akzeptieren nicht länger die alte Rollenteilung, die den öffentlichen Banken die teuren Dienstleistungen abverlangt, während die Geschäftsbanken die lukrativen Sparten für sich beanspruchen.«

Dabei scheute er auch den Konflikt mit seinen Genossen nicht und zog sich daher insbesondere aus Niedersachsen heftige Kritik zu. Niedersachsens Ministerpräsident fürchtete um die Eigenständigkeit seiner Landesbank und warf Neuber Imperialismus vor, sein Wirtschaftsminister Peter Fischer prägte den Begriff der WildwestLB. Trotz seiner expansiven Geschäftspolitik ist Friedel Neuber ein ungewöhnlich bodenständiger Manager. »Die Etablierten rümpften die Nase ob des Fremdlings«, erinnert sich sein Vorbild Berthold Beitz, heute Vorsitzender des Kuratoriums der gemeinnützigen Krupp-Stiftung, die laut Testament des Stifters Alfried Krupp von Bohlen und Halbach die Einheit des Stahlkochers und Anlagenbauers zu wahren hat und zugleich Wissenschaft und Gesundheitswesen fördern soll. Heute gilt Kettenraucher Friedel Neuber auch nach Einschätzung der *FAZ* für Kritiker wie Freunde unstrittig als einer der erfolgreichsten und mächtigsten Bankmanager in Deutschland, die *Woche* nennt ihn »Deutschlands mächtigsten Staatsbankier«. Neuber trinkt lieber Pils als Champagner und meidet internationale Konferenzen und andere Renommiertreffen – »so etwas brauche ich nicht«. Die privaten Banker kolportieren hämisch, das liege auch an Neubers mangelnden Fremdsprachenkenntnissen. Doch ausschlaggebend ist vermutlich eher, daß der bodenständige Neuber in NRW fest verankert ist und auch die internationale Ausrichtung seiner Bank immer unter dem Blickwinkel des Nutzens für sein Land betrachtet: »Ich bin und bleibe Nordrhein-Westfale, das alles passiert von hier aus.«

Neuber sammelt nicht nur leidenschaftlich Briefmarken, sondern auch Aufsichtsratsmandate. Er ist Aufsichtsratsvorsitzender bei der Deutschen Babcock und bei Preussag, Verwaltungsratsvorsitzender der LTU-Gruppe, sowie unter anderem Mitglied in den Kontrollgremien von Douglas-Holding, Krupp-Hoesch, RWE, TUI und Viag.

Seinen Einfluß nutzte Neuber bereits 1991 machtvoll aus. Auf der Strecke blieb ausgerechnet Kajo Neukirchen, der nach wenigen Wochen düpiert als Vorstandsvorsitzender von Hoesch ausschied, nachdem Krupp-Chef Gerhard Cromme mit Neubers Hilfe die Fusion mit Krupp erzwang und damit eine der spektakulärsten Übernahmeschlachten der deutschen Nachkriegsgeschichte für sich entschied. Die Deutsche Schutzvereinigung für Wertpapierbesitz sah ein Tabu gebrochen: »Erstmals hat mit der WestLB eine deutsche Großbank offen Flagge gezeigt und einen hostile Take-over* unterstützt.« Von »Dallas und Denver zwischen Duisburg und Dortmund« sprach Hoesch-Betriebsratsvorsitzender Werner Nass angesichts der unfreundlichen Übernahme, bei der WestLB-Chef Neuber eine Schlüsselrolle spielte.

Zielstrebig soll Neuber den Einfluß der Privatbanken auf den Krupp-Konzern zurückgedrängt haben. Unter strikter Geheimhaltung fädelte Krupp-Chef Cromme den Übernahmecoup ein. Unauffällig ließ er 24,9 Prozent der Hoesch-Aktien zusammenkaufen. Weitere 30 Prozent hielten WestLB und die Schweizerische Kreditanstalt. Hoesch-Chef Kajo Neukirchen war bis zuletzt völlig ahnungslos, ebenso wie sein Aufsichtsratschef, Deutsch-Bankier Herbert Zapp. Ausgerechnet dort, wo er wenige Monate zuvor auf Betreiben der Deutschen Bank zum Vorstandsvorsitzenden der Hoesch AG bestellt wurde, erhielt Neukirchen auch die Nachricht vom plötzlichen Ende seiner Hoesch-Karriere. In der Düsseldorfer Königsallee, im Haus der Deutschen Bank, soll Krupp-Chef Cromme dem Duo Neukirchen/Zapp mitgeteilt haben, daß er mit 24,9 Prozent Großaktionär bei Hoesch sei. Das nötige Geld – Cromme versicherte,

---

* eine feindliche Übernahme

die runde halbe Milliarde Mark »aus unserer eigenen Kasse bezahlt« zu haben – beschaffte sich Krupp ausgerechnet durch den Verkauf der Atlas Elektronik an den Bremer Vulkan.

Zusammen mit den Paketen »befreundeter Aktionäre« verfügte Krupp im Herbst 1991 über eine satte Mehrheit bei Hoesch. Als der Hoesch-Aufsichtsrat erkannte, wie sorgfältig Cromme den Deal eingefädelt hatte, blieb dem hochkarätigen Gremium unter Zapps Vorsitz nur noch übrig, den unausweichlichen Zusammenschluß »zustimmend zur Kenntnis« zu nehmen. Als Kajo Neukirchen gefragt wurde, ob die Fusion für ihn eine Liebesheirat sei, antwortete er mißmutig: »Ich habe eine Hochzeit hinter mir, vor etwa dreißig Jahren, und das war ganz anders.« – »Ins Bergfreie« – wie die um ihre Arbeitsplätze bangenden Bergleute im Ruhrgebiet das jähe Ende eines Arbeitsvertrages nennen – fiel Kajo Neukirchen allerdings nicht, im Gegenteil.

Wie WestLB-Chef Friedel Neuber, der hinter den Kulissen die Fäden gezogen haben soll, »die Deutsche Bank nach allen Regeln der Kunst vorführte, spottet wahrlich jeder Beschreibung«, stichelte *Capital,* und auch die *Wirtschaftswoche* konstatierte, Neuber habe »gerade ein wichtiges Prestigeduell gewonnen«. Knapp drei Monate nach der empfindlichen Feldmühle-Schlappe habe er die Gelegenheit zur Revanche genutzt und den »Erzrivalen« Deutsche Bank ausgetrickst. Deren Vorstandsmitglied John A. Craven hatte angeblich einen ausländischen Übernehmer für Hoesch gewähnt und sollte eine Abwehrstrategie organisieren. »Als Kopper von der Niederlage hörte, müssen die beiden Deutsche-Bank-Türme in Frankfurt gewackelt haben«, so *Capital* weiter, denn Koppers Mannschaft habe sich blamiert.

Doch hinter der Auseinandersetzung steckt mehr als die Rivalität zwischen dem Branchenführer und der größten öffentlichen Bank. Mit der Fusion von Krupp und Hoesch entstand ein wettbewerbsfähiger Konkurrent zum Duisburger Thyssen-Konzern, dem zuvor einzigen deutschen Stahlunternehmen von internationalem Format. Die WestLB sah ihr Engagement bei

Hoesch angeblich von Anfang an unter dem Aspekt, daß nur eine größere Einheit überleben könne.

Öffentlich bestreitet Neuber grundsätzlich seine industriepolitische Motivation. »Industriepolitik machen wir grundsätzlich nicht. Unser Auftrag heißt strukturpolitische Begleitung des Landes Nordrhein-Westfalen«, so bestätigt der Banker, was er verneinen möchte. »Dazu gehört eine politische Willensbildung, die findet statt bei der Landesregierung und den Gebietskörperschaften. Wir orientieren uns bei allen Engagements vorrangig an Renditechancen.« Was Neuber nicht sagt: Im Verwaltungsrat der WestLB sitzen reihenweise Landes- und Kommunalpolitiker. Und die WestLB sieht ihre Aufgabe als »Staatsbank« durchaus in der Unterstützung des Landes und der Kommunen »in der Umsetzung der Wirtschafts- und Wohnungsbauförderung«. So ist die Bank eng eingewoben in das nordrhein-westfälische Beziehungsgeflecht. Zu Neubers Freunden zählen insbesondere Nordrhein-Westfalens Ministerpräsident Johannes Rau und Finanzminister Heinz Schleusser, der angeblich fast täglich mit Neuber telefoniert.

So verbündete sich die WestLB auch prompt mit den nordrhein-westfälischen Kommunen, als es bei RWE um die Abschaffung der Mehrstimmrechtsaktien ging, die ihnen mit nur 30 Prozent des Grundkapitals fast 60 Prozent der Stimmen sicherten. Neuber übernahm das Kommando über eine Gruppe von Investoren, die in der Düsseldorfer RW Holding organisiert sind. Diese Holding übt jetzt die Bezugsrechte der Kommunen bei Kapitalerhöhungen aus, überläßt ihnen jedoch die Stimmen. Mit einer Kapitalerhöhung hatten der damalige RWE-Chef Gieske, der mit Aufsichtsratsmandaten bei Allianz, Dresdner Bank und anderen zum »Inner Circle« der Deutschland AG gehört, und Aufsichtsratsvorsitzender Friedrich Wilhelm Christians von der Deutschen Bank den Stimmenanteil der finanzschwachen Kommunen unter 50 Prozent drücken wollen. Friedel Neuber vereitelte diesen Versuch und entschied so den

»Machtkampf beim RWE: Banken gegen Kommunen«. Die *Stuttgarter Zeitung* stellte zwar in Frage, ob die kommunale Vorherrschaft beim RWE noch zeitgemäß sei. »Müssen andererseits mächtige Vertreter des Privatkapitals wie Deutsche Bank, Dresdner Bank oder die Allianz nun auch in Essen unbedingt das Ruder führen?« fragte die *Stuttgarter* weiter. »Um dann letztlich die Stromwirtschaft zwischen Flensburg und Passau zu beherrschen.« Denn die privaten Großbanken und Versicherungen gäben bei vergleichbaren Gesellschaften wie Veba und Viag bereits den Ton an. Und mit Hilfe des Depotstimmrechts hätte, so der *Spiegel,* »die einst von Christians geführte Deutsche Bank den größten Einfluß auf Deutschlands mächtigsten Stromversorger« RWE gewonnen. Insofern ist das Festhalten am Mehrfachstimmrecht zwar anachronistisch, Neubers Initiative ist aber dennoch mehr als ein Ausdruck nordrhein-westfälischen Filzes. Die WestLB bildet ein Gegengewicht zur Herrschaft des Kartells.

Seine Branchenkollegen jedoch ärgert der passionierte Jäger Neuber mit Forderungen nach »mehr Offenheit« – »insoweit kann ich mich mit dem von der SPD vorgelegten Gesetzentwurf für mehr Transparenz und Wettbewerb in der Wirtschaft durchaus anfreunden« – und der Forderung, »auch die Macht der Versicherungen auf den Prüfstand« zu stellen.

Stakeholder Value statt Shareholder Value

In schöner Regelmäßigkeit werden Stimmen laut, die eine Privatisierung des Sparkassen-Sektors fordern. Kein Wunder, zumal auch noch Sparkassen-Präsident Horst Köhler die privaten Banker immer wieder mit Forderungen nach einer neuen »Finanzmarktkultur« nervt. 1995 preschten die Sparkassen beim Thema Verbraucherschutz vor und versprachen unter anderem, jedem Interessenten ein Girokonto auf Guthabenbasis einzurichten. Sie kamen damit den Forderungen nach einem Recht auf ein Girokonto entgegen, das von den privaten Banken zunächst strikt abgelehnt, aber von der Opposition im Bundestag in Anträgen und Gesetzentwürfen gefordert wurde. Unter dem Druck des Parlaments und der öffentlichen Meinung – die Genossenschaftsbanken kündigten an, den Sparkassen zu folgen – erwirkte das Bundesfinanzministerium eine Empfehlung des Zentralen Kreditausschusses (ZKA), in dem alle Bankengruppen zusammengeschlossen sind, mit der sich das gesamte Kreditgewerbe verpflichtete, unter bestimmten Umständen Girokonten auf Guthabenbasis anzubieten, um einer gesetzlichen Regelung zu entgehen. Wenig später brachte der Sparkassen-Präsident die Privatbankiers gegen sich auf, weil er in der Diskussion um die Risiken derivativer Geschäfte strengere Anforderungen an das Betreiben von Handelsgeschäften, insbesondere die funktionale Trennung des Wertpapierhandels von der Abwicklung und Kontrolle bis hinauf in die Geschäftsleitung forderte. Und im Streit um die Europäische Währungsunion ärgerte Köhler die Großbanken, weil er laut auf die praktischen Umstellungsprobleme für den Mittelstand hinwies.

Während Rüdiger von Rosen vom Deutschen Aktieninstitut gerade dabei ist, seinen Kollegen die langfristigen Vorteile einer Shareholder-Value-Strategie zu buchstabieren, setzt Köhler der Konkurrenz ein Stakeholder-Value-Konzept entgegen. Shareholder-Value, ein Begriff aus den USA, »dem Land der klassischen ›Equity Culture‹« (von Rosen), war in Deutschland lange ein Fremdwort. Inzwischen führen es die Vorstände nahezu aller börsennotierten Unternehmen in Deutschland im Munde. Im Kern geht es bei Shareholder-Value-Konzepten darum, die Geschäftspolitik des Unternehmens an den Interessen seiner Eigentümer auszurichten, den Aktionären eine optimale Kursentwicklung und Dividendenpolitik zu sichern. Hinzu kommt die Pflege der »Investor Relations«, die Pflege der Beziehung zwischen Gesellschaft und (potentiellen) Aktionären. »Die Shareholder-

Value-Droge gilt auch in Deutschland immer mehr Managern als Aufputschmittel am abgeschlafften Standort«, spottet die *Woche*. Das plötzlich erwachte Interesse deutscher Manager am Shareholder Value dürfte nicht nur mit einer stärkeren Anpassung deutscher Unternehmen an die Anforderungen der internationalen Kapitalmärkte und institutionellen Anleger zusammenhängen, sondern auch damit, daß reihum mit komfortabel ausgestatteten Aktienoptionen ein Interesse des Managements an Kurssteigerungen der Aktie geschaffen wurde. Hintergrund ist die amerikanische Philosophie, die Qualität des Managements auch an der langfristigen Entwicklung des Aktienkurses zu messen. Doch die Umsetzung dieser Theorie in die Praxis deutscher Großunternehmen wie Daimler-Benz und Deutsche Bank zeigt, daß es hierzulande eher um risikolose Zusatzeinkommen in stattlicher Millionenhöhe geht, statt um eine Beteiligung der Vorstände an den Auswirkungen ihrer Arbeit.

Viele Daimler-Aktionäre staunten in der Hauptversammlung 1996 nicht schlecht, als Vorstandschef Jürgen Schrempp in seiner Rede die Einführung von Stock Options für die Führungskräfte des Konzerns ankündigte – unmittelbar nach dem Eingeständnis des Rekordverlustes von 5,7 Milliarden DM. Ob es sich bei diesen Aktienoptionen um eine zusätzliche Vergütung der Manager handle, fragte ein Aktionär arglos. Die Stock Options seien »ein zusätzliches Angebot«, entgegnete ihm Daimler-Finanzvorstand Manfred Gentz offen. Die Herren genieren sich nicht, trotz Milliardenverlusten und zigtausend abgebauter Arbeitsplätze, erst einmal an eine Verbesserung ihrer eigenen Bezüge zu denken. Und die Modalitäten, für die Ausübung der Aktienoptionen, die Gentz den Aktionären erläuterte, sind ausgesprochen managerfreundlich. Wenn der Kurs der Daimler-Benz-Aktie um 15 Prozent gestiegen sei, könnten die Daimler-Führungskräfte die Optionen ausüben. Eine Koppelung des Optionsrechtes an andere Faktoren wie die Entwicklung des DAX oder das Erreichen eines bestimmten Kurswertes sehe das

Modell nicht vor. Angesichts der Tatsache, daß der Daimler-Aktienkurs schon 40 Prozent höher notierte, eine erstaunlich großzügige Regelung, zumal die meisten Manager des Konzerns in den letzten Jahren für den deutlichen Kurseinbruch Mitverantwortung trugen.

Ganz anders verhalten sich japanische Manager. So verbeugte sich der Präsident der Sumitomo Corporation, die durch Kupfer-Spekulationen einen Verlust von fast drei Milliarden DM erlitt, in der Hauptversammlung vor seinen Aktionären. Tomiichi Akiyama entschuldigte sich nicht nur mit den Worten: »Wir sind angesichts der bedauerlichen Situation tief beschämt.« Er kündigte zugleich an, die Sumitomo-Führungsspitze werde ihre Bonuszahlungen zurückgeben – als Zeichen dafür, daß das Management die Verantwortung für den Verlust übernehme. Welch ein Gegensatz zu Schrempp & Co.!

Der katholische Priester und Managementberater Rupert Lay spricht daher im Zusammenhang mit der Einführung von Stock Options in Deutschlands Managementetagen von »egoistischen Räubern« und befürchtet, »daß viele Unternehmen künftig mehr denn je mißbraucht werden, daß sie aufhören, soziale Systeme zum Erbringen ökonomischer Leistungen zu sein«. Dabei sei die Beteiligung des Vorstandes an der Wertschöpfung vielfach »gleich null«. Auch Ex-Bosch-Geschäftsführer Hans L. Merkle befürchtet, das Management könnte »nicht auf die innere und andauernde Leistungsfähigkeit des Unternehmens hinsteuern, sondern bloß auf schnelle Kursgewinne und damit persönliche Bereicherung«.

Die Befürworter von Shareholder-Value-Konzepten behaupten, daß eine Unternehmenspolitik, die langfristig den Aktionärsinteressen diene, »eigentlich« auch allen anderen Interessen Rechnung trage. Schlechte Erfahrungen mit der kurzfristigen Orientierung amerikanischer Manager und Anleger an den jeweiligen Quartalsergebnissen und mit Restrukturierungsmaßnahmen, die zu erheblichem Arbeitsplatzabbau führten, lassen die Verfechter des Konzeptes nicht gelten. Sie weisen darauf hin, daß die Anlagestrategie gerade der institutionellen Anleger in den USA langfristig ausgerichtet sei. Es werde versucht, Einfluß auf die Geschäftspolitik zu nehmen und dadurch eine Steigerung des Unternehmenswerts zu erreichen. Restrukturierungsmaßnahmen seien unabhängig von der Einführung von Shareholder-Value-Konzepten. Die Steigerung des Unternehmenswerts liege zudem im Interesse aller Beteiligten und sei Grundvoraussetzung für die Befriedigung aller Anspruchsgruppen. »Nur seine kontinuierliche Erhöhung erhält die langfristige Konkurrenzfähigkeit auf den Kapitalmärkten. Dadurch wird eine ausreichende Ausstattung mit Eigenkapital ermöglicht, die wiederum Voraussetzung für Investitionen in zukunftsfähige Produkte und Produktionsverfahren ist. So bleibt ein Unternehmen wettbewerbsfähig, kann Gewinne erzielen, Gläubiger bedienen, Steuern zahlen und sichere Arbeitsplätze bieten«, jubelt von Rosen.

Auch wenn die Entwicklung der amerikanischen Volkswirtschaft in den letzten Jahren grundsätzlich den Shareholder-Value-Ansatz eher bestätigt, greift dieser doch zu kurz. Denn er vernachlässigt Gemeinwohlinteressen. Hans Merkle, der Ehrenvorsitzende der Bosch-Gruppe, warnte vor einem unreflektierten Verengen der Unternehmenskultur auf die Maximierung der Dividendenzahlungen: »Der Shareholder will sein Kapital mit möglichst hohem Ertrag einsetzen. Er ist kein Unternehmer, sondern Geldgeber. Der ideale Unternehmer ist für mich der, der nicht nur seine materiellen Möglichkeiten nutzt, um ein Unternehmen zu errichten oder weiterzutreiben, sondern der auch sein geistiges und moralisches Kapital einsetzt, um etwas zu schaffen. Damit dient er der Volkswirtschaft.« Der legendäre Unternehmer Reinhard Mohn haut in die gleiche Kerbe: »Die Unternehmenskultur weiterzuentwickeln, das ist viel wichtiger, als auf einen zeitweiligen Kursvorteil zu setzen: einen Shareholder Value, der nur Spielernaturen blenden kann.« Wer den Vermögenswert der Anteilseigner maximieren wolle, halte das

Kapital für den wichtigsten Produktionsfaktor. »Schon längst ist der wichtigste Faktor aber die Führung – die Führung von Menschen und komplexen Systemen. Heute haben wir Kapitalisten, die weitgehend nicht mehr führen können«, so Mohn.

Selbst amerikanische Consultants wie Francis Fukuyama kommen neuerdings zu der Einschätzung, daß »Vertrauenskapital« in Wirtschaft und Gesellschaft eine Schlüsselrolle bei der Bewältigung der Herausforderungen der Zukunft zukommt. Diese Forderung nach »Vertrauenskapital« läuft dem weltweit verbreiteten Trend zur Verbriefung und Handelbarkeit von Forderungen – und damit der Anonymisierung der Beziehungen zwischen Gläubiger und Unternehmen – entgegen. Die persönliche Kundenbeziehung, Kundennähe genannt, ist eine traditionelle Stärke der dezentral agierenden, regional ausgerichteten Sparkassen und Genossenschaftsbanken. Mit der Gemeinwohlorientierung der Sparkassen und dem satzungsgemäßen Förderauftrag der Kreditgenossenschaften sowie deren lokaler Verankerung und der intensiveren Marktbearbeitung, die sich aus der selbstgewählten Beschränkung des Geschäftsgebietes zwangsläufig ergibt, eröffnen diese beiden Säulen des Kreditsektors noch heute Chancen für Unternehmen, die sich in der Startphase oder in Krisenzeiten von den Großbanken oft allein gelassen fühlen. Es ist bezeichnend, daß die Deutsche Bank in der Folge der Schneider-Pleite die Kreditanforderungen gerade bei mittelständischen Unternehmen drastisch verschärft hat. Auch die schlechten Erfahrungen der BfG im Falle von Balsam/Procedo bekamen nicht Großkunden, sondern innovative Newcomer wie Patrice Dufour und Wolfgang Hentschel schmerzlich zu spüren.

Die Großen versuchen durch Dezentralisierung von Entscheidungsstrukturen, die Bildung von Profit Centers etc. die Stärken der Sparkassen, Volks- und Raiffeisenbanken zu kopieren. Hilmar Kopper propagierte auf der Hauptversammlung der Deutschen Bank 1996 den »Wandel vom Bankangestellten zum

Unternehmer vor Ort«. Sparkassen-Präsident Horst Köhler zeigt sich überzeugt, »daß die Vorteile von Bottom-up-Ansätzen der Wirtschafts- und Sozialpolitik in der Zukunft im Vergleich zu Top-down-Ansätzen von Hauptstädten oder auch Konzernzentralen noch deutlicher erkannt werden«. Er folgert, daß »trotz oder gerade wegen der Globalisierungstrends ... lokale und regionale Politiken in der Zukunft an Bedeutung gewinnen« werden.

Der amerikanische Banker Henry Kaufmann kritisiert, daß das Geschehen auf den Finanzmärkten immer stärker von Portfolio-Managern mit sehr kurzfristigem Anlagehorizont geprägt werde, während traditionelle Investoren, die längerfristige Bindungen eingehen, immer mehr zurückgedrängt würden. Global agierende Banken verabschiedeten sich zunehmend aus der Rolle, Sparkapital in längerfristiges Investitionskapital zu transformieren, und verlegten ihren geschäftspolitischen Schwerpunkt mehr und mehr auf den kurzfristigen Eigenhandel und Provisionsgeschäfte.

Die lokal verankerten Sparkassen, Volks- und Raiffeisenbanken bilden somit ein wichtiges Gegengewicht zu den privaten Banken. Sie wirken als Korrektiv, das einerseits stabilisierend wirkt, weil es die Abhängigkeit von den immer höheren Volatilität globaler Finanzmärkte mildert, andererseits jedoch zugleich wenigstens eine gewisse Dynamik innerhalb der Volkswirtschaft gewährleistet, indem es den Marktzutritt kleiner und mittlerer Unternehmen fördert. Mit einer Privatisierung des öffentlichen Sektors würden duopolistische Strukturen im Kreditgewerbe gefördert und damit der ohnehin nicht genügende Wettbewerb weiter eingeschränkt, zumal leicht vorstellbar ist, wer die privatisierten Sparkassen übernehmen würde.

Transparenz und Wettbewerb schaffen

Offenkundige Defizite in der Kontrolle der Unternehmensverwaltungen, mangelnde Transparenz, Interessenkonflikte und Einflußkumulation belasten den deutschen Kapitalmarkt und behindern den Wettbewerb im Finanzdienstleistungssektor und darüber hinaus. Die engen personellen und kapitalmäßigen Verflechtungen deutscher Kapitalgesellschaften untereinander und insbesondere mit den Kerngesellschaften des Finanzsektors stellen ein entscheidendes Innovationshindernis dar. »In einem solchen Spinnennetz«, warnte der frühere Präsident des Bundeskartellamts Wolfgang Kartte, drohe jeglicher Wettbewerb zu ersticken. Ein »System der Seilschaften« laufe auf eine »Neuauflage« der Planwirtschaft hinaus. Die Rechte der Unternehmenseigentümer in Publikumsgesellschaften sind durch die dominierende Position von Großbanken und Unternehmensverwaltungen faktisch stark eingeschränkt. Notwendig ist daher, deren Einfluß konsequent zurückzudrängen. Dazu bedarf es einer Erhöhung der Transparenz, einer Verbesserung der Kontrolle, der Reduzierung von Interessenkonflikten und Einflußkumulation, einer Intensivierung des Wettbewerbs, der Verbesserung der Funktionsfähigkeit des deutschen Kapitalmarktes und der Beseitigung struktureller Innovationshindernisse.

Die SPD-Fraktion im Deutschen Bundestag hat zur Erreichung dieser Ziele in den vergangenen Jahren eine Reihe von Initiativen ergriffen, darunter der Antrag »Gegen wachsende Macht der Banken und Versicherungen und für mehr Wettbewerb bei Finanzdienstleistungen« von 1992, ein Gesetzentwurf zur »Änderung des Wirtschaftsrechts für mehr Transparenz und Wettbewerb« von 1994 und in der 13. Wahlperiode der Entwurf eines »Gesetzes zur Verbesserung von Transparenz und Beschränkung von Machtkonzentration in der deutschen Wirtschaft (Transparenz- und Wettbewerbsgesetz)«. Dieser Gesetzentwurf sieht unter anderem die Beschränkung der Beteiligungen von Banken und Versicherungen an branchenfremden Unternehmen, die Abschaffung des Depotstimmrechts, eine Begrenzung der Aufsichtsratsmandate pro Person, das Verbot der Stimmrechtsausübung aus wechselseitigen Beteiligungen, eine Verschärfung der Haftung für Unternehmensverwaltungen und das Erschweren ihrer persönlichen Bereicherung vor. Mit der Verminderung von Interessenkonflikten im Universalbankensystem und durch mehr Transparenz im Beteiligungsbereich sollen so die »ursprünglichen ordnungspolitischen Leitvorstellungen« wiederhergestellt und die »volkswirtschaftlich kostspieligen Mißstände« beseitigt werden. Die Position der Aktionäre will die SPD zusätzlich durch eine erheblich erhöhte Transparenz, die verbesserte Möglichkeit zur Erhebung der Aktionärsklage, eine Einschränkung der Möglichkeit des Bezugsrechtsausschlusses und einen wirksamen Schutz der freien Aktionäre bei Unternehmensübernahmen stärken. Das Depotstimmrecht der Kreditinstitute soll durch die Einführung der Möglichkeit für Aktionäre, ihr Stimmrecht auf unabhängige, gewählte Aktionärsvertreter zu übertragen, ersetzt werden. Dies dient der Reduzierung der Einflußkumulation bei den Kreditinstituten, die nur noch aufgrund konkreter Weisungen zu den einzelnen Gegenständen der Tagesordnung Stimmrechte ausüben dürfen. Außerdem will die SPD die Haftung von Wirtschaftsprüfern und Wirtschaftsprüfungsgesellschaften verschärfen und eine höhere Unabhängigkeit von den zu prüfenden Unternehmen sichern.

Risikokapital mobilisieren – Arbeitnehmer beteiligen

Um die Finanzierungsprobleme insbesondere kleiner und mittlerer Unternehmen in Deutschland zu überwinden, bedarf es umfassender Maßnahmen zur Mobilisierung von Risikokapital und der Schaffung eines funktionierenden Kapitalmarktes. Die deutschen Börsen werden ihrer Aufgabe bisher nicht ausreichend gerecht. Eine unterstützende Funktion könnten regionale Anlage- und Risikokapitalfonds übernehmen, wie sie auf europäischer Ebene zur Zeit diskutiert werden. Entscheidend ist jedoch die Stärkung der Deutschen Börse und der Regionalbörsen, die sich in Zukunft auf die Heranführung mittelständischer Unternehmen an die Börse und die Betreuung auch nach Börseneinführung konzentrieren sollten.

Zur verstärkten Mobilisierung von Risikokapital ist eine konzertierte Aktion aller am Kapitalmarkt Beteiligten zu starten. Institutionelle Anleger wie Banken, Versicherungen und Kapitalanlagegesellschaften müssen verstärkt Risikokapital für mittelständische und innovative Unternehmen zur Verfügung stellen. Privatanleger müssen auf breiter Basis für die Anlageform Aktie gewonnen werden. Hierzu bedarf es neben einer intensiven Öffentlichkeitsarbeit und Information über Chancen und Risiken der Aktienanlage auch einer veränderten Geschäftspraxis der Banken. Der Gesetzgeber muß diese Entwicklung durch die Schaffung von verbesserten Rahmenbedingungen für den Kapitalmarkt Deutschland unterstützen. So ist insbesondere die Schaffung eines speziellen Börsensegments für junge, innovative, mittelständische Unternehmen notwendig.

Für dieses neue Börsensegment müssen die Voraussetzungen für Börsenzulassung und Börsenhandel vereinfacht werden. Hohe, durch Standardisierung jedoch leicht zu erfüllende Publizitätsanforderungen sichern die erforderliche Transparenz und Liquidität. Das Monopol der Banken bei der Einführung neuer Unternehmen an die Börse muß durchbrochen werden, die Antragstellung zur Zulassung soll neben Kreditinstituten auch durch sogenannte qualifizierte Betreuer (Wertpapierhandelshäuser) erfolgen können. Schließlich soll der Handel durch die Einführung von Liquiditätshändlern (Banken und Wertpapierhandelshäuser) erleichtert werden, die die Pflicht haben, die Marktteilnehmer in dem betreffenden Titel mit Unternehmensdaten zu versorgen und abschlußwillige Marktteilnehmer zu vermitteln.

Mit einer Verbesserung der Chancen und der Aufklärung über die Chancen und Risiken müssen private Anleger in Deutschland verstärkt für die Aktienanlage gewonnen werden. Langfristig ist die Aktienanlage nahezu jeder anderen Anlageform an Rentabilität und Sicherheit überlegen. Die Ursache für die gewaltige Fehlallokation von Kapital in Deutschland ist die – sachlich nicht gerechtfertigte – steuerliche Privilegierung anderer Anlageformen, insbesondere der Kapitallebensversicherung. Sie ist nach geltendem Steuerrecht in zweifacher Weise gegenüber anderen Sparformen begünstigt. Die Erträge aus Kapitallebensversicherungen sind bei Einhaltung einer Mindestanlagedauer von zwölf Jahren steuerfrei. Die einbezahlten Beträge können zudem nach Maßgabe der individuellen steuerlichen Situation als Sonderausgaben geltend gemacht und vom zu versteuernden Einkommen abgezogen werden. Es besteht kein Zweifel, daß der große Erfolg des Produktes Kapitallebensversicherung in Deutschland hauptsächlich auf diese Subventionierung zurückzuführen ist. Denn Vergleiche mit anderen Sparformen haben ergeben, daß Kapitallebensversicherungen eine nur geringe Rendite erwirtschaftet haben. Im Gegensatz zur reinen Risiko-Lebensversicherung, deren Abschluß in einigen Fällen sinnvoll sein kann, zum Beispiel um eine laufende Baufinanzierung abzusichern, ist die Kapitallebensversicherung, die den Risikoschutz mit einem Sparvertrag kombiniert, selten lukrativ. Im Dezember 1995 hat die Stiftung Warentest als Ergebnis einer umfassenden Vergleichsstudie festgestellt, daß die Kapitallebensversicherung als Kapitalanlage wesentlich weniger geeignet ist als andere Sparformen wie Aktien oder Rentenpapiere. Erregt wiesen Vertreter des Gesamtverbandes der Deutschen Versicherungswirtschaft die Studie als »unwissenschaftlich« zurück. GDV-Präsident Bernd Michaels äußerte bitter: »Wir sehen das mit großer Sorge.« Die Sorge gilt wohl weniger den Versicherungskunden. Durch beispiellose Intransparenz und massive Lobbyarbeit haben es die Versicherungskonzerne in trauter Gemeinsamkeit bisher verstanden, eine Debatte über die Rentabilität ihres Verkaufsschlagers Kapitallebensversicherung zu unterdrücken. Die Stiftung Warentest nahm die herbe Kritik der Versicherungswirtschaft gelassen. »Die Stiftung bleibt dabei«, erklärten die Tester in der Februar-Ausgabe der Zeitschrift *Finanztest* selbstbewußt und forderten: »Wer sich unverstanden und falsch behandelt fühlt, muß erst einmal für Transparenz sorgen und seine Kunden ernst nehmen.« Fachleute schätzen, daß der Staat Kapitallebensversicherungen und fondsgebundene Lebensversicherungen jährlich mit mindestens 15 bis 20 Milliarden DM subventioniert – eine, so der Kölner Ökonomieprofessor Michael Adams, »Verschwendung von Steuermitteln«, die »zudem zu einer staatspolitisch nicht mehr hinnehmbaren Machtkonzentration in den Händen der Versicherungswirtschaft und den mit ihr verbundenen Banken geführt« hat.

Wer wär' nicht gerne Aktionär?

Statt das Spargeld der Bürger in die Taschen des Banken- und Versicherungskartells zu lenken, sollte der Staat Anreize für die Bereitstellung von Risikokapital und die Beteiligung der Arbeitnehmer am Produktivvermögen schaffen. Denkbar wäre eine steuerliche Gleichstellung verschiedener Anlageformen oder eine gezielte Förderung des Aktiensparens, wie sie das Deutsche Aktieninstitut mit seinem Persönlichen Aktien Sparplan (PAS) propagiert.

Ein wesentlicher Schritt ist die notwendige Reform der Kapitalertragsbesteuerung. Die Waigelsche Zinsabschlagsteuer hat ebensowenig die vom Bundesverfassungsgericht angemahnte Gleichmäßigkeit der Besteuerung wie die vom Finanzminister erhofften Einnahmen gebracht und sich damit nicht viel minder als Flop erwiesen als die Quellensteuer, die seinen Vorgänger Amt und Ruf kostete. Das bürokratische Ungetüm der Zinsabschlagsteuer kann nicht verhindern, daß Zinserträge weiterhin in großem Umfang nicht versteuert werden. Mit fatalen Folgen, nicht nur für den Fiskus. Denn im Unterschied zu den Käufern risikoarmer Rentenpapiere müssen die Aktienanleger ihre Kapitalerträge nicht nur de jure, sondern auch de facto korrekt versteuern. Eine faktische Gleichbehandlung könnte mit der Chance verbunden werden, Anlagemilliarden in gigantischer Höhe, die – ausgelöst durch die Stoltenberg-Waigel-Quellen-Zinsabschlag-minus-Freistellungsauftrag-Steuer und mit tatkräftiger Unterstützung der Banken – nach Luxemburg und an exotischere Plätze geschafft wurden, nach Deutschland zurückzulocken. Deshalb sollte der – bereits zu Beginn der Diskussion vom Bundesverband der Volks- und Raiffeisenbanken eingebrachte – Vorschlag aufgegriffen und anstelle der Zinsabschlageine einheitliche Abgeltungssteuer für Kapitalerträge eingeführt werden. Ein weiteres Element der Reform wäre der Wegfall der Spekulationsfrist, außerhalb derer Wertzuwächse aus Kursgewinnen steuerfrei bleiben. Profitieren würden neben dem Staat die Unternehmen, deren Finanzierungsbedingungen sich verbessern würden, zumal risikoreicheren Anlagen in der Regel höhere Ertragschancen gegenüberstehen.

Ergänzt werden müssen diese Maßnahmen durch die gezielte Förderung der Vermögensbildung in Arbeitnehmerhand, da nur so die starke Ungleichverteilung von Einkommen und Vermögen langfristig korrigiert werden kann. Bereits 1987 verfügte das oberste Fünftel der Haushalte über 40 Prozent des verfügbaren Einkommens, 86 Prozent des Produktivvermögens und 69 Prozent des Geldvermögens – beim unteren Fünftel aller Haushalte waren es zehn Prozent des verfügbaren Einkommens, 0,0 Prozent des Produktivvermögens und ein Prozent des Geldvermögens. Die Ungleichverteilung verschärft sich weiter angesichts stagnierender Arbeitnehmereinkommen. Inzwischen gehen seriöse Schätzungen davon aus, daß nur drei Prozent der Bevölkerung über rund 80 Prozent des Produktivvermögens verfügen. Eine Trendumkehr ist dringend erforderlich. Notwendig scheint daher, die Möglichkeit der steuerfreien Überlassung von Vermögensbeteiligungen an Arbeitnehmer deutlich zu verbessern und die Einkommensgrenzen für die Gewährung von Arbeitnehmersparzulagen deutlich zu erhöhen.

Neben der Schaffung eines funktionsfähigen neuen Börsensegments und der Förderung der privaten Vermögensbildung ist eine umfassende Initiative zur Mobilisierung von Risikokapital einzuleiten. Hierzu müssen einerseits die gesetzlichen Anlagemöglichkeiten von institutionellen Anlegern wie Banken, Versicherungen und Kapitalanlagegesellschaften geändert und die gesetzlichen Voraussetzungen für Pensionsfonds geschaffen werden. Vor allem müssen jedoch auf der anderen Seite Fehlentwicklungen am Kapitalmarkt korrigiert werden. Hierzu zählt die bestehende Struktur des Anteilsbesitzes von Banken und Versicherungen, die ihr Kapital in großen deutschen Unternehmen parken, statt es als Risikokapital für mittelständische Technologieunternehmen zur Verfügung zu stellen.

Vertreter deutscher Großbanken haben wiederholt erklärt, daß sie ihren Anteilsbesitz ohnehin umschichten und weiter diversifizieren möchten. Dies sei jedoch aus ihrer Sicht wegen der derzeit gültigen Grenze für das sogenannte Schachtelprivileg (mit dem eine Doppelbesteuerung vermieden wird) von zehn Prozent und der bei einer Realisierung von stillen Reserven anfallenden Steuern problematisch. Deutsch-Bankier Rolf-E. Breuer spricht deshalb von »festgefrorenem Beteiligungsbesitz« und fordert die Möglichkeit des steuerfreien Aktientausches. Die Spanne zwischen den Buchwerten, mit denen die Beteiligungen in den Bilanzen der Banken stehen, und den aktuellen Marktwerten ist gigantisch. Die Behauptung, Großbanken würden ihre Industriebeteiligungen abbauen, wenn sie nicht die vollen Steuern auf die Veräußerungsgewinne bezahlen müßten, hält

WestLB-Chef Friedel Neuber jedoch für »vorgeschoben«. Neuber, dessen Institut selbst für seine offensive Beteiligungspolitik bekannt ist, entgegnet der Argumentation der privaten Konkurrenten: »Gewinne müssen nun mal versteuert werden. Eine steuerliche Sonderregelung halte ich nicht für sinnvoll.«

Auf jeden Fall scheint eine Reduzierung der für das Wirksamwerden des Schachtelprivilegs notwendigen Anteilshöhe auf fünf Prozent sinnvoll, um nicht weiterhin steuerrechtlich Anreize für höhere Beteiligungen zu setzen und so Vorwände für deren Beibehaltung zu liefern. Darüber hinaus besteht kein Grund, Veräußerungsgewinne generell steuerfrei zu stellen. Die Umschichtung des Anteilsbesitzes von Banken und Versicherungen in Risikokapital könnte jedoch durch eine Änderung im Einkommensteuerrecht gefördert werden, etwa indem die Wiederanlage des aus der Veräußerung von Anteilen an Kapitalgesellschaften anfallenden Gewinns in Wagnisfinanzierungsgesellschaften steuerlich in gewissem Umfang begünstigt wird.

Die Arbeitsgruppe der Regierungskoalition hatte offenbar eine generelle Möglichkeit der steuerneutralen Veräußerung des Beteiligungsbesitzes für die Banken erwogen. Justizstaatssekretär Funke war überzeugt, daß die Banken ihre Beteiligungen nicht reduzieren würden, solange sie die Erlöse zu versteuern hätten. Deshalb sei eine Steuerbegünstigung für den Bundeshaushalt kein Nachteil: »Waigel geht da mit nahe null heraus.« Die FDP war jedoch am Veto des Bundesfinanzministers gescheitert.

Es geht um die Macht

»Nicht Sozialismus durch die Hintertür, sondern knallharte Marktwirtschaft durch den Haupteingang« unterstellte uns die *Zeit.* In der Tat setzen die geschilderten Initiativen nicht auf eine Beseitigung der sozialen Marktwirtschaftsordnung, sondern auf die Wiederherstellung ihrer Funktionsfähigkeit. Eine Voraussetzung ist die Schaffung vollständiger Transparenz für die Markt-teilnehmer. Notwendig ist darüber hinaus die Stärkung des Wettbewerbs – nicht allein der Wettbewerbsfähigkeit, wie sie Konservative propagieren. Hierzu müssen Markteintrittsbarrie-ren aus dem Weg geräumt und der Marktzugang junger Unter-nehmen entscheidend erleichtert werden. Die Offenlegung von Einflußkumulation und Abhängigkeiten, ihre Verringerung und damit die Überwindung der Vermachtung der deutschen Volks-wirtschaft werden innovative Kräfte zur Entfaltung bringen und die Voraussetzung für eine erfolgreiche zukunftsfähige Entwick-lung schaffen. Derzeit sind in Wirtschaft wie Politik die soge-nannten Enkel und ihre Gönner in den Entscheidungspositio-nen. Die Herren der Ringverflechtungen sind personifizierte Innovationshemmnisse. Doch der Austausch von Personen wird die Probleme nicht lösen, solange Rekrutierungsmechanismen und wechselseitige Verflechtungen (oder Abhängigkeitsgefühle) nicht gelöst werden.

So wie sich die Politik seit Jahrzehnten hinter angeblichen »Sachzwängen« verschanzt, wenn Kraft oder Wille für reforme-rische Politik nicht vorhanden sind, verweisen Banker, Indu-strielle und ihre Politiker heute resignativ auf die »Globalisierung der Märkte«, die angeblich zur Anpassung zwinge, obwohl Marktführerschaft ebenso wie gesellschaftliche Fortschritte nicht mit Anpassung, sondern mit Veränderung zu erzielen sind. Doch obwohl kaum ein Wort – nach »Globalisierung« – so häufig im Munde geführt wird wie »Innovation«, ist Deutsch-land von Veränderungsbereitschaft meilenweit entfernt. Das Kartell der Mittelmäßigkeit aus Bundesregierung und Top-Ma-nagement will mit den Rezepten der fünfziger Jahre die Heraus-forderungen des nächsten Jahrtausends meistern. In der Bevöl-kerung ist zwar das diffuse Gefühl weit verbreitet, daß es »so nicht weitergehen« kann, aber im Gegensatz zur Generation derjenigen, die das durch Nazi-Terror und Zweiten Weltkrieg zerstörte Land wiederaufbaute, ist den Kindern des Wirtschaftswunders eingeprägt worden, daß Veränderung das Gegenteil von Verbesserung bedeute. Besitzstandswahrung ist also angesagt. Die Linke verlegt sich auf den Versuch, das in über einhundert Jahren mühsam und unter großen Opfern Erkämpfte wenigstens im Kern zu bewahren, und sieht sich immer mehr dem Vorwurf ausgesetzt, zu den letzten Konservativen zu gehören. Entgehen kann sie dem nur, wenn sie den Mut faßt, die Machtfrage in Wirtschaft und Gesellschaft wieder zu stellen. Von Johannes Groß stammt die böse, weil treffende Feststellung, daß die SPD ihr Ziel der Mitbestimmung allenthalben erreicht habe und deshalb die Zumutung nicht verstehe, auch noch die Macht anstreben zu sollen. Doch die 68er sind müde vom lange Marsch durch die Institutionen; dem in den Siebzigern postulierten Anspruch »Wir sind die SPD der achtziger Jahre« bleiben sie bis heute treu.

Dabei ist der Gewinn politischer Macht nur der erste Schritt. Der zweite ist ungleich schwerer, die (Rück-)Gewinnung staatlicher Macht über die Wirtschaft. Dabei ist zu berücksichtigen, daß sich der dominierende Finanzsektor immer stärker von realwirtschaftlichen Vorgängen abkoppelt. So ist das Verhältnis zwischen dem grenzüberschreitenden Handel mit Wertpapieren und dem Bruttoinlandsprodukt in Deutschland von fünf Prozent im Jahre 1975 auf 170 Prozent im Jahre 1993 gestiegen. Der Umsatz an den Devisenmärkten belief sich 1995 börsentäglich auf rund 1,3 Billionen US-Dollar. Nur ein Bruchteil davon, etwa zwei bis drei Prozent, sind zur Finanzierung des täglichen weltweiten Exports von Waren und Dienstleistungen erforderlich.

»Investoren, die einem zunehmenden Performancedruck ausgesetzt sind, verhalten sich«, nach einer Beobachtung eines Experten der Bank von England, »wie ein Schwarm kleiner Fische: alle schwenken gleichzeitig und abrupt, weil sie sich in der Menge sicher fühlen, wenn um sie herum Gefahren lauern. Die Gegenwart von ein oder zwei großen Haien kann dieses Verhalten noch begünstigen.« Der britische Banker beschreibt damit anschaulich die zunehmende Volatilität der Märkte, die zunehmend zur Gefahr für die Realwirtschaft wird. Investitions- und Absatzplanung werden, insbesondere für mittelständische Unternehmen, fast unkalkulierbar angesichts der irrationalen Wechselkursschwankungen und einer kaum prognostizierbaren Zinsentwicklung. Doch beide Größen sind von maßgeblicher Bedeutung für Investitionsentscheidungen. Der Zins drückt die Rentabilität alternativer Kapitalanlagen aus. Die Wechselkurse bestimmen in erheblichem Umfang die Wettbewerbsfähigkeit von Unternehmen. So haben beispielsweise die Währungsturbulenzen im Frühjahr 1995 nach Angaben des Bundesverbandes der Deutschen Industrie (BDI) dazu geführt, daß sich deutsche Unternehmen Wettbewerbern aus Italien, Spanien oder Großbritannien stellen mußten, »die plötzlich 10 bis 20 Prozent mehr Spielraum in der Kalkulation hatten als zuvor«. Für Maschinenbau und Automobilindustrie eine enorme Belastung. Der BDI verweist auf Berechnungen, wonach seit 1989 zwei Drittel der Verteuerung der Lohnstückkosten Folge der »Währungsschocks« sind, und führt die Tatsache, daß der »Löwenanteil deutscher Direktinvestitionen nach wie vor in den EU-Raum« geht, auf die Aufwertung der D-Mark zurück. Das Fazit des BDI: Die »zu teure D-Mark treibt Arbeitsplätze ins Ausland«.

Zum gleichen Ergebnis kommt die IG Metall. Sie hat die Lohnstückkostenentwicklung von 1980 bis 1995 verglichen. Ohne Berücksichtigung der Wechselkurse ergibt sich für Westdeutschland ein Anstieg von 41 Prozent, für Großbritannien von 82 Prozent und für Italien von 125 Prozent. Doch die Wechselkursveränderungen führen zu völlig anderen Relationen: Im Vergleich zum Anstieg in Westdeutschland in Höhe von 41 Prozent weist Großbritannien eine Kostensteigerung von gerade mal drei Prozent aus, Italien gar eine Reduzierung der Lohnstückkosten um sieben Prozent. Die Profite der Spekulanten müssen von den Unternehmen, vor allem jedoch von den Arbeitnehmern bezahlt werden.

Deshalb ist es dringend erforderlich, eine engere Verknüpfung zwischen finanz- und realwirtschaftlichen Vorgängen herzustellen und die Zielsetzungen des von Karl Schiller geprägten Stabilitäts- und Wachstumsgesetzes (StWG) wieder stärker in den Mittelpunkt der Politik zu rücken. Das 1967 unter dem Eindruck der Rezession verabschiedete StWG beschreibt das sogenannte magische Viereck aus hohem Beschäftigungsstand, Stabilität des Preisniveaus und außenwirtschaftlichem Gleichgewicht bei stetigem und angemessenem Wirtschaftswachstum. Wobei Wachstum aus heutiger Sicht sinnvoll nur im Sinne einer ökologisch verträglichen, nachhaltigen Entwicklung (sustainable development) definiert werden kann. Auch die Instrumente des Stabilitätsgesetzes sind zu erweitern und anzupassen. Insbesondere reicht eine Beschränkung auf das nationale Wirtschaftsgebiet längst nicht mehr aus. Notwendig ist die Übertragung des Ansatzes auf die Europäische Union, gleichzeitig mit der Einführung der Wirtschafts- und Währungsunion. Mit diesem Ansatz würde nicht nur Befürchtungen hinsichtlich der Stabilität einer europäischen Einheitswährung begegnet, sondern die Voraussetzungen für eine positive wirtschaftliche Entwicklung Europas geschaffen – über die Stabilität des Geldwertes hinaus. Das Konzept trägt dem wahren Kern der Globalisierungsdiskussion Rechnung, der in einer Europäisierung der nationalen Volkswirtschaften unseres Kontinentes besteht.

Wenn diese Entwicklung den Menschen dienen soll – und nicht primär einigen supra- oder internationalen Konzernen –, muß sie einhergehen mit einer Demokratisierung der Entscheidungsmechanismen und Institutionen. Es ist entlarvend, wenn Hilmar Kopper den Vertrag von Maastricht wegen des Plans einer politischen Union mit echtem Parlament mit der Bemerkung kritisiert, dieser habe »zu viele nicht haltbare Ziele« gesetzt. Dem hielt selbst CDU/CSU-Fraktionschef Wolfgang Schäuble auf einem Kolloquium der Alfred Herrhausen Gesellschaft entgegen, Europa dürfe nicht auf dem Niveau einer gehobenen Freihandelszone stehenbleiben.

Die Forderung nach Demokratisierung gilt nicht nur für die politische Ebene, sondern ebenso für die Wirtschaft. Es gilt, die Oligarchie – die Herrschaft des Kartells – zu brechen, die Konzerne zu entflechten, ihr Handeln durchschaubar zu machen und ihre Akteure einer wirkungsvollen Kontrolle zu unterwerfen.

Dazu bedarf es einer strikten Begrenzung des Anteilsbesitzes von Banken und Versicherungen an branchenfremden Unternehmen. Ausnahmen sollten nur zeitlich begrenzt zugelassen werden für die Fälle der Wagnisfinanzierung und der Sanierung. Beteiligungen von Banken und Versicherungen an Kapitalanlagegesellschaften sind grundsätzlich auszuschließen. Um zu verhindern, daß sich die Unternehmensvorstände vor Kontrolle und Haftung nach außen abschotten, dürfen Stimmrechte aus wechselseitigen Beteiligungen von Unternehmen nicht mehr ausgeübt werden. Durch eine Beschränkung der Zahl möglicher Aufsichtsratsmandate auf fünf pro Person – einschließlich Konzernmandate (KHD und andere Beispiele zeigen, daß die Kontrolldefizite innerhalb von Konzernen nicht geringer sind als extern), wobei das Amt des Vorsitzenden doppelt gezählt werden muß – soll nicht nur die Voraussetzung für eine effektivere Kontrolle der Unternehmensvorstände geschaffen werden. Eine entsprechende Beschränkung der Mandate pro Person bewirkt auch, daß sich der Herrenclub zwangsweise öffnen muß. Und durch eine Verschärfung der Haftung von Unternehmensvorständen und Aufsichtsräten und die tatsächliche Möglichkeit für freie Aktionäre, die Unternehmensverwaltung für Fehlleistungen zur Verantwortung zu ziehen, wird es nicht mehr so leicht möglich sein, sich durch angebliche Unwissenheit aus der Verantwortung zu stehlen. Bisher war es durch den gesetzlich vorgeschriebenen Mindestanteil von zehn Prozent praktisch nur den Großaktionären möglich, die Aktionärsklage zu erheben. So bräuchte ein Aktionär etwa im Fall Daimler-Benz dafür Aktien im Kurswert von über drei Milliarden DM.

Doch eine Krähe hackt der anderen bekanntlich kein Auge aus. Und sich selbst schon gar nicht. In vielen Fällen hätten Banken und Versicherungen ihre eigenen Vorstandsmitglieder in der Funktion als Aufsichtsräte in die Haftung nehmen müssen. Es wäre daher naiv zu glauben, daß solche Regelungen je wirksam werden. Naiv jedoch sind die Mitglieder der Community selten. Erforderlich ist die Herabsetzung der Grenze für die Erhebung der Aktionärsklage auf fünf Prozent oder eine Million DM vom Nennwert.

Von entscheidender Bedeutung ist allerdings, die dominierende Position der Großbanken und der mit ihnen verbundenen Unternehmen in den Hauptversammlungen der Aktiengesellschaften zu brechen. Deshalb führt an der Abschaffung des Depotstimmrechts kein Weg vorbei. In der Kombination mit eigenem Anteilsbesitz und den Verflechtungen mit Kapitalanlagegesellschaften und Versicherungen führt das Depotstimmrecht dazu, daß die Banken in den Hauptversammlungen der großen börsennotierten Aktiengesellschaften faktisch über die Besetzung der Aufsichtsräte und damit auch über die der Vorstände bestimmen. Die Hauptversammlungen sind zur billigen Show degradiert, in der bestellte »Kritiker«, Clowns, Weltverbesserer, Spieler, Pensionäre und einige wenige Aktionäre, die rührend bemüht sind, ihre Machtlosigkeit zu verdrängen, so tun, als hätten sie etwas zu sagen. Die Hauptversammlung muß zum Ort echter Auseinandersetzung über die Besetzung von Gremien und die Grundzüge der Unternehmensphilosophie und -politik gemacht werden. So wird die Rechnungslegung des Unternehmens wieder zum Rechenschaftsbericht der angestellten Manager vor den Eigentümern, den Aktionären, und der Öffentlichkeit.

Rechtsgeschäfte zwischen dem Unternehmen und einzelnen

Vorstands- oder Aufsichtsratsmitgliedern sind von der Hauptversammlung zu genehmigen und gleichermaßen offenzulegen wie die jeweiligen Bezüge der einzelnen Organmitglieder. Die Beteiligungen des Unternehmens sind ebenso bekanntzumachen wie die von Mitgliedern der Unternehmensverwaltung. Spenden des Unternehmens – also Gelder der Aktionäre, die der Vorstand zu gemeinnützigen oder anderen Zwecken einsetzt – müssen mindestens veröffentlicht werden. Es ist sowohl für die Eigentümer als auch für die Öffentlichkeit interessant zu wissen, wen die Unternehmensverwaltungen protegieren. Es wird seine Gründe haben, daß die Deutsche Bank den Bonner Regierungsparteien im Wahljahr 1994 710 000 DM gespendet hat, den Oppositionsparteien nur 150 000 DM. Auch Daimler-Benz bediente die Regierungskoalition doppelt so großzügig wie die SPD. Die fünfstelligen Spenden anderer Mitglieder der Deutschland AG, wie der Allianz oder der Bayerischen Hypotheken- und Wechselbank, gingen gleich ausschließlich an CDU beziehungsweise CSU.

Um die Aufsichtsräte wirkungsvoll zu unterstützen und Außenstehenden ein zutreffendes Bild von der Lage des Unternehmens zu ermöglichen, muß die Arbeit der Wirtschaftsprüfer deutlich verbessert und ihre Unabhängigkeit vom Vorstand des zu prüfenden Unternehmens gestärkt werden. Dem dient ein obligatorischer Wechsel der Prüfungsgesellschaft nach höchstens fünf Jahren. Wenn ein Unternehmen seit Jahrzehnten von der gleichen Wirtschaftsprüfungsgesellschaft begleitet wird, ist die Gefahr groß, daß die notwendige kritische Distanz verlorengeht. So räumte etwa Hilmar Kopper 1996 in der Hauptversammlung der Deutschen Bank ein, daß diese bereits seit 1931 von der KPMG beziehungsweise deren Vorläufern geprüft wird. Ein Antrag auf Prüferwechsel fand – natürlich – keine Mehrheit in der Hauptversammlung. Um existenzielle Abhängigkeiten zu vermeiden, soll zudem das einzelne Mandat 30 Prozent des Umsatzes der Wirtschaftsprüfungsgesellschaft nicht überschreiten. Und schließlich muß die im internationalen Vergleich lächerliche Haftungsregelung, die in Deutschland auf 500 000 DM begrenzt ist, deutlich verbessert werden. Sinnvoll erscheint eine volle Haftung, allenfalls mit Obergrenzen in Höhe des hundertfachen Honorars.

»Das oberste Ziel eines Unternehmens muß sein, einen Beitrag für die Gesellschaft zu leisten«, erklärt Reinhard Mohn, der Bertelsmann zu Europas größtem und weltweit zum drittgrößten Medienkonzern machte. »Das ist der Grund, warum die Demokratien sich für die Marktwirtschaft entschieden haben.«
Ob dieses Konzept als demokratischer Sozialismus oder Marktwirtschaft durch den Haupteingang bezeichnet wird, ist insoweit unerheblich, als deutlich werden dürfte, daß der scheinbare Widerspruch beider Entwürfe aufgehoben wird. Denn die Oligarchie, die sich unter dem Deckmantel angeblicher Standortinteressen gebildet hat, hält nur verbal Marktwirtschaft und Wettbewerb aufrecht. In Wirklichkeit, so ein Insider eines großen europäischen Konzerns, sitzen hier in der Führungsetage lauter Planwirtschaftler.
Deren Pläne zu durchkreuzen beziehungsweise für die Gesellschaft insgesamt nutzbringend zu machen, ist die Aufgabe, der sich Reformpolitik stellen muß. Das ist über einen mitbestimmungsorientierten Ansatz nicht zu erreichen, sondern nur über einen Kampf um die Macht.

Worterklärungen

Aktiengesellschaft: Klassische Form der *Kapitalgesellschaft*. Die Aktiengesellschaft (AG) ist eine handelsrechtliche Gesellschaft mit eigener Rechtspersönlichkeit, für deren Verbindlichkeiten die Gesellschafter *(Aktionäre)* nur mit ihrer Kapitaleinlage haften. Die AG verfügt über ein festes Grundkapital, das in Aktien zerlegt und verbrieft ist. In Deutschland lauten die Aktien auf einen bestimmten Geldbetrag (mindestens 5 DM), den *Nennwert*.

Aktionär: Gesellschafter und Miteigentümer einer *Aktiengesellschaft*. Grundsätzlich haben alle Aktionäre die gleichen Rechte, Gewinnansprüche, Haftungsverpflichtungen und Vermögensansprüche im Liquidationsfall. Die wichtigsten Aktionärsrechte sind das Recht zur Teilnahme an der *Hauptversammlung* (HV) und damit verbunden das Stimmrecht, das Recht auf Auskunftserteilung und das Recht auf Anfechtung eines HV-Beschlusses, das Recht auf Gewinnanteil *(Dividende)* und das Bezugsrecht auf den Erwerb junger Aktien bei einer *Kapitalerhöhung* der Gesellschaft.

AIM: Alternative Investment Market. *Börsensegment* in Großbritannien mit im Vergleich zum amtlichen Handel erleichterten Zulassungsvoraussetzungen.

Aufsichtsrat: Gesetzlich vorgeschriebenes Organ für *Aktiengesellschaften*, Kommanditgesellschaften auf Aktien, Genossenschaften und Gesellschaften mit beschränkter Haftung mit mehr als 500 Arbeitnehmern. In einer AG werden die Mitglieder des Aufsichtsrats (AR) von den *Aktionären* in der *Hauptversammlung* gewählt. Seit Einführung der quasi-paritätischen Mitbestimmung 1976 entsenden die Arbeitnehmer in Aktiengesellschaften mit mehr als 2000 Mitarbeitern zudem eine gleich große Zahl von Vertretern in den AR. Der AR-Vorsitzende wird vom AR gewählt. Er verfügt über ein doppeltes Stimmrecht (Im Montanbereich gilt eine Sonderregelung). Die Hauptaufgaben des AR in einer AG sind die Bestellung des Vorstands, die Überwachung der Tätigkeit des Vorstands und die Prüfung von Jahresabschluß und Geschäftsbericht.

Auftragsstimmrecht: *siehe Depotstimmrecht*

Blue Chips: Bezeichnung für Standardwerte unter den Aktienwerten; in Deutschland zählen dazu die *Dax*-Gesellschaften wie Daimler-Benz, Siemens, Bayer.

Börse: Organisierter Handelsplatz für den Handel mit Wertpapieren, Devisen und bestimmten Waren, an dem die Kurse auf Basis der vorliegenden Kauf- oder Verkaufsaufträge festgestellt werden. In Deutschland gibt es neben der Frankfurter Börse sieben Regionalbörsen: Berlin, Bremen, Düsseldorf, Hamburg, Hannover, München und Stuttgart. In Deutschland gibt es drei *Börsensegmente*.

Börsengang: *Emission* von Aktien.

Börsenkapitalisierung: a) Methode zur Unternehmensbewertung von *börsennotierten Aktiengesellschaften*. Die Ermittlung des Unternehmenswertes erfolgt durch die Multiplikation des Börsenkurses mit der Anzahl der emittierten Aktien der Gesellschaft.
b) Methode zur Bewertung eines Aktienmarktes. Die Börsenkapitalisierung ergibt sich aus der Addition des Börsenwerts der an der Börse notierten Gesellschaften.

Börsenmakler: Kursmakler, die an der Börse tätig sind. Sie werden durch die zuständige Landesregierung auf Vorschlag des Börsenvorstandes ernannt und vereidigt. Ihre Aufgabe ist die Feststellung amtlicher Kurse sowie die Durchführung von Käufen und Verkäufen.

Börsennotierte Gesellschaft: *Aktiengesellschaften,* deren Aktien zum (amtlichen) Handel an der Börse zugelassen sind. Die Zulassung erfolgt aufgrund von gesetzlichen Regelungen (Börsengesetz) sowie der Börsenzulassungsverordnung und anderer Vorschriften. Die Anforderungen für die Börsenzulassung sind für die einzelnen *Börsensegmente* unterschiedlich.

Börsensegment: Marktsegmente (Börsenteilmärkte) im Wertpapierhandel. In Deutschland ist der Börsenhandel mit Aktien in drei Börsensegmente untergliedert: den amtlichen Handel, den Geregelten Markt und den Freiverkehr. Die Marktsegmente unterscheiden sich im Hinblick auf die jeweiligen Vorschriften der Börsenzulassung, die Pflichten der Emittenten sowie die Handelsverfahren.

Bund-Futures: Terminkontrakte auf Bundesanleihen

Dax: Deutscher Aktienindex. Seit 1988 von der Arbeitsgemeinschaft der deutschen Wertpapierbörsen, der Börsen-Zeitung und der Frankfurter Wertpapierbörse konzipierter *Performance*-Index für 30 deutsche Standardwerte, die rund 60 Prozent des Grundkapitals deutscher *börsennotierter Aktiengesellschaften* (AG) repräsentieren. Die Gewichtung der einbezogenen Werte richtet sich nach dem zugelassenen Grundkapital der AG. In der Regel einmal jährlich wird die Zusammensetzung des Dax und die Gewichtung der einzelnen Werte aktualisiert.

Depotgebühren: Preise, die eine Bank für die Einrichtung und Unterhaltung eines Wertpapierdepots berechnet.

Depotstimmrecht: Stimmrecht der Kreditinstitute in den *Hauptversammlungen* von *Aktiengesellschaften* für ihre Depotkunden. Grundlage ist die Erteilung einer längstens für 15 Monate gültigen Vollmacht durch den Depotkunden.

Derivate: Derivate oder derivative (abgeleitete) Finanzprodukte sind auf die Zukunft gerichtete Geschäfte *(Termingeschäfte),* die auf gängigen Finanzinstrumenten (Aktien, Renten, Devisen etc.) beruhen. Der Wert des derivativen Produktes wird aus dem Marktpreis des zugrundeliegenden Finanzproduktes abgeleitet. Derivative Geschäfte können zur Absicherung bestehender Risiken *(Hedging)* oder spekulativ mit hohen Risiken eingesetzt werden.

Dividende: Gewinnanteil der *Aktionäre,* dessen Höhe von der *Hauptversammlung* festgelegt wird.

Eigenkapital: Im Gegensatz zum *Fremdkapital* jene Mittel, die von den Eigentümern einer Unternehmung zu deren Finanzierung aufgebracht (Grundkapital oder Stammkapital) oder als erwirtschafteter Gewinn im Unternehmen belassen wurden (Rücklagen).

Emission: Ausgabe von Aktien und anderen Wertpapieren und ihre Plazierung am *Kapitalmarkt.*

Emissionsbank: Bank, die an einer Wertpapier*emission* (federführend) beteiligt ist.

Equity Culture; Wertpapierkultur, insbesondere Aktienkultur.

Finanzderivate *siehe Derivate*

Fremdkapital: Bezeichnung für das durch Schuldenaufnahme finanzierte Kapital einer Unternehmung.

Genußscheine: Genußscheine sind aktienähnliche Wertpapiere, die Rechte (Genußrecht) am Reingewinn oder an Liquidationserlösen einer AG, aber keine Mitgliedschaftsrechte verbriefen.

Going public: *Börsengang*

Hauptversammlung: Versammlung der *Aktionäre* einer *Aktiengesellschaft,* die mindestens einmal jährlich stattfinden muß. Die zentralen Aufgaben der Hauptversammlung (HV) sind die Bestellung der Aufsichtsratsmitglieder, die Entscheidung über die Verwendung des Bilanzgewinns, die Entlastung von Vorstand und *Aufsichtsrat;* Satzungsänderungen, *Kapitalerhöhungen* oder -herabsetzungen, die Bestellung des Abschlußprüfers und die Entscheidung über die Auflösung der AG.

Hedging: Instrument der Risikopolitik zur vollständigen oder teilweisen Ausschaltung eines gegebenen Risikos durch Aufbau einer Gegenposition. Hedging ist für Unternehmen insbesondere zur Absicherung von Zins-, Kurs- oder Wechselkursrisiken von Bedeutung.

Höchststimmrechte: Beschränkung der Stimmrechte von *Aktionären* auf eine bestimmte Höchstgrenze pro Aktionär, unabhängig von dessen tatsächlichem Anteil. Derartige Beschränkungen bedürfen eines satzungsändernden *Hauptversammlungs*beschlusses.

Investmentfonds: Sondervermögen einer *Kapitalanlagegesellschaft,* das aus dem von Kapitalanlegern einbezahlten Geld gebildet wird und von der Gesellschaft in eigenem Namen nach dem Grundsatz der Risikostreuung in Aktien, Anleihen, Immobilien etc. angelegt wird.

Investor Relations: Oberbegriff für Public-Relations-Maßnahmen von Aktiengesellschaften gegenüber ihren (potentiellen) *Aktionären.*

Kapitalanlagegesellschaft: Unternehmen, deren Geschäftszweck die Verwaltung eines oder mehrerer *Investmentfonds* ist.

Kapitalerhöhung: Heraufsetzung des Grund- bzw. Stammkapitals einer Gesellschaft. Für eine Kapitalerhöhung bedarf es eines entsprechenden *Hauptversammlungs*beschlusses mit Dreiviertelmehrheit.

Kapitalgesellschaft: Gesellschaft, bei der im Gegensatz zur Personengesellschaft die Haftung der Gesellschafter auf die Kapitaleinlage (Beteiligungssumme) beschränkt ist und keine persönliche Haftung der Gesellschafter besteht. Die Kapitalgesellschaft hat eine eigene Rechtsfähigkeit und ein festgelegtes Grund- bzw. Stammkapital. Typische Kapitalgesellschaften sind die *Aktiengesellschaft* und die Gesellschaft mit beschränkter Haftung (GmbH).

Kapitalmarkt: Institutionalisierter Markt für mittel- und langfristiges Kapital (Aktien, festverzinsliche Wertpapiere, Anleihen, Hypothekenpfandbriefe etc.). Auf dem Kapitalmarkt besorgen sich Emittenten von Wertpapieren langfristige Finanzierungsmittel. Für den Kapitalgeber besteht die Möglichkeit zur jederzeitigen Veräußerung seiner Papiere.

Kapitallebensversicherung: Sparform zur langfristigen Kapitalbildung. Der Kunde erhält nach Ablauf einer festgelegten Laufzeit die eingezahlten Beträge zuzüglich einer garantierten Verzinsung und einer Überschußbeteiligung. Im Todesfall bezahlt die Versicherungsgesellschaft die Versicherungssumme an die Begünstigten.

Kapitalschnitt: Herabsetzung des Grund- bzw. Stammkapitals einer *Kapitalgesellschaft*. Für einen Kapitalschnitt bedarf es eines entsprechenden *Hauptversammlungs*beschlusses mit Dreiviertelmehrheit.

Kurswert: Wert von Wertpapieren oder Unternehmen bei Bewertung zum Börsenkurs.

Lebensversicherung: Oberbegriff für mehrere Versicherungs- und Sparformen. Die häufigste Form ist die Kombination einer *Risikolebensversicherung* für den Todesfall und eines Sparanteils zu einer *Kapitallebensversicherung*.

Mehrstimmrechtsaktie: Aktie, die dem Eigentümer ein erhöhtes Stimmrecht einräumt. Mehrstimmrechtsaktien dienen als Sicherungsinstrument vor Übernahmen und sind heute in Deutschland primär bei Gesellschaften im Versorgungsbereich zu finden. Mehrstimmrechtsaktien wurden immer in Form vinkulierter Namensaktien ausgegeben, bei denen die Übertragung der Aktien auf einen neuen Inhaber satzungsmäßig an die Zustimmung der Gesellschaft gebunden ist.

NASDAQ: National Association of Securities Dealers Automated Quotations. Bezeichnung für ein US-amerikanisches Kommunikationssystem, das den vollautomatischen Handel mit Aktien ermöglicht. Der NASDAQ-Markt ist weltweit der führende Börsenmarkt für Technologie- und mittelständische Unternehmen.

Nennwert: Auf Aktien angegebener Geldbetrag, der den Betrag ausweist, der auf die einzelne Aktie am gesamten Grundkapital entfällt. Nennbeträge lauten in Deutschland auf 5 DM, 50 DM oder ein Vielfaches davon. Der Börsenkurs einer Aktie differiert in der Regel deutlich vom Nennwert einer Aktie.

NYMEX: New York Mercantile Exchange. Warenterminbörse in New York.

Operatives Geschäft: Bezeichnung für die gewöhnliche Geschäftstätigkeit eines Unternehmens.

OTC-Markt Over-the-counter-Markt. Freiverkehrsmarkt für nicht zum offiziellen Börsenverkehr zugelassene Wertpapiere in den USA. Die Preise werden frei ausgehandelt. Der OTC-Markt ist umfangmäßig der bedeutendste Wertpapiermarkt der Welt. Zu seinen Nachteilen gehören relativ große Spannen zwischen An- und Verkaufspreisen sowie der weitgehend fehlende Schutz vor Betrugsrisiken.

Performance: Ausdruck der Wertentwicklung von Kapitalanlagen.

Portfolio (oder Portefeuille): Gesamtbestand von Anlagewerten oder Wertpapieren eines Anlegers.

Profit Center: Organisatorischer Teilbereich, der über ein eigenes Budget verfügt und wie ein selbständiges Unternehmen einer eigenständigen gewinnorientierten Erfolgskontrolle unterworfen ist.

Rangrücktritt: Rückstufung des Ranges eines Rechtes. Der Rang des Rechtes eines Gläubigers gegen den Schuldner ist für die Reihenfolge der Bedienung beispielsweise nach einem Konkurs entscheidend.

Rendite: Tatsächliche Verzinsung des investierten Kapitals.

Risikokapital: siehe *venture capital*

Risikokapitalgesellschaft: Gesellschaft, deren Zweck die Vergabe von *venture capital* ist. In Deutschland handelt es sich bei Risikokapitalgesellschaften oft um Tochtergesellschaften von Banken.

Risikolebensversicherung: Todesfallversicherung mit vertraglich festgelegter Versicherungsdauer. Stirbt der Versicherungsnehmer während der Vertragsdauer, erhalten die Begünstigten die vereinbarte Leistung. Erlebt der Versicherungsnehmer das Ende der Versicherungsdauer, wird die Versicherungssumme nicht fällig.

Rückversicherung: Versicherung der vom Erstversicherer übernommenen Risiken.

Schachtelprivileg: Durch das Schachtelprivileg wird die Doppel- und Mehrfachbesteuerung bei verschachtelten unbeschränkt steuerpflichtigen Gesellschaften vermieden. Bei Schachtelbeteiligungen von 10 Prozent und mehr sind die Erträge aus der Beteiligung und die Beteiligung selbst von der Steuer befreit.

Schumpeter-Unternehmer: Nach dem österreichischen Nationalökonomen Joseph Alois Schumpeter (1883–1950) benannter Typ des »dynamischen Unternehmers«. In seiner »Theorie der wirtschaftlichen Entwicklung« beschrieb Schumpeter die Bedeutung dieser Unternehmer, die (mit Hilfe von Bankkrediten) »neue Kombinationen« (»innovations«) durchsetzen und so den Konjunkturaufschwung herbeiführen.

Shareholder Value: Konzept des US-amerikanischen Wissenschaftlers Alfred Rappaport, das die Wertsteigerung des Unternehmens am Kapitalmarkt (Aktienkurs) zum zentralen Unternehmensziel erklärt. Demnach soll der Unternehmenserfolg am ökonomischen Wert gemessen werden, der für die *Aktionäre* (shareholder) geschaffen wird.

Stakeholder Value: Gegenkonzept zu *shareholder value,* das die Interessen der Gruppen, die mit ihrem Einsatz (stake) am Erfolg des Unternehmens mitwirken, in den Mittelpunkt der Unternehmenspolitik rückt.

Stille Reserven: Differenz zwischen tatsächlichem Wert und Bilanzansatz.

Stock options: Aktienoptionen. Instrument leistungsorientierter Entlohnung für Manager, dessen Fälligkeit und Wert von der Entwicklung des Aktienkurses ihres Unternehmens abhängig ist. Steigt der Aktienkurs innerhalb eines festgelegten Zeitraums in einem festgelegten Umfang, können die Manager die Aktien zum festgelegten (niedrigeren) Bezugskurs erwerben.

Terminbörse: Spezialbörse, an der *Termingeschäfte* gehandelt werden.

Termingeschäfte: Börsenmäßige Geschäfte mit Handelsgütern, Devisen etc., bei denen Kontrakte zu einem zum Abschlußtermin festgelegten Preis auf Basis späterer Erfüllung abgeschlossen werden.

Venture capital *(Risikokapital* oder Wagniskapital): Kapital zur Finanzierung junger, zumeist technologieorientierter Unternehmen mit hohem Wachstumspotential, aber geringen Sicherheiten. Der Begriff der Venture-capital-Finanzierung stammt aus den USA. Das überlassene Kapital ist *Eigenkapital,* der Ertrag des investierten Kapitals vom Gewinn des Unternehmens und der Wertsteigerung des Kapitalanteils abhängig.

Volatilität: Maß der Variabilität der Schwankungen von Wertpapierkursen, Zinssätzen und Devisen.

Vollmachtsstimmrecht: siehe *Depotstimmrecht*

Vorzugsaktien: Besondere Aktien, die im Vergleich zu Stammaktien besondere »Vorzüge« in der Stimmrechtsausgestaltung oder im *Dividenden*anspruch haben. In Deutschland sind Vorzugsaktien in der Regel mit *Dividenden*vorrechten ausgestattet, haben jedoch kein Stimmrecht.

Warentermingeschäfte: Börsenmäßige *Termingeschäfte* mit Handelsgütern wie Getreide, Öl, Kaffee oder Metallen, bei denen Kontrakte zu einem zum Abschlußtermin festgelegten Preis auf Basis späterer Erfüllung abgeschlossen werden.

Window Dressing: Bilanzkosmetik. Nutzung von (gesetzlich zulässigen) Transaktionen vor dem Bilanzstichtag, insbesondere Umschichtung von Beständen, Bewertungsänderungen und Realisierung *stiller Reserven,* um das äußere Bilanzbild möglichst günstig zu gestalten.

Register

A

Aachener und Münchener Versicherung 34, 63

Aachen Münchener Beteiligungsgesellschaft 107

Abs, Hermann Josef 22, 47, 82, 104

Adams, Michael 246

AEG 91 f., 116, 146, 175

Aesculap 125

Agnelli, Giovanni 209

AktionärsReport 133

Allgemeine Deutsche Investmentgesellschaft (ADIG) 67, 69

Allianz 16, 22 f., 34 ff., 38 f., 46, 55 ff., 60 ff., 65, 78, 81 ff., 85, 87 f., 93, 97, 130, 156 f., 218, 235

Alternative Investmentmarket (AIM) 206, 208

Andreesen, Marc 200 f.

Apel, Hans 169

Apple 200

Arthur Anderson 160, 214

Aschaffenburger Zellstoffwerke 104

ASE 211

Assurance Général de France (AGF) 64

Atlas Elektronic 137, 233

B

Badenwerk 126

Balsam 10, 184 f., 197 f.

Banque Nationale de Paris 224

BASF 56, 82 f.

Baums, Theodor 69, 105

Bavaria St. Pauli Brauerei 142 ff.

Bayer 56, 82 ff., 205

Bayerische Hypotheken- und Wechselbank 36, 39, 56, 65, 85, 141 ff.

Bayerische Landesbank 155

Bayerische Vereinsbank 34, 36, 67, 71 f., 78, 85, 122 f.

Bayernwerk 85

Bayer Solar 211

Beiersdorf 56

Beitz, Berthold 231

Benson, Arthur W. 154, 159 ff., 163

Benemann, Joachim 212

Bennigsen-Foerder, Rudolf von 128

Berliner Bank 93

Berlinerische Lebensversicherung 56, 62

Bertelsmann 87, 257

Bezzenberger, Gerold 129 f.

BfG Bank 197 f., 240

BHF-Bank 56, 140

Bierich, Marcus 77 f., 81 f., 84 f., 90

Bilfinger & Berger 34

BMW 128

Bodin, Manfred 156

Boehm-Bezing, Carl von 158

Bölkow, Ludwig 211

Brau- und Brunnen 142 ff.

Breipohl, Diethart 55, 98

Breitschwerdt, Werner 22
Bremer Vulkan 10, 106, 111, 130, 136 ff., 192, 219, 233
Breuer, Rolf-E. 53, 134 f., 203 ff., 248
Buderus 22, 34, 155
Bundesanstalt für vereinigungsbedingte Sonderaufgaben (BvS) 137 f., 140
Bundesaufsichtsamt für das Kreditwesen (BAKred) 27 f.
Bundesverband der Deutschen Industrie (BDI) 17 f., 179, 186, 252
Bundesverband der deutschen Volksbanken und Raiffeisenbanken (BVR) 181
Bundesverband deutscher Banken 16, 180, 188
Bundesverband Deutscher Investmentgesellschaften (BVI) 180
Burgard, Horst 78
Burkhardt, Roland 212

C

Cammann, Helmuth 167
Cartellieri, Ulrich 79, 134
Central Krankenversicherung 107
Chase Manhattan Bank 202
Christians, Friedrich Wilhelm 48, 54, 90, 93, 95, 97, 100, 128, 177, 234
Citibank 29, 191
C & L Deutsche Revision 95 f., 106, 140
Commerzbank 30, 32, 34, 38, 65, 67, 69, 71, 77, 110 f., 135, 138 ff., 189
Continental 34, 215 f.
Cooper & Lybrand *siehe* C & L
Coym, Peter 204
Craven, John E. 216, 233

Crédit Commercial de France 225
Crédit Lyonnais 224
Cromme, Gerhard 147, 232
Culp, Christopher 160
Cunningham, Dan 200

D

Daimler, Gottlieb 53
Daimler Benz 10, 22 f., 34, 42, 64, 70 f., 75, 87, 91 f., 102, 106, 111, 116 f., 119, 121, 123 ff., 134, 145 f., 156 f., 192, 237
DASA 92, 117, 137, 145 f., 211
Das Wertpapier 126
Deckel 53
Deckel Maho 106
Deguens, Daniel 225
Degussa 34
DEKA 67
Delors, Jacques 224
Deutsche Ausgleichsbank 189
Deutsche Babcock 231
Deutsche Bahn 80
Deutsche Bank 9, 21 ff., 25 ff., 32 f., 36, 42, 44, 46 ff., 51 ff., 60 f., 63, 65, 67, 71, 76 ff., 82, 85, 90, 93, 97, 100, 104 f., 120 ff., 125, 131, 134 ff., 148, 150, 153, 155 ff., 159 ff., 170, 177, 195, 203, 215 ff., 232 f., 235, 237, 240
Deutsche Bank Finance 33
Deutsche Bank Leben 60, 63
Deutsche Börse 203 ff.
Deutsche Bundesbank 179
Deutsche Gesellschaft für Wertpapiersparen (DWS) 67, 69 ff., 120
Deutscher Investment Trust (DIT) 67
Deutsche Krankenversicherung (DKV) 65

Deutsche Schutzvereinigung für
  Wertpapierbesitz (DSW) 125 ff.,
  129 ff., 174
Deutsche Siedlungs- und Landes-
  rentenbank 190
Deutsche Versicherungs (DVAG)
  58 f.
Deutscher Herold 33, 63
Deutscher Industrie- und Handels-
  tag (DIHT) 17 f., 179
Deutscher Sparkassen- und Girover-
  band 196
Deutsches Aktieninstitut (DAI)
  205
Deutz 53 f.
Dicom 207
Dieter, Werner H. 49, 78, 84, 93 ff.
Dietlmaier, Peter 179, 185, 188 f.
DLW 135
Dörries Scharmann 136 f.
Dormann, Jürgen 84, 97
Dornier 91
Dreesbach, Lutz 162
Dresdner Bank 21 ff., 32,
  36, 38 f., 56, 61 ff., 65, 67, 71 f.,
  67 ff., 83 ff., 140, 142 f., 153,
  155 ff., 162, 172, 198, 204,
  235
Dresdner Investment UK 65
Dufour, Patrice 197 ff., 240
Dynamit Nobel 22, 155

E

Eberling, Friedrich 144
Eberstadt, Gerhard 204 f.
Ehrbar, Udo 181
Eichbaum 143
EK-56-Rücklagen 123 f.
EKU 143 f.
Endres, Michael 71, 111, 135 f.
Europäische Investitionsbank
  182
Everts, Heinz 74

F

FAG Kugelfischer 147
Farthmann, Friedhelm 94
Fast Electronic 199
Fast Multimedia 206
Feldmühle Nobel 215
Fell, Karl H. 15 f., 183
Feuerstein, Karl 121
Fey, Hans 142
Fiebich, Kurt 111, 115, 129, 219
Finck, Wilhelm von 35
Findeisen, Hagen 100
Fink, Ulf 94
Fischer, Joschka 83
Fischer, Peter 231
Flachglas Solartechnik (Flagsol) 212
Fokker 91, 116, 146, 211
Forster, Meinhard 153, 162
Frankfurter Gesellschaft für Che-
  miewerte (FGC) 65
Frankfurter Gesellschaft für Finanz-
  werte (FGF) 38, 65
Frankfurter Gesellschaft für Wert-
  papierinteressen 132
Frankfurter Wertpapierbörse 203
Franz, Hermann Otto 77 ff.
Friderichs, Hans 171 f.
Frowein, Dietrich-Kurt 84
Fürstenberg, Carl 44
Funk, Joachim 97
Funke, Rainer 30 f., 183, 189, 192 f.

G

Gates, Bill 200
Gebbe, Rainer 202
Gebrüder Bethmann 227
General Motors 215
Gentz, Manfred 119, 121, 237
Gerling 63, 65, 135
Gesamtverband der Deutschen Ver-
  sicherungswirtschaft (GDV)
  179 f.

Geßler, Ernst 170
Gieske, Friedhelm 23, 49, 78, 85
Girmes 134
gkd 197 ff., 220
Glos, Michael 129
Grant, Thornton 206
Gres, Joachim 30, 189, 191
Groß, Johannes 251
Grub, Volker 91
Grünbeck, Josef 15 f.
Grünewald, Herbert 89
Guth, Wilfried 90

H

Haasen, Uwe 58, 88
Hahn, Carl H. 216
Hahn, Jürgen 17
Haller, Gerd 196
Hamburg-Mannheimer 55, 62
Hartmann, Ulrich 85, 112, 119
Haungs, Rainer 30
Heidelberger Druckmaschinen 34
Henkel 85
Hennemann, Friedrich 136 ff.
Hentschel, Wolfgang 197 ff., 240
Henninger 143
Herman Lampe 16, 183
Hermes Kreditversicherung 63
Herrhausen, Alfred 48 f., 51 f., 60, 170, 216
Herstatt-Bank 169
Hertie 34
Hieke, Anneliese 95, 218 f.
Hilger, Wolfgang 83 f.
Hinsken, Ernst 15, 189
Hipschman, Ellen 206
Hoechst 65, 82 ff., 98, 147
Hoesch 44, 54, 232
Holzbrinck 82
Hornef, Heinrich 138
Humboldt-Wedag 106, 135 f.
Hydac 94, 96

I

IBM 197
IG Chemie Papier Keramik 102, 187, 215
I.G.-Farben-Konzern 82
IG Metall 101, 214, 252
IKB Deutsche Industrie Bank 16, 183
ING Barings 50

J

Jantz, Waldemar 208
Jever 142, 144
Joop, Jette 214

K

Karlsruher Lebensversicherung 56, 62
Karstadt 34, 42
Kartte, Wolfgang 46, 242
Kaufmann, Henry 241
Keßler, Klaus 120, 125
Klasen, Karl 48
Kleinert, Detlef 191
Kleinwort Benson 65
Klöckner & Co. 154
Klöckner-Humbold-Deutz (KHD) 10, 44, 53 f., 135 f., 147, 192 f.
Klöckner, Peter 53
Klöckner-Werke 53, 147
Klose, Hans Ulrich 183
Klose, Horst 129
Klynveld Peat Marwick Goerdeler Deutsche Treuhand (KPMG) 97,106 ff.
Köhler, Horst 180, 196, 235 f., 241
Kolbenschmidt 22
Kohl, Helmut 30, 48, 51, 59, 172, 194 ff., 219

Kohlhaussen, Martin 71, 75, 77, 84, 134, 139, 178
Kopper, Hilmar 9, 16, 21, 23, 25 ff., 48 ff., 52 ff., 71, 74 f., 84 f., 87, 90, 93 f., 97, 99 ff., 111, 113, 117, 119 ff., 125, 134 f., 145, 150, 153 ff., 186, 201, 240, 253, 256
KPMG *siehe* Klynveld
Kreile, Reinhold 174
Kronfeld, Peter 206
Kropp-Galdy, Nancy 154, 160, 163
Krumnow, Jürgen 85
Krupp 137, 147
Krupp von Bohlen und Halbach, Alfried 231
Kudiß, Reinhard 17, 186
Kuhnt, Dietmar 85
KWV 210

L

Lafontaine, Oskar 183
Lambsdorff, Otto Graf 16, 30, 129 f., 171 ff., 180, 183, 192, 230
Langguth, Jochen 198
Lassalle, Ferdinand 228
Lay, Rupert 238
Lehmann Brothers 204
Leifheit 56
Leutheusser-Schnarrenberger, Sabine 30, 191
Liener, Gerhard 115
Liesen, Klaus 60, 77 f., 94
Linde 34, 56, 65
Loehr, Helmut 205
Lupia 64

M

März 142 ff.
MAHO 53 f., 134

MAN 34, 56
Mannesmann 48, 56, 93, 95 ff.
Martini, Eberhard 15 ff., 75, 85, 87, 141 ff., 178 f., 181
Matthöfer, Hans 170 f.
Mauroy, Pierre 224
Mayr, Hermann & Cie. 52
MBB 91, 211
McKinsey 88
Mercedes Benz 91
Merck, Fink & Co 35, 227
Merkle, Hans L. 238 f.
Merl, Günter 203
Metallgesellschaft 18, 20 ff., 24, 34, 44, 85, 97, 99, 106, 111, 126, 134, 148 ff., 153_163, 184 f., 188
Metallgesellschaft-Bank 22
MG Corp. 22 f.
Michaels, Bernd 245
Microsoft 200
Miert, Karel van 138
Miller, Merton 159 ff.
Mitterrand, François 224
Möschel, Wernhard 84, 108
Mohn, Reinhard 87, 239 f., 257
Morgan Grenfell 50, 163, 216 f.
Morgan Stanley 163
Müller-Gebel, Klaus 111, 138
Münchener Rückversicherung 34 ff., 39, 46, 55 f., 60, 62 ff., 81, 172
Muscat, Rolf 105

N

N. A. Otto & Cie. 53
Näger, Heribert 128
Nasdaq 200, 206
Nass, Werner 232
Netscape Communications 200
Neuber, Friedel 230 ff., 249
Neugebauer, Werner 103
Neukirchen, Kajo 44, 49, 54, 106, 135, 146 ff., 154 f., 158, 232

269

Nino 134
Nix, Jakob 52
Noé, Claus 183
Nölle, Hans-Jürgen 130
Nold, Emil 111
Nols, Fritz 204
Norddeutsche Landesbank (Nord/LB) 155 ff.
Nordstern Allgemeine Versicherung 107 f.
Nouveau March 206
Nymex (New Yorker Terminbörse) 22 ff., 152

O

Ost, Friedhelm 15 f., 184, 189 f.
Otto, Michael 77
Otto, Nicolaus August 53
Otto-Versand 77

P

Paulaner 143
Peltzer, Martin 104 f., 191
Pfeiffer, Hermannus 170
Philipp Holzmann 34
Pierer, Heinrich von 79 f., 84
Ponto, Jürgen 172
Porta Vermögensverwaltung 142
Pirelli 215
Preussen Elektra (Preussag) 85, 103, 231
Price Waterhouse 105
Procedo 10, 184 f., 197 f.,
PSI-Net 200

R

RAF 52, 172
Raiffeisenbanken 181, 229, 240 f.
Ramm, Ulrich 69

Rappe, Hermann 187
Rau, Johannes 234
Reibstein, Günter 72
Reich, Robert 215
Reichelbrauerei 144
Reuter, Edzard 44, 49, 70 f., 78, 85, 91, 112, 116, 118, 121, 134, 136, 145, 150
Rexrodt, Günter 29 f., 191 f.
Rexroth 93, 96
Reinelektra 56
Robert Bosch 77 f., 81 f., 85, 90
Roeller, Wolfgang 38, 78, 80, 178
Roland Berger 135
Rolls, John 163
Rosen, Rüdiger von 205, 236, 239
Roth, Wolfgang 169, 181 f.
Ruhrkohle 85
RWE 42 f., 56, 74 f., 85, 234 f.

S

Sachsenmilch 218
Sal. Oppenheim jr. & Cie. 178, 227
Salamander 34
Sarrazin, Jürgen 65, 71 f., 75, 84, 134, 222
Schäuble, Wolfgang 253
Scharping, Rudolf 183
Scheer, Hermann 212
Schellenberger, Jürgen 198
Schelling, Roland 125, 130
Schiefer, Friedrich 82, 88 f.
Schieren, Wolfgang 57 f., 61, 76, 82, 87 f., 103
Schiess 137
Schiffshypothekenbank 33
Schiller, Karl 253
Schimmelbusch, Heinz 23 f., 44, 49, 97, 150, 153 f., 158, 161 f.
Schinzler, Hans-Jürgen 76, 78, 84
Schitag, Ernst & Young 106

Schleusser, Heinz 234
Schmid, Otto A. 207
Schmidt, Albrecht 75, 78, 80, 178
Schmidt, Helmut 168 f.
Schmidt, Nicolaus 138
Schmidt-Jortzig, Edzard 192
Schmitz, Hermann 82 f.
Schmitz, Ronaldo H. 22, 24, 55, 83, 98, 134, 153, 160 ff., 218
Schneider, Anton 136
Schneider, Jürgen 9 f., 25 ff., 184 f.
Schneider-Lenné, Ellen R. 48
Schörghuber, Josef 143 f.
Schrader, Bill 200
Schrempp, Jürgen E. 44, 49, 91, 116 ff., 121, 125, 145 f., 237
Schröder, Gerhard 216 f.
Schulte-Noelle, Henning 23, 56 f., 59, 64, 76 ff., 80, 84 f., 88 f.
Schulze-Delitzsch, Hermann 228
Schultze, Wolfgang 102 f., 188
Schutzgemeinschaft der Kleinaktionäre (SdK) 132 f.
Seifert, Werner G. 203
Seipp, Walter 110, 112, 128, 139
Semler, Johannes 127 f.
Siemens 22, 42 f., 56, 79 ff., 85, 103, 129 f.
Siemens, Georg von 78 f.
Siemens, Werner von 79
Siemens & Halske 79
Siemens Solar 211
Solms, Herrmann Otto 175
Späth, Lothar 209
Sparkassen 180 f., 227, 229, 240
Steinharter, Horst 106, 110, 118, 120
Steinkühler, Franz 101
Stihl, Hans Peter 205
Stinnes 138
Stoltenberg, Gerhard 176
Stora 215
Strenger, Christian 69 ff., 120
Strenger, Hermann Josef 80, 85
Süd-KB 198

Südmilch 106, 219
Sumitomo Corporation 238
Sunways 212

T

Telekom 42
Teufel, Erwin 194 ff.
Thieme, Carl von 35
Thyssen 34, 42, 56, 233
Tiemann, Susanne 189
Töpfer, Klaus 83
Tomiichi Akiyma 238
Toyota 215
Traub 125
Trinkaus 172
TVM Techno Venture Management 208

U

Ulrich, Franz Heinrich 48
Union-Investment-Gesellschaft 67, 71 f.
Unrein, Wolfgang 206
Urban, Horst 216

V

VEBA 56, 85, 138
Verein zur Förderung der Aktionärsdemokratie 132
Vereinte Krankenversicherung 63
Vereinte Versicherung 62
Vermo 38, 64
VIAG 56, 85
Victoria-Rückversicherung 16, 65, 172
Vogel, Dieter 144
Voith 82, 137
Volksfürsorge 107

Volkswagen 42 f.
Vorschußvereine 228
Voss, Bernd W. 138

W

Wagner, Udo 137
Waigel, Theo 30, 59, 182
Warburg, M. M. 183
Wartenberg, Ludolf von 175 f.,
    205
Weber, Manfred 178 f., 182,
    185 ff.
Weber, Wolfgang 219
Weiss, Ulrich 84, 216 f.
Wellensiek, Jobst 140 f., 219
Werner, Helmut 84, 216
Wessel, Karl-Heinz 178 f.

Westdeutsche Landesbank (West
    LB) 36, 155, 157, 230, 232,
    234 f.
Wirtschaftsausschuß des Deut-
    schen Bundestages 131
Woeste, Albrecht 77
Wollert-Elmendorff Deutsche In-
    dustrie-Treuhand 106, 108
Wüstenrot 194 ff.

Z

Zahn, Matthias 200
Zapp, Herbert 134, 232
Zech, Lenis Graf von 138
Zellstoff Waldhof 104, 130
Zenon 64, 66
Zwickel, Klaus 94